台灣
國際關係史

理論與史實的視角 (1949-1991)

周湘華
董致麟 ——著
蔡欣容

序言

　　作者從歷史學習入手，慢慢走向國際關係領域，正好於十幾年前開設台灣對外關係史，探查坊間書籍，發現儘管前人巨著已立，但是結合歷史與國際關係理論的書籍仍然闕如，故不揣簡陋，與學弟妹董致麟、蔡欣容貿然嘗試，歷經十餘年的修改與偷懶，遲遲無法定稿，實在汗顏。

　　在蘊釀寫作的過程中，波折是難免的。雖然我們對於負責撰寫的章節已有一定程度的熟悉，但要將理論與歷史結合表述，使一般的學生容易閱讀，這是一種挑戰。為此，本書經過了許多次的修改與校正，希望能以順暢、簡潔的敘述方式呈現。但必須誠實的說，這本書還有許多不足之處，除了作者們本身的學養外，忙碌的工作也使得作者們必須割愛部分章節與主題。

　　本書在規劃之時，希望以第二次世界大戰結束為始，搭配國際政治的轉型與台灣在東亞政治結構的角色為核心，設定一個時程搭配一個適合的理論來加以說明論述。當然理論與史實的結合是一個重大工程，我們努力建構但疏漏仍多，但是對於有興趣入門的研究者，不失為新的學習嘗試。本書的第一、二章由董致麟博士主筆，第三、五章由本人（周湘華）主筆，第四、六章由蔡欣容博士候選人主筆，期間第一章、第六章本人建議修改較多，其餘各章節由本人與董致麟博士潤稿多次，最後還是在董致麟博士的協助與敦促之下，終於付梓。

　　本書的完成，感謝共同作者們的努力，我們除了感謝也有些許的成就感。如今付梓，希望能夠得到學術界的師長、前輩以及廣大的讀者們的不吝指正。

周湘華、董致麟、蔡欣容　謹誌

Contents

第一章
東亞冷戰的緣起：權力平衡與聯盟理論

 學習目標

本章希望讀者了解東亞冷戰的起源，從國際關係理論中的權力平衡與聯盟理論的角度來解釋東亞冷戰的成因。讀者可從東亞權力平衡的改變以及東西兩大陣營的相互結成同盟，來觀察東亞冷戰架構是如何的成形。並從國共內戰的角度，說明為何台灣在東亞的地位是如此重要，使得讀者在讀完本章後，能對東亞冷戰有初步的熟識。

摘　要

　　從國際關係的發展以及歷史上重要事件的發展過程介紹權力平衡與聯盟理論的發展，以及東亞冷戰的起源。首先，從二次大戰後的國際關係，說明為何美國與蘇聯會從戰時並肩作戰的盟友變成戰後水火不容的敵人，追究其原因便與權力平衡有關，而雙方為了取得有利於己的權力平衡，便透過組建兩極陣營的方式，鞏固自己的權力。其次，從國共的內戰分析東亞冷戰的起源，美蘇兩國原先對中國的統治權誰屬並無意見，只求這個統治者能夠採取親自己的態度。隨著中共在國共內戰中的獲勝，東亞的權力平衡有利於蘇聯，美國便只能試圖在海上圍堵蘇聯，因此台灣的地位便被突顯出來。

第三，台灣的地位原先在美國的心中並非如此重要，只要中國的統治者不成為蘇聯的附庸，美國對台灣的歸屬並無意見。但隨著中共的行為越來越傾向蘇聯，美國開始對中共產生了質疑，因此也將台灣地位未定論作為若日後中共威脅台灣，而國民政府無力阻擋時的一個保險。只是在韓戰爆發前美國對中共的認知並未定型，無法確定中共是否真為蘇聯的附庸，而在台灣的國民政府也強力反對台灣地位未定論，因此台灣地位未定這個議題也並沒有真正形成美國的具體政策。

第一節　理論與歷史

　　本章希望從東亞的國際關係史上來觀察傳統現實主義者的核心理論：權力平衡與聯盟理論。這兩個理論對東亞冷戰史的解釋與發展其實具備良好的解釋力。從歷史面來看，二次大戰後美國與蘇聯為何會從戰時並肩作戰的盟友變成戰後水火不容的敵人？是聯盟喪失了共同的敵人而瓦解？還是權力平衡的必然性造成了兩極體系？其次，在權力灰色地帶，國家的談判、試探與強制行動是一種恢復傳統勢力的正常作為，還是改變現狀的挑戰者？最後，權力平衡下的緩衝國消失了，權力平衡的重組如何恢復穩定？聯盟是不得不的選擇嗎？這是本文欲解決的問題。此外，聯盟理論與權力平衡恰巧可以解釋美蘇冷戰在東亞的形成過程，由於二次大戰改變了東亞權力的格局，美蘇雙方都在尋求一個有利於己的新權力架構，因而聯盟便成為美蘇兩國為達成此目的的方法。因此，本章在分析的過程中，先探討權力平衡以及聯盟理論的意涵，之後再用理論來分析美蘇冷戰的形成，最終得到權力平衡與聯盟理論對冷戰形成的歷史擁有良好的解釋力的結論。

（一）權力平衡理論

自1648年西發利亞和約以降西方國家間的互動，在國際政治上，每個國家多以尋求權力為其國家發展的目標，而每個國家試圖維持或推翻現狀，以求取國家安全或是更大的國家權力。而這種情況必然地將導致具有足夠權力國家之間的對峙，這樣的國際情勢稱為權力平衡，而權力平衡可能帶來國際情勢的均勢，使得國家之間不敢輕舉妄動，這也將導致各國採取將各種政策以維持權力平衡。權力平衡以及旨在保持權力平衡的政策將是各國在國際政治上所追求的，而且在各國組成的國際社會中，也是使國際情勢保持穩定的必要因素。而若國際間權力平衡的不穩定，並不是由於權力平衡理論的缺點，而是權力平衡在國際社會中運作時，經常會出現的情況。

權力平衡的概念淵源已久，而且相當模糊，因為權力平衡不是一個精確而易於測定的概念，而人們在使用時也存在著多種相互排斥的看法。權力平衡作為一種情勢，在尋求一種均勢（equilibrium）的狀態。[1]各國所追求的是超越他國或至少與他國並駕齊驅。權力平衡作為一種政策，只是國家行為模式的代名詞，代表其

---

[1] 均勢的觀念，作為平衡（Balance）的同義詞，意指在一項由數個獨立權力所組成的體系，而該體系保持著穩定。任何時候，當這個平衡受到外力的干擾或因其內部分子間的一個或數個變化而受到干擾時，該體系出現一種重建其原有平衡或一種新的平衡的傾向。所有的平衡狀態，都以兩項假設為其基礎：第一，相互平衡的各分子對於該社會是必須、是具有生存權利的；第二，各份子間若沒有一種平衡狀態，其中之一將獲得優勢，凌駕於其他份子之上，侵害到它們的權利，最後或將吞併它們。因此，所有這些平衡狀態的目的，就是要保持體系的穩定，不要摧毀體系中多樣的組成份子。因為平衡的目的是保持體系的穩定，加上體系中各份子的存在，體系的平衡必需要阻止任何一份子獲得壓倒其他份子的優勢地位。

對權力分配的積極關切，甚至權力平衡只不過表明了國家間聯合對抗侵略的自然傾向。權力平衡雖不是取得和平的絕對方案，但其尋求合理及穩定的秩序，使制度中各國不過分使用暴力。它提供統治者有最佳的機會和最少的障礙，來追求國家安全，是不可不重視的國家安全戰略之一。在過去，權力平衡的主要目的並非防止戰爭，而是維護大國間的安全，和平只是副產品。因而雖然其適用性受到相當程度的批評，但它並非是一個落伍的制度，除非人類設計出一套新的制度來取代，不然權力平衡將永不消逝。

　　不過權力平衡並非毫無缺點，它具有：（一）不確定性：對於幾個國家相對權力的合理計算，乃是權力平衡原則的真正命脈，可是這種計算只能是一系列的推測，推測正確與否，只有事後回顧才能證實。（二）不真實性：權力計算的不確定，不僅使權力平衡無法實際運用，而且導致了事實上它的真正否定。（三）權力平衡只是靠著道德觀念來支持，一旦沒了這道德標準，權力平衡將無從依靠，用權力平衡來維持世界和平，其實是不適當的。其實，權力平衡的意義並非一成不變，新現實主義者雖然保留了部分權力平衡的語彙，但其意義已經不同以往。權力平衡不僅指軍事與嚇阻能力的平衡，亦指在國際體系內平衡各國家之間的行為。再者，權力平衡涉及的不單單是國家對其他它國家的權力及影響力，更準確地說，此種能力易遭破壞。對國家及其領導人而言，權力向來是個不易界定的概念。傳統的觀點是，軍事權力支配其他形式的權力，具有最強大軍事權力的國家統治世界。權力平衡理論也提供決策者在外交政策上的選擇，因此，權力平衡理論也讓領導人在政策制訂上可以更為理性並顧及全面局勢。

　　從國際關係的歷史來看，歐洲在法國的拿破崙（Napoléon Bonaparte）崛起之後，改變了歐洲原來的權力分布，歐洲即將

成唯一個由拿破崙為首的統一歐洲。英國對此當然不能坐視，因為統一的歐洲將使得權力的均勢不利於英國，英國無法以平衡者（balancer）的角色介入歐洲事務。因此，當拿破崙進軍俄國時，英國便與俄國組成聯盟，[2] 共同抵抗拿破崙的勢力。從這樣的發展來看，聯盟可說是維持權力平衡的方式。到了二十世紀，一次大戰的爆發便與歐洲國家權力的失衡有關，由於德國採取的擴張式外交

---

[2] 聯盟（alliance or alignment）是國家對付威脅，求取安全，增強權力，維護或擴展其利益的常用、乃至最有效的手段或方法之一。聯盟政治、聯盟戰略也由此成為國際政治和國際安全研究的核心問題之一。然而，有關聯盟的定義、起源、類型、結構、功能及其運行的方式，各家理論流派卻從不同的研究範式出發作出了不同的詮釋。聯盟理論將權力作為主要的分析變量，其理論基礎是權力平衡，認為聯盟是增強權力的工具，是權力平衡的工具之一，新現實主義則在對聯盟理論進行優化的基礎上，分別以「威脅」和「利益」作為主要變量，先後提出了「威脅平衡論」和「利益平衡論」，並使其聯盟理論更具系統和實證性。所謂「威脅平衡論」是修正了傳統的「權力平衡」理論，指出國家確實傾向採取抗衡行為，也就是加入較弱的一方，但國家所抗衡的對象並不真的是權力的大小，而是威脅的大小。國家是加入威脅較低的一方，對抗威脅較高的一方。而所謂「利益平衡論」分為國家層次和體系層次。在國家的類型上，將其分為兩類：現狀國家（獅子型和羊羔型）和修正主義國家（狼型和豺型）。從國家層次來看，一國是選擇制衡還是追隨，主要取決於該國為捍衛現狀所願意支付的成本與改變現狀所付出的代價之比。對於修正主義國家（特別是挑戰體系的狼型國家）來說，它們往往願意支付極大的成本甚至不計成本去改變體系；對於現狀國家（特別是現狀的主要維護者獅子型國家），則願意為維護現狀而支付較高的代價。但由於制衡是一項代價極其高昂的行動，大多數國家都儘量避免。而追隨往往由於利益的驅動，很少需要什麼成本，因而追隨要比制衡更為常見，對於挑戰現狀國家來說尤其如此。從體系層次看，體系的穩定取決於現狀國家的力量與修正主義國家的力量對比。若體系中的力量集中於修正主義國家，或者說若挑戰現狀國家的力量大於現狀國家的力量，則體系趨向不穩定；反之，則體系趨向穩定。透過對歷史上一些重大歷史時期國家聯盟行為的觀察，當體系面臨挑戰時，眾多國家（包括大國）在利益的驅動下紛紛追隨實力強大的挑戰現狀國家。追隨比制衡更為常見。詳見韋宗友，「制衡、追隨與冷戰後國際政治」，《現代國際關係》（2003年第3期）。

政策，使得英法俄等國均感威脅，故在歐洲便逐漸形成了以英法為首的協約國集團以及以德奧為首的同盟國集團，最後便造成了一次大戰的爆發。

　　一次大戰後，各國為了避免大戰的再次發生，共同組成了國際聯盟（League of Nations），希望透過集體的力量來避免戰爭的發生。但由於並不能對不守盟約的會員國採取強制性措施，以及美國的未能加入，最後導致了這個以理想主義[3]為核心思想的國際組織以失敗收場，也未能阻止二次大戰的爆發。與一次大戰相同，二次大戰也是兩大集團對抗的戰爭，只不過這次的同盟國換成了美英蘇中，德日義則組成了軸心國，依然是一個聯盟對抗的形式。因此，從拿破崙戰爭一直到二次大戰的歷史發展過程中我們可以看出，戰爭的爆發往往都是權力平衡遭到破壞而導致，而為了取得戰爭的勝利，參與戰爭的各國便會拉幫結派地組成聯盟，透過聯盟的方式造成新的權力平衡，因此在二次大戰前的國際關係史，可以說是在一個權力平衡的循環中。（參見圖1-1）

　　權力平衡的概念淵源已久，而且相當模糊，因為權力平衡不是一個精確而易於測定的概念，而人們在使用時也存在著多種相互排斥的看法。[4]權力平衡作為一種情勢，在尋求一種均勢（equilibrium）的狀態。[5]各國所追求的是超越他國或至少與他國並駕齊

[3]　關於理想主義的介紹可見《百度百科》，http://baike.baidu.com/view/82248.htm.
[4]　Ernst B. Hass, "The Balance of Power: Prescription, Concept, or Propaganda?", World Politics, Vol. 5, No. 8(July 1953), pp.442-447; Theodore A. Couloumbis & James H. Wolfe, Introduction to International Relations: Power and Justice (Englewood Cliffs: Prentice-Hall Inc., 1982), p.220.
[5]　均勢的觀念，作為平衡（Balance）的同義詞，意指在一項由數個獨立權力所組成的體系，而該體系保持著穩定。任何時候，當這個平衡受到外力的干擾或因其內部分子間的一個或數個變化而受到干擾時，該體系出現一種

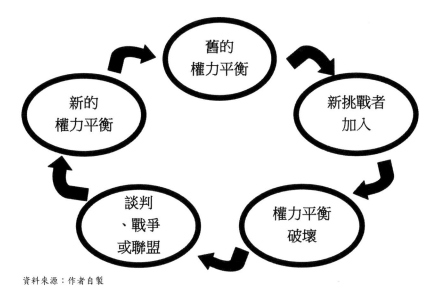

資料來源：作者自製

圖1-1　權力平衡循環圖

驅。權力平衡作為一種政策，只是國家行為模式的代名詞，代表其
對權力分配的積極關切，甚至權力平衡只不過表明了國家間聯合對
抗侵略的自然傾向。權力平衡作為一種制度，是永無休止的四對方
塊舞（perpetual quadrille）並有平衡的方式、工具、規則和作用，
而將權力平衡是為一種國際系統下的制度是較為常用的方式。[6]

重建其原有平衡或一種新的平衡的傾向。所有的平衡狀態，都以兩項假設
為其基礎：第一，相互平衡的各份子對於該社會都是必須、是具有生存權
利的；第二，各份子間若沒有一種平衡狀態，其中之一將獲得優勢，凌駕
於其他份子之上，侵害到它們的權利，最後或將吞併它們。因此，所有這
些平衡狀態的目的，就是要保持體系的穩定，不要摧毀體系中多樣的組成
份子。因為平衡的目的是保持體系的穩定，加上體系中各份子的存在，體
系的平衡必需要阻止任何一份子獲得壓倒其他份子的優勢地位。

[6]　Inis L. Claude Jr., *Power and International Relations* (New York: Random
House, 1962), pp.20-21.

從權力平衡的制度來看，克勞德（Inis L. Claude, Jr.）認為有四種特色：（一）這一制度是由一群各自獨立的權力及決策單位之國家所組成；而國家交往的密切程度已到達不得不互相影響的地步。（二）這一制度沒有中央政治機構行使監督管制之權或有能力支配這些獨立團體之間的關係。（三）這一制度的基本假設是：任何國家若擁有足以用來損害他國的力量，皆不足以信任；任何權力若不加以約束，皆威脅到制度裡所有其他單位的安全。而且權力只有用權力始可有效抵制。（四）當國家或集團的權力過大時，其他國家應視為對己的安全威脅，而採取單獨或聯合的因應措施，以強化本身權力，這是一種權力均化的原則（principle of equilibration）。[7]

凱普蘭（Morton A. Kaplan）認為大國想要維持權力平衡的國際體系要遵守六項原則：（一）努力增強實力，但寧願談判而不訴諸戰爭；（二）寧願訴諸戰爭也不可錯失增強實力的機會；（三）寧可罷戰也不可毀滅必要的國家角色；（四）反對傾向支配國際體系的任何聯盟或單一國家；（五）對同意超國機構（supranational institutions）存在的國家施以壓迫；（六）允許被擊敗或被壓制的必要國家角色作為可接受的角色夥伴重新加入國際體系，或引進先前不重要的角色提升到必要角色階層，而對待所有必要角色如同可接受的角色夥伴。[8]

帕德福（Normam J. Padelford）與林科（George A. Lincoln）指出權力平衡是一種權力優勢的取得，需注意六個政策原則：（一）各國必須在彼此之間隨時準備變化同盟關係，以便在情況變更時可以建立、修正或維持權力平衡；（二）任何國家均不應當謀取過大

---

[7] Inis L. Claude Jr., *Power and International Relations*, pp.42-51.

[8] Morton A. Kaplan, "International Law and the International System", in Morton A. Kaplan (ed.), Great Issues of International Politics (Chicago: Aldine, 1974), p.26.

的權力；（三）為阻止任何國家或國家集團控制他國並破壞其獨立，在必要時各國必須甘願冒衝突之危險而準備作戰。（四）各國在危急情勢中不能與優勢鬥爭者同盟，而應當在戰爭爆發之前與弱國或被威脅之集團聯合，以矯正權力平衡，並打擊侵略者之好戰行動。（五）戰爭之結果不應使一國得到過大之權力，以至於不顧友邦或同盟而為所欲為；否則，戰爭不但將由前次被削弱或被破壞之戰敗國所繼續，而且將因全球性平衡之破壞而導致各戰勝國家間發生一次新權力鬥爭。（六）由於國家權力與國際情況之經常變動，各國應時時做和平轉變之準備。[9]

因應這些古典權力平衡主義的看法，傳統現實主義學者摩根索（Hans J. Morgenthau）則認為追求權力的國家總是在維持現狀與推翻現狀之間鬥爭，最後形成一種均勢的權力平衡結構以及維持這種結構的政策。權力平衡本身與維持權力平衡的政策不僅是無法避免的，而且在由主權國家組成的國際社會中是一項不可獲缺的穩定因素與管理權力最有效的方法。[10]並提出了權力平衡的方式有：分而治之（divide and rule）、補償政策（compensations）、軍備（armaments）、聯盟（alliances）、平衡的支配者（the holder of the balance）。[11]James E. Dougherty & Robert L. Pfaltzgraff, Jr. 則有補充了建立緩衝國（creation of buffer states）、劃分勢力範圍（spheres of influence）、干涉（intervention）、外交議價（diplomatic bargaining）、合法及和平地解決紛爭（legal and peaceful settlement

---

[9] Normam J. Padelford & George A. Lincoln, International Politics (New York: The MacMillan Company, 1954), pp.217-218.

[10] Hans J. Morgenthau, Politics among Nations: The Struggle for Power and Peace (New York: Alfred A. Knopf, 1962), p. 312.

[11] Hans J. Mogenthau, Politics among Nations, pp.178-197.

of disputes）、戰爭等。[12]

　　新現實主義的代表人物瓦茲（Kenneth N. Waltz）從體系結構來看權力平衡，國際體系就是一個由國家所組成的無政府狀態，只要有二個以上的國家為了生存而競爭，權力平衡就會週而復始的不斷出現。[13]瓦茲認為權力平衡理論並非假設國家的行為一定是理性的，但是如果國家因為能力不足，而無法形成平衡對強者予以制約，便可能遭到淘汰。國家間的功能差異不大，重要的是能力問題，由於國家的目標一致，所以衝突在所難免，武力成為國家追求目標或自保最常展示與運用的一種工具。[14]瓦茲從國際體系的結構和單元的相互作用中，推導出權力平衡形成的必然性。也就是說，瓦茲認為在國際政治的競爭環境下，國家之間的衝突是不可避免的，但在國家行動和彼此互相影響的過程中，權力平衡的現象會自動形成。不論國家是否為有意識地尋求建立和維持平衡狀態；或者是國家想要發動侵略或征服，權力平衡的現象都會存在。[15]

　　瓦茲的學生瓦特（Stephen Walt）修正了現實主義者對權力平衡的觀念，他認為國家間客觀力量的差距不能與主觀修正現狀的意圖等同視之，決定國家行為的關鍵應是在於對威脅的認知而非客觀力量的失衡，[16]進而提出了威脅平衡理論（balance of threat theory）。該理論最大之貢獻在於強調「危險來源」在平衡策略中的重要性，瓦特不同於瓦茲僅專注於國家客觀實力的差距，他認為

[12] James E. Dougherty & Robert L. Pfaltzgraff, Jr., Contending Theories of International Relations, 2rd (New York: Happer & Row Publishers, 1981), p.25.

[13] Kenneth N. Waltz, Theory of International Politics (MA: Addison-Wesley Publishing Company, 1979), pp. 118-119.

[14] Kenneth N. Waltz, Theory of International Politics, pp.102-113.

[15] Kenneth N. Waltz, Theory of International Politics, pp. 121-123 & p.127.

[16] Stephen Walt, The Origins of Alliances (New York: Cornell University Press, 1987), pp. 21-22.

國家採取平衡手段的對象，除了在客觀實力上優於自己外，還必須在主觀層次具有侵略的意圖。國家會因為對威脅的感受度不同，而採取不同的反應。當認知侵略國的意圖很強時，便會採取結合他國與之對抗的平衡策略，以求保命；當認知侵略國的意圖微弱時，則可能採取屈從（或追隨）於侵略國的合作策略，釋出善意以降低未來其發動侵略的可能性。[17]瓦特認為評估威脅的因素有四種：總體國力、地理遠近、攻擊能力、侵略意圖等，國家間借由這些因素來判斷可能的威脅而進行平衡措施。[18]施韋勒（Randall L. Schweller）認為國家在面臨威脅或他國權力的急遽增長時，並不總是採取制衡行為，從歷史上來看，追隨而非制衡才是比較常見的國家行為。不滿現狀的國家常常會追隨一個正在崛起並試圖挑戰與改變現存國際秩序的國家，因為追隨挑戰者才有可能解除現狀對追隨者的限制，並分享建立新世界的果實。所以加入危險的一方並不等於綏靖，相反的是加入有可能獲勝的一方。加入一個挑戰現狀的國家或聯盟，正是不滿現狀國家的利益所在。[19]

現代權力平衡的運作方式有別於古典權力平衡，其特色有：（一）以往戰爭強度有限，而今總體戰的毀滅性使得戰爭的使用必須更加慎重，特別是核子武器；（二）民眾參與政治的權力與資訊日增，不道德的政治行為受到約制；（三）國際組織的出現使得國家不是國際社會唯一的行為者，但國際組織也未成為古典權力平衡所恐懼的新優勢力量，反而成為大國操控與協調的場所；（四）古典權力平衡強調短期性的同盟與現代長期性與高正規性的聯盟不

---

[17] Stephen Walt, The Origins of Alliances, p.5 & pp.17-23.

[18] Stephen Walt, The Origins of Alliances, pp.21-26.

[19] Randall L. Schweller, "Bandwagoning for Profit: Bring the Revisionist State Back in", International Security, Vol.19（Summer 1994）, pp.79-81.

同；（五）古典權力平衡強調權力的分散，現代實際狀況則有所不同。[20]

權力平衡雖不是取得和平的絕對方案，但其尋求合理及穩定的秩序，使制度中各國不過分使用暴力。它提供統治者有最佳的機會和最少的障礙，來追求國家安全，是不可不重視的國家安全戰略之一。在過去，權力平衡的主要目的並非防止戰爭，而是維護大國間的安全，和平只是副產品。因而雖然其適用性受到相當程度的批評，但它並非是一個落伍的制度，除非人類設計出一套新的制度來取代，不然權力平衡將永不消逝。[21]

（二）聯盟理論

所謂的聯盟，是國家對付威脅、尋求安全、增強權力的一種方法。就如前所述，聯盟只是國家追求安全的手段之一，而非目的。有時國家透過聯盟的方式，追求權力平衡，希望達成新的均勢；有時國家則透過聯盟的方式，對抗其他的聯盟或是追求更多的國家利益。李斯卡（George Liska）強調聯盟與權力平衡間的關係，就積極而言，國家間相互結盟的主要因素在增進彼此的實力；消極意義而言，聯盟是削減威脅本國獨立的敵對國家之影響力的一種方式。[22]菲德（Edwin H. Fedder）認為聯盟有三種功能：第一，擴大的（augmentive）功能：甲國與乙國結盟的目的在將乙國的力量加在自己身上共同對付丙國；第二，先制的（preemptive）功能：甲國與乙國結盟的目的在避免乙國的力量加在敵對的丙國身上；第

---

[20] 這些觀點散見在Morton A. Kaplan, Inis L. Claude & Hans J. Mogenthau的著作中。

[21] Inis L. Claude Jr., Power and International Relations, pp.91-93.

[22] George F. Liska, Nations in Alliance: The Limits of Interdependence (Baltimore: John Hopkins Press, 1968), p.3.

三，戰略的（strategy）功能：甲國與乙國結盟的目的只在為了獲得使用乙國領土的權力，有助於甲國的戰略目的，如使用軍事基地等。[23]

　　國家參加聯盟除了是為安全、穩定與國際地位外，更是因為衝突或衝突的威脅已經或即將出現。當一個國家感到權力平衡可能失敗時，就會以聯盟的投機行為來降低威脅，或藉由制衡的聯盟行為以達到消弭威脅的目標。因此只要威脅繼續存在，聯盟就有持續下去的理由。[24]聯盟一方面增加國家的機會，一方面改變他們行動的願望，從而影響到國家的決策與行為。改變現狀國家除了要評估對手國的武力，也要考慮其聯盟的能力，進而降低改變意圖的不確定性。

　　然而聯盟是否導致戰爭則有兩派不同的說法：凱普蘭認為聯盟會導致相對一方也結成聯盟對抗，造成情事緊張而導致戰爭。[25]辛格（David Singer）與史莫（Melivin Small）則認為聯盟間缺乏橫向連結、承諾太過廣泛、聯盟結構本身極化（polarized）使得政策和行動變得僵化而導致戰爭。[26]李斯卡認為聯盟也可能限制夥伴破壞現狀的冒進舉動而有助和平。[27]聯盟的義務與收穫和其聯盟夥伴、目標及政策選項相關，如果沒有外在誘因，若不能重新分配利益

---

[23] Edwin H. Fedder, "The Concept of Alliance", in David S. McLellan, William C. Olson & Fred A. Sondermann eds., The Theory and Practice of International Relations (Englewood Cliffs: Prentixe-Hall, Inc., 1974), p.376.

[24] George F. Liska, Nations in Alliance, p12 & pp.42-45.

[25] Morton A. Kaplan, System and Process in International Politics (Huntington: Robert E. Krieger, 1975), p.24.

[26] David Singer & Melvin Small, "Alliance Aggregation and the Onset of War, 1815-1945", in Francis A. Beer ed., Alliances: Latent War Communities in the Contemporary World (New York: Holt, Rinehart & Winston, 1970), p.251.

[27] George Liska, Nations in Alliance, pp.34-36.

和收穫不平均的問題，聯盟便會受到考驗甚至趨於瓦解。[28]一般而言，聯盟無法得到安全上的需求，或盟主威望下降，盟國支援不能滿足，聯盟就容易趨於瓦解。

正式的聯盟至少要有兩個特色，一是要有書面條約規定之約束，二是具有軍事安全合作的協議，明定雙方的權利義務。根據李茲（Brett Ashley Leeds）的「聯盟條約義務與規定」（ATOP）資料庫的定義，聯盟關係是被至少兩個以上獨立國家官方代表簽署的協定，包含了在軍事衝突中協助夥伴、在衝突事件中保持中立、限制彼此不發生軍事衝突，或在會造成潛在軍事衝突的國際危機事件中相互諮詢合作的承諾，且其特別強調這種經由簽署文件正式建立起來的聯盟關係，而排除了國家之間因感受到了共同利益而展開的合作關係。[29]若干國家對於其他行為者和問題表現出共同的行為和態度，儘管沒有正式的協定，我們可稱之為非正式的聯盟或可說他們正在同盟（coalition）。

因此聯盟政治、聯盟戰略也一直是國際政治和國際安全研究中的重要課題。最顯著的例子便在兩次大戰以及二戰之後，一次大戰時交戰的雙方分別組成協約國與同盟國，二次大戰時交戰的雙方則組成軸心國與同盟國。這都是國家為了擴張自己的國家權力或是追求新的權力平衡所做出的舉措。而在二戰之後，國際局勢由於冷戰的勃興，世界上也分成了以蘇聯為首的共產集團以及與美國為首的自由集團，進入兩大勢力均勢時期。但冷戰時的兩大聯盟之內，可

---

[28] George Liska, Nations in Alliance, p.175.

[29] Brett Ashley Leeds, Jeffrey M. Ritter, Sara McLaughlin Mitchell and Andrew G. Long, "Alliance Treaty Obligations and Provisions, 1815-1944", International Interactions, Vol. 28, No. 3 (January 2002), pp.238-239. 引自陳麒安，「聯盟理論之研究：現實主義的觀點」《國際關係學報》，第二十六期（2008.7），頁148。

說是「不對稱的聯盟」，一個強國往往會迫使弱小的盟國在利益和政策上按自己的意願行事。在強國和弱國構成的聯盟中，顯露出的特徵若非不對等的義務，就是有不對稱的期待，尤其可能被強國宰制，將聯盟作為施展影響或控制力的載體。[30]也就是會出現盟主剝削附庸國的情況，但附庸國卻因為可以得到盟主的安全承諾，也願意加入這樣的聯盟。

除此之外，聯盟理論大致上可分為「利益平衡論」（balance of interests）以及「權力平衡論」（balance of power）兩大類型，所謂「利益平衡論」認為聯盟不僅僅是一種應對外在威脅的戰略選擇，國家也會主動追求權力以極大化自身的安全。這種利益平衡論其實從動機上來區分對國家的聯盟行為選擇，國家具有主動追求利益回報的進攻性動機。因此，挑戰現狀國家的聯盟動機並不是防禦性的，而是進攻性的。而在「權力平衡論」這個類型方面，聯盟往往是國家增加國家權力的一種手段。聯盟起因於國家追求權力、平衡強權的動機，因為現實主義認為國家關注的是權力或安全的極大化，因此，聯盟形成於一國制衡另一國的過程當中。本文在介紹聯盟理論時，便以二次大戰後美蘇的互動為例，說明國家間是如何使用「聯盟」這個工具，去追求國家利益或國家安全。

透過上述的理論分析可以發現，權力平衡是美國二次大戰後在東亞試圖建立起新國際秩序的目的，即便東亞的權力平衡不能有利於美國，但至少也不能傾向蘇聯。聯盟便是美國遂行權力平衡的主要手段，透過聯盟的建立與解除，美國這樣的作法便是來自其亞太

---

[30] Glenn H. Snyder, "Alliance Politics", Journal of International Affairs, Vol.44, No.1 (Spring/Summer 1990), p.12. 引自陳麒安，「聯盟理論之研究：現實主義的觀點」《國際關係學報》，頁151。

聯盟理論與全球戰略鎖定義的國家利益。[31]本文會採用此兩個理論
來解析東亞冷戰的起源，主要是美蘇兩國在戰後東亞的政策都是立
基於現實主義之下，相信現實主義中的權力、國家利益會是維護國
家安全的手段。在這樣的思考背景下，權力平衡和聯盟理論便有了
使用的意義。

 ## 第二節　二次大戰後國際關係的轉型

　　美蘇兩國在戰時共同對抗德國納粹，在歐洲戰場上攜手合作。在
戰爭結束之前，雙方已對戰後國際格局有不同的看法，但因共同的敵
人尚未消滅，雙方的矛盾還不明顯。隨著德國的投降以及美國原子
彈的製造成功，局勢對美國越來越有利。在未來的對日戰爭中，美
國已經有獨立取勝的把握，美國的對蘇政策也開始強硬了起來。在
蘇聯方面，由於雅爾達體系的建立，使得蘇聯在安全上有了一定的
保障，故蘇聯在戰後的態度基本上是希望與美國合作，以便使蘇聯
在雅爾達會議中的成果得以保存。但美國開始執行馬歇爾計畫，而
蘇聯意識到此計畫是美國試圖分裂其東歐勢力範圍時，蘇聯的態度
立刻轉變，開始與美國展開對抗，以保障其在東歐的勢力範圍。

　　二次大戰後，蘇聯自雅爾達會議中取得了其所需的安全保障，
也因為這樣的緣故，東亞的權力平衡導向了有利於蘇聯的一邊，美
蘇間便從二次大戰時的盟友逐漸的變成了競爭者甚至是敵人。對蘇
聯而言，雅爾達會議所到的勢力範圍只不過是恢復沙俄時代的權
利，但對美國而言，此已算是過度的擴張了。原本，美國是希望
將中國做為美蘇間的緩衝國，讓東亞的權力平衡不致於倒向蘇聯

---

[31] 江偉民，「冷戰時期的美日韓安全三角－準聯盟理論與聯盟的困境」《國
際政治研究》，2005年第4期，總第98期，頁126。

一邊，但隨著中共在國共內戰中的獲勝，中共宣布向蘇聯「一邊倒」，美國所希望出現的「緩衝國」希望破滅。而從中共的角度來說，蘇聯雖然會是一個強大的支持，但也可以是一個足以毀滅中共新興政權的巨大外來力量，因而中共在制衡蘇聯與追隨蘇聯中選擇了後者，希望藉由「一邊倒」而得到來自蘇聯安全保證。

（一）權力平衡的重組：從聯盟到敵人

由於近代權力平衡的概念或政策均源自於歐洲政治，戰後的美蘇外交政策深深烙印權力平衡的印記。在權力均化的過程中，大國合作是權力平衡的穩定因素，所以在戰後創造了中美英蘇法等五個大國，並用超國家組織－聯合國安全理事會將大國協商予以制度化。美英蘇在雅爾達的協議締造了一個三方尚屬滿意的戰後權力分配，透過分而治之政策分裂了德國、韓國；透過補償政策割讓波蘭東部領土、外蒙、庫頁島、千島群島給蘇聯，德國奧德河以東領土給波蘭，亞爾薩斯、洛林給法國，東北、台灣給中國；透過勢力範圍的劃分將東西歐分別歸屬蘇美陣營；建立虛弱的中國成為美蘇亞洲的緩衝區等。這些措施在在都顯示出美蘇在戰後採取權力平衡政策，透過外交談判達成權力平衡的目標。

戰後蘇聯對外政策最重要的目標是維護其國家安全，而蘇聯在戰後為達成此一目標的手段是確保蘇聯在世界政治中，尤其是在東歐的地位。1945年2月，美英蘇三國在雅爾達會議中決定了戰後世界政治的格局。對蘇聯來說，雅爾達會議取得了：（一）分區佔領德國的權利；（二）確定有利蘇聯的蘇波邊界，保留了蘇聯支持的盧布林（Lublin）政府；[32]（三）「大國一致」的原則確立了蘇聯

---

[32] 盧布林政府即蘇聯在二次大戰時所支持的共產波蘭國家解放委員會（Polish Committee of National Liberation）所組成，相對於西方國家所支持的波蘭流

在聯合國的牢固地位和作用；（四）在遠東獲得極大的權益。[33]就
蘇聯而言，美英在雅爾達給予蘇聯的承諾使其在戰後國際問題上有
了舉足輕重的地位。雅爾達會議不僅讓蘇聯從戰前的歐洲大國一躍
成為在戰後於各方面都處於優勢的世界性大國，並且有了更具體的
收穫。首先在歐洲政治局勢方面，雅爾達會議確立了蘇聯在東歐的
支配地位以及在德國取得分區佔領的權利，因而更確定其在歐洲的
堅強地位。其次，蘇聯取得了在東歐對其有利的邊界，改善了戰前
對其不利的戰略環境，確保蘇聯的安全格局。第三，蘇聯在遠東擊
敗日本，使其得到了部分日本領土，以及在外蒙、中國東北和朝鮮
地區的特殊利益。第四，在近東土耳其及伊朗的優勢，使蘇聯擁有
通過博斯普魯斯海峽（Strait of Bosporus）前往地中海及印度洋的
可能。也就是說，蘇聯透過雅爾達會議在東歐建立了廣泛的勢力範
圍；在遠東建立了有限的勢力範圍；在近東建立了影響力。[34]蘇聯
利用雅爾達會議取得歷史上前所未見的廣大安全區域，使得蘇聯周
圍的國家都會是與蘇聯友好的政府，蘇聯也可以憑藉其國力確保反
蘇政府不在其週遭出現。

　　不過既然雅爾達會議給予蘇聯如此廣大的勢力範圍，從另外的
角度來看，也等於限制了蘇聯未來發展，意即美英透過勢力範圍的
劃分，約束了蘇聯將其影響力超出此一範圍的可能，給予蘇聯足夠
的安全地帶，消除史達林的不安全感，使其不再有藉口向外擴張。
對史達林來說，雅爾達會議的確滿足了蘇聯的安全利益，不過是否

亡政府。

[33] 張盛發，「雅爾塔體制的形成與蘇聯勢力範圍的確立」《歷史研究》編輯
部編，《歷史研究五十年論文選》（冷戰史）（北京：社會科學文獻出版
社，2005年），頁117。

[34] 張盛發，「雅爾塔體制的形成與蘇聯勢力範圍的確立」《歷史研究》，頁
119。

能夠完全消除史達林的不安全感，則還是未知數，這可以從不久後即發生了伊朗、土耳其危機看出。但現階段史達林的要求的確都已被美英滿足。蘇聯得到如此多的利益主要是透過大國合作。因此，史達林在戰後初期便採取大國合作的對外政策方針，以求繼續維持雅爾達會議的成果。除了因為透過大國合作使蘇聯取得戰後的有利地位之外，何以蘇聯採取與西方國家合作的外交政策方針，仍有其他原因：第一，戰爭使得蘇聯遭到了極大的損失與破壞，為了取得相對穩定的外部環境以重建國民經濟，同西方國家合作是必要的。第二，史達林認為短期之內沒有爆發世界大戰的可能，因為蘇聯不會進攻資本主義國家，[35]所以蘇聯與西方國家的合作是有基礎的。唯有合作才能維持雅爾達體系的結構，也才能維持蘇聯的既得利益。[36]

戰後，史達林最關注的是蘇聯的復興發展與國家安全。蘇聯重建軍工基地、研製原子武器、建立強大的防禦力量，繼續戰時的大國合作，希望能共同遵守達成的協議，並獲得某些經濟利益，組建美英蘇主導的國際組織，獲得有利的戰略邊界，在邊境周圍建立友好的，最好是共產黨的政權，儘可能擴展防禦地帶，甚至在邊境兩線都駐紮有自己的軍隊。[37]史達林滿懷信心地設想一個分裂、軟弱、渙散，而且沒有一個國家能違抗其意志的歐洲在戰後出現。所以他在1944年設想未來紅軍佔領區不僅包括東歐和大部分的德國，還有半個挪威。莫斯科不認為他與英美在歐洲的地位是對等的，他設想在歐洲大陸的東部擁有至高無上的權力，西部則是要向

---

[35] 沈志華、張盛發，「從大國合作到集團對抗—論戰後斯大林對外政策的轉變（根據俄國檔案的新材料）」《東歐中亞研究》，第六期（1996），頁57。

[36] 沈志華，《毛澤東、史達林與朝鮮戰爭》（廣州：廣東人民出版社，2003年），頁25-26。

[37] 劉金質，《冷戰史》，上冊（北京：世界知識出版社，2003年），頁52。

各種政治勢力開放競爭。[38]為了謀求最大限度的安全，蘇聯希望與
土耳其能共同控制進出黑海的海峽；在伊朗方面，蘇聯希望在伊朗
北部佔領區建立自治政府與石油控制權，直到英美的抵制蘇聯才放
棄。[39]

在二戰時期，美國對蘇聯的基本政策為援助蘇聯，欲使其能在
反法西斯的戰爭上彌補美國力量的不足。因此美國積極援助蘇聯，
甚至在雅爾達會議上滿足了蘇聯提出希望在東亞恢復帝俄時期某些
特權的要求，以換取蘇聯能在對德戰爭結束後立即投入對日作戰。
但杜魯門（Harry Truman）接替羅斯福（Franklin D. Roosevlt）成
為美國總統時，此局面有了改變，杜魯門不再像羅斯福讓蘇聯予取
予求，而是採取「有予有取」（quid proquo）的政策。雖然杜魯門
認為他並未改變羅斯福的政策，但蘇聯卻感受到美方的政策已經不
同以往。[40]

1946年2月，時任美國駐蘇聯大使館代辦的肯楠（George Ken-
nan）在回報國務院有關蘇聯經濟與金融的報告，提出了八千多
字著名的長電報（Long Telegram）指出：蘇聯政策有著深刻的歷
史、社會和意識型態的原因，其敵視資本主義國家乃不可避免之趨
勢。[41]這封電報在華盛頓的高層流傳，杜魯門（Harry Truman）甚

[38] Vojtech Mastny，郭懋安譯，《斯大林時期的冷戰與蘇聯的安全觀》（桂林：廣西師範大學出版社，2002年），頁17，19。
[39] 對於蘇聯而言，控制黑海航行權與伊朗北部的緩衝區與石油是蘇聯的有限擴張行動以維護其核心安全，但是對於英美而言，卻是蘇聯共產主義世界革命的試探。請參閱沈志華、張盛發，「從大國合作到集團對抗—論戰後斯大林對外政策的轉變」《東歐中亞研究》，頁55-66。
[40] John Gaddis, *Strategies of Containment* (New York: Oxford University Press, 1982), pp.15-16.
[41] George Kennan, *Memoirs: 1952-1950* (New York: Pantheon Books, 1967), pp.547-559; Thomas Paterson G. ed., *Major Problems in American Foreign*

至指定數千名政府官員必須閱讀，更宣稱肯楠的報告代表著他的觀點（My voice now carried）。[42]肯楠報告的主題在於闡述，美國在二戰期間以及二戰後所執行對蘇政策都是錯誤的，無論是羅斯福強調的美蘇協調，或是杜魯門剛上任時所著重的「有予有取」政策。肯楠認為，蘇聯的對外政策與西方各國的行為無關，而蘇聯對外政策的基礎是來自於其國內情勢。這與當時戰略情報處（Office of Strategic Services）所分析戰時美蘇關係的一貫主題不同。該處認為蘇聯的行為方式將由西方的態度所決定。[43]因此，這封電報對於美國政府內部分析蘇聯的行為來說，可說是一個全新的角度，而此封電報也否定了美國情報機關從戰時以來對蘇聯行為判斷的一貫立場。肯楠的電報在華盛頓政府內部得到了極大的迴響，因為這封電報為不滿現行美國對蘇政策的人士提供了施力點，為美國政府改變對蘇政策製造了一個機會。

　　同年3月5日，杜魯門刻意安排卸任的英國首相邱吉爾（Winston S. Churchill）發表了鐵幕演說（Iron Curtain Speech），點出了美蘇對峙的前景。[44]4月1日，時代雜誌（Time）公佈了肯楠的長電

　　Policy: Documents and Essays, Vol. II, (Washington D. C.: Heath and Company, 1984), pp.295-299.

[42]　肯楠自從發表這封長電報後，調回華盛頓擔任新成立國家戰爭學院（National War College）的講座，並於1947年由馬歇爾（George C. Marshall）指定擔任國家政策設計室主任（Director Policy Planning Staff），成為杜魯門主義與馬歇爾計畫重要政策的形成者。http://galenet.galegroup.com/servlet/BioRC。

[43]　John Gaddis, *Strategies of Containment*, p.19.

[44]　邱吉爾的演說主要強調美國必須負起自由世界的歷史責任，建立英美的特殊關係，宣稱蘇聯已經在東歐圍起了鐵幕，並用警察國家的制度加以壓迫，最後認為美國必須以實力執行強硬的對蘇政策。請參閱Thomas Paterson G. ed., *Major Problems in American Foreign Policy: Documents and Essays*, Vol. II, pp.299-302.

報，營造出杜魯門政府反共的氣氛。7月，時任國務院政策設計室
主任的肯楠以X先生為筆名，在外交季刊（Foreign Affairs）發表
了「蘇聯行為的根源」（The Sources of Soviet Conduct），為美蘇
的對峙提供了理論性的基礎。[45]肯楠認為蘇聯的政治行為有幾個特
色：第一，對西方極為敵視，它不相信兩種社會制度國家之間存在
什麼共同目標，最終推翻他們國境以外的政治勢力是蘇聯的職責；
第二，在國內實行獨裁統治，確保領導人的統治安全；第三，蘇聯
的行為具有頑強、堅定、靈活等特性，一旦做出決策，相關部門就
像上緊發條的機器玩具，朝著既定的方向不停地開動，除非碰到不
可抗拒的力量否則不終止；第四，蘇聯的政治行為是意識形態與環
境的產物。肯楠建議美國的對蘇政策為：第一，美國對蘇聯採取一
種信心十足的遏制政策，凡有跡象表明蘇聯侵害美國利益，就須堅
定的反擊；第二，美國不能與蘇聯結盟，須視其為對手而非夥伴；
第三，樹立美國的領導形象與威望。這些政策的期望是藉由極大的
壓力迫使蘇聯限制其政策的推行，最終達成改變蘇聯內部體制。自
此，杜魯門所希望建構的圍堵政策，不管是在理論上與實際上都漸
趨成型。

　　面對美國政策的調整，1946年9月27日蘇聯駐美大使諾維科夫
（K. V. Novikov）在外交部長莫洛托夫（V. M. Molotov）的授意下
提出了一份敵對意識極強的報告。[46]報告指出：美國的對外政策反
映了美國壟斷資本的帝國主義傾向，其特點就是在戰後謀求世界霸
權，而對其推行霸權政策的阻力就是蘇聯。在英美同盟上，儘管
有不少經濟衝突，但是軍事聯繫仍然緊密，邱吉爾要求建立盎格魯

---

[45]　X, "The sources of Soviet conduct", *Foreign Affairs*. Vol. 25, No. 4 (July 1947), pp.566-582.

[46]　劉金質，《冷戰史》，上冊，頁101。

薩克遜民族統治的演講，美國儘管沒有公開贊成，但也沒有反對。美國在戰後不再鼓吹美英蘇三大國的合作，而是竭力破壞團結，將別國的意志強加給蘇聯，削弱或推翻對蘇聯友好的政權，改以聽命於美國的政府取代，美國的政策帶有明顯的反蘇和危害和平的特徵與目的。[47]這篇報告似乎是針對1946年4月時代雜誌公佈了肯楠長電報的一種反應，也似乎是莫洛托夫迎合史達林不安全感所提供的理論基礎。對於西方國家來說，史達林的不安全感似乎是永無止盡的，因而侵犯到西方的利益以及使西方懷疑其真實的意圖究竟為何。蘇聯戰後秩序的設計者李維諾夫（Maksim Litvinov）曾經表示：「（蘇聯）政府對安全的追求沒有提出明確的界線是出現麻煩的主要原因，而西方沒有及早地對此予以抵制則是次要的原因。」[48]

　　美蘇之間對抗的意識形態已經產生，圍堵共產主義的理論與政策也逐漸成型，一味服膺大國協商的蘇聯外交在經歷土耳其、伊朗、希臘、中國的退讓後，強硬派的外交政策逐漸上揚，雙方回歸到傳統現實主義的觀點，視對方的擴張為己方的威脅，然而此時雙方僅止于言論與政策性地宣告，避免直接的軍事對壘其來何自？其實美國的想法非常的現實，為了抵抗蘇聯的擴張並維護美國的利益，美國必須在歐亞恢復因戰爭而失去的均勢。恢復均勢並不能過度的使用美國的軍力，因為美國無力承受這樣龐大的義務，而且外國佔領軍容易激發被佔領國的民族主義，會傷及美國與這些國家之間的關係，因此必須採取復興這些國家自身力量的做法，這就是經

---

[47] Thomas Paterson G. ed., *Major Problems in American Foreign Policy: Documents and Essays,* Vol.II, pp.253-259.

[48] Vojtech Mastny, "The Cassandra in the Foreign Commissariat: Maxim Litvinov and the Cold War", *Foreign Affairs*, Vol. 54, 1975/1976, pp.366-376.

濟援助。透過整體、大量的經濟援助，使得受到共產主義威脅的國家能恢復國民經濟，因為共產主義並不是疾病，而只是症狀。想要消除共產主義，必須從穩定國內經濟開始。這樣的想法，其實可以看做是美國圍堵政策與國內政治現實上的妥協，因為戰爭的緣故，美國已經付出了大量的人力、物力，國會及民眾都不願看到在此時又出現可能的衝突，因此，政府必須減少軍費開支。但面臨蘇聯威脅的與日俱增，美國若在此時袖手旁觀，則可能導致盟國對美國的不信任，而造成災難性的後果。所以，提供一個整體的經濟復興計畫，排列美國利益的順序，便成為一個合理的選擇。

　　1947年6月5日國務卿馬歇爾所提出的「歐洲復興計畫」（European Recovery Program，又稱馬歇爾計畫The Marshall Plan），具體而明確地援助歐洲自立以減輕美國的負擔，以圍堵蘇聯的擴張企圖。[49]比起杜魯門主義的泛論與鬆散，歐洲復興計畫表明了美國要在他的心臟地帶，穩定其經濟、政治、社會與道德的秩序，承擔長期的責任。此一計畫打亂了史達林（Joseph Stalin）的安全觀，即一個脆弱鬆散的西歐，這種跡象的反轉必然被蘇聯視為威脅。再者，歐洲復興計畫使得史達林面臨兩難的抉擇。選擇加入則要冒著美國影響力滲透到其勢力範圍；拒絕加入則又落實了鐵幕的宣傳陷阱。[50]美國的經援對於東歐各國擁有著極大的吸引力，從而使蘇聯及東歐國家之間出現步調不一的現象。[51]史達林為了建立其在東歐

[49] 馬歇爾計畫援助總數即達221.49億美元。"U.S Department of commerce, Bureau of Foreign and Domestic Commerce", *Foreign Aid by the United States Government, 1940-1951* (Washington, D.C: U.S Government Printing Office, 1952), p.10, 28. 本文引自邵玉銘，《中美關係研究論文集》（台北：傳記文學出版社，1980年），頁87。

[50] Vojtech Mastny，郭懋安譯，《斯大林時期的冷戰與蘇聯的安全觀》，頁25-26。

[51] 1947年7月5日，聯共（布）中央要求東歐各國參加巴黎會議，並在會議上

的絕對權威與政經影響力，拒絕加入歐洲復興計畫，並加速與東歐國家的整合，於1947年9月22日建立歐洲共產情報局，成為共產國家對外行為協調與控制的中心，確保東歐各國的外交政策符合蘇聯的利益，並於1949年1月成立經濟互助委員會（The Council for Mutual Economic Assistance），將東歐各國整合至蘇聯的經濟體系，並免東歐的經濟被外國滲透。歐洲復興計畫是美蘇走向正式對立的導火線，美國希望藉此阻止蘇聯在歐洲的擴張，卻侵犯了蘇聯的核心區域東歐，蘇聯挾東歐各國退出歐洲復興計畫只是單純反映美國的入侵政策，卻更進一步加深了肯楠所揭櫫蘇聯侵略本質的印象。

　　1948年6月20日美英法將德國佔領區的貨幣統一，發行西德馬克，排除蘇聯；2日後蘇聯於佔領區發行東德馬克，並在6月24日切斷西柏林水路交通及貨運，進行施壓，卻未料引起西方國家強硬的反擊。其實蘇聯並無意挑起軍事衝突，所以他並未對西方國家自6月26日開始進行空運補給進行封鎖，然而杜魯門卻於6月28日批准派遣60架能夠攜帶核武的轟炸機進駐英國，並大肆宣傳，引起了蘇聯的恐懼。1948年8月25日，英、法、荷、比、盧共同簽署了布魯塞爾條約（Brussels Treaty），將五國結成了軍事同盟，隨後延伸出1949年4月4日簽署的北大西洋公約組織（North Atlantic Treaty Organization, NATO），此一組織將北美與西歐納入了一個集體自衛組織的範疇，雖然並未言明威脅的來源與對象，但直指蘇聯的用意昭然若揭。1949年5月12日，柏林封鎖解除，蘇聯從歐美的軍事壓力下敗退下來，但是他也以華沙公約組織（Warsaw Pact）來加

向美英挑戰。但到了7月7日，聯共（布）中央又取消了7月5日的電報，要求東歐各國不要參加巴黎會議。捷克政府早在7月7日便已經宣布參加會議，現在必須遵從史達林的決定收回成命。詳情可以參閱沈志華，〈共黨情報局的建立及其目標〉，章百家、牛軍主編，《冷戰與中國》（北京：世界知識出版社，2002年），頁21-50。

以對抗，軍事性的冷戰自此展開。[52]

　　聯盟究竟是遏止了戰爭還是促成了戰爭？美蘇雙方由戰後的大國協商轉向對抗，聯盟政策運用的極其澈底。美國考慮戰後承擔義務過多，運用了聯盟的擴大性功能，將馬歇爾計畫援助下的西歐納入自己的勢力範圍，藉以抵制蘇聯在歐洲的擴張。其次，美國對土耳其、伊朗的支持是一種戰略性的聯盟，試圖將蘇聯的勢力限制在黑海內，並禁止蘇聯進入中東。而聯盟的極化導致了行動的僵化，北約的組成是一個巨大的聯盟，儘管它假集體安全之名，但是太過廣泛的安全承諾相對蘇聯而言卻是一個全面性的威脅。在如此巨大的聯盟威脅下，權力惟有權力始得以抵制的權力平衡做法應運而生，華沙公約組織變成了一種防禦性的聯盟，確保蘇聯在東歐的絕對優勢。

（二）恢復傳統勢力抑或挑戰現狀

　　1945年3月9日，蘇聯照會土耳其廢除1925年蘇土中立互不侵犯條約，同年6月7日，蘇聯向土耳其提出新約的四項要求：要求歸還卡爾斯及阿爾達漢兩地，允許建立黑海海峽軍事基地，修改蒙特婁海峽公約，調整保加利亞邊界等要求為土耳其所拒絕，顯示出蘇聯在戰後的權力真空地帶跨出了改變現狀的動作。7月24日波茨坦會議蘇聯要求美英同意修改蒙特婁海峽公約，改變黑海現狀。1946年8月蘇聯重申其要求並在蘇土邊境進行大規模軍事演習進行施壓，美國于8月19日照會蘇聯，表示土耳其才是黑海海峽的主要防禦者，反對其他國家介入，並於9月派遣羅斯福航母艦隊駛入地中海東部展示砲艇外交，試圖遏制蘇聯的擴張。

---

[52] 劉金質，《冷戰史》，上冊，頁176-185，192-203；Vojtech Mastny，郭懋安譯，《斯大林時期的冷戰與蘇聯的安全觀》，頁48-54。

在權力模糊地帶改變現狀的國家當然引起其他國家的疑懼，依據古典權力平衡的觀點，任何國家或集團破壞他國獨立，必要時各國甘冒衝突之危險準備作戰。美英就是在這樣的觀點上才取砲艇外交，並進而變化同盟關係與土耳其結盟抵制蘇聯的擴張。新現實主義的權力平衡觀點認為國家間互補的功能太少，國家間的目標也是一致，所以蘇聯希望與土耳其共管黑海海峽的功能性太少，控制黑海維持國家利益的目標一致，所以只能以國家能力來決定歸屬。土耳其能力太弱無法平衡，遂採取聯盟的擴大性功能聯合美國來對抗蘇聯，改變對手蘇聯行動的意願，使得權力平衡必然出現。從威脅權力平衡的觀點來看，土耳其面對蘇聯沒有採取屈從政策來消弭可能的威脅，而採取的對抗的聯盟政策來制衡蘇聯的擴張，主要原因是兩國長期以來在中亞的勢力爭奪，特別是二戰期間土耳其的中立政策讓蘇聯非常不滿，蘇聯主觀的威脅意圖非常明顯，致使土耳其採取對抗政策來尋求權力平衡。土耳其採取聯盟的擴大性功能的確改變了蘇聯的行動願望，影響蘇聯的決策與行為，蘇聯考慮美國的武力，特別是核子能力，採取的退讓態度，聯盟遏制了戰爭。

依據古典權力平衡的觀點，在權力真空的地區，任何國家均應努力增強自己的實力，寧可訴諸戰爭也不可以放棄增強實力的機會。蘇聯在戰後尋求恢復沙俄時期對黑海控制權的一貫訴求，特別是雅爾達會議並未規範此一區域的歸屬，懲罰一個二戰時期親德的投機國土耳其，免除以後可能的威脅，並非是共產主義的全球性擴張，僅僅是單純的地緣政治需求。美國對土耳其的支持迫使蘇聯退讓，顯示蘇聯對大國協商的尊重。

在伊朗事件上蘇聯也存在諸多疑惑。1907年英俄協議兩國壟斷了伊朗，將其納入勢力範圍。1917年第一次世界大戰期間，英俄共同出兵消滅德國與土耳其在伊朗的勢力，再一次瓜分伊朗。1941

年8月5日，英蘇入侵伊朗，再次瓜分伊朗南北，1942年1月29日伊朗被迫與英蘇簽訂三國同盟，英蘇保證戰爭結束後6個月撤軍。戰後蘇聯不願從伊朗北部撤軍，並在伊朗北方扶植伊朗人民黨，鞏固蘇聯對伊北的控制，1946年3月21日杜魯門警告史達林撤軍，不然美國將作出反應，蘇聯才開始撤軍，並於5月25日完成撤退。蘇聯只是要恢復傳統的勢力範圍，他並不反對英國或美國恢復其在伊南的勢力範圍，這樣的做法也遭到英美的抵制。蘇聯沿襲傳統權力平衡的觀點，卻被視為威脅擴張，最後在美國的威脅下，蘇聯還是退讓。

在希臘問題方面，二戰期間史達林即同意將希臘作為英國的勢力範圍，[53]蘇聯對於希臘革命問題始終低調，而美國對希臘革命的強烈反應也使蘇聯在這個問題上必須小心從事，因為希臘一直不是蘇聯的勢力範圍。1947年3月12日所揭櫫的杜魯門主義（Truman Doctrine），即美國決心以一切必要的手段捍衛受到共產黨顛覆威脅國家的主權完整，正式揭櫫因希臘面臨共產主義的威脅，如果美國在此關頭不行使自己偉大的責任，任其失陷，那必定會對世界產生災難性的後果。[54]但有趣的是，在此之後，美國的軍隊人數及軍事預算卻呈現下滑的趨勢。[55]換言之，美國在此時並未打算使用武力限制蘇聯的擴張，僅止於一種政治上的宣告，向蘇聯表明美國捍衛雅爾達體系決心的堅定，不容許蘇聯的勢力超出雅爾達會議所規定的範圍。因此，杜魯門主義可說是自杜魯門上台以來美國對蘇政策的一個總結，只是美國越來越堅定對蘇聯的態度，將其置於耐心等待蘇聯態度的改變之上。蘇聯內部的評估並不認為美國的做法對其構成安全的威脅，他除了

[53] 沈志華，「共黨情報局的建立及其目標」，章百家、牛軍主編，《冷戰與中國》，頁25。
[54] Thomas Paterson G. ed., Major Problems in American Foreign Policy: Documents and Essays (Washington D. C.: Heath and Company, 1984), pp.308-310.
[55] John Gaddis, *Strategies of Containment*, p.374.

口頭的譴責外沒有其他具體動作，顯示史達林理解杜魯門主義不會用於他所控制下的東歐。1947年12月，當希共領導的反政府組織建立後，蘇聯對此仍持消極態度，甚至在1948年史達林與南斯拉夫、保加利亞共領導人談話時，仍對希臘革命能否成功表示懷疑。[56]

　　從二次大戰後美蘇互動的發展可以發現，美國想在戰後成為主導世界的主要力量，蘇聯自知無法與美國抗衡故以鞏固其安全範圍為滿足，並在國際事務上採取與美國合作的「大國合作」原則。但蘇聯自認的尋求安全週邊的努力被美國認為是蘇聯對外擴張的信號，為了防止權力平衡的被破壞，從而開始在政治上防堵蘇聯，並從經濟上分化蘇聯及其盟國。而蘇聯在理解了美國的意圖後，也為了避免現有的權力平衡遭到破壞，從政治及經濟上開始鞏固東歐的俄國傳統勢力範圍。冷戰便在美蘇兩大強權的相互猜忌與對抗中展開，而這展開的過程便是由美蘇擔心對方的行為會破壞現有的權力平衡結構，使得國際局勢變得不利於己，而開始拉攏盟國建立新的聯盟，以圖將權力平衡的結構導向我方，反而使得國際局勢開始出現了兩大聯盟的對峙，冷戰於焉展開。

第三節　消失的緩衝國：威脅平衡的抉擇

　　國共內戰的結果改變了東亞的權力平衡，也使得美蘇兩國必須重新制定對華政策，以使東亞的權力平衡能夠變得有利於己。原本親美的國民政府維持一個虛弱的中國，符合美蘇兩國的權力平衡需求，然而1949年10月1日，中共勝出成立中華人民共和國，原本的緩衝國消失了，新國家的外交抉擇代表著東亞權力平衡的轉變。

---

[56] 沈志華、張盛發，「從大國合作到集團對抗－論戰後斯大林對外政策的轉變（根據俄國檔案的新材料）」《東歐中亞研究》，頁58。

　　戰後美國的國力已經不容許美國在每一個地點均保持強大的軍
力，而必須選擇戰略重點進行設防，而在其他戰略上相對不重要的
地區，美國則採取了政治上支持當地的政府，並給予有限度的軍經
援助。在這樣的思考下，維持一個穩定而且親美的中國政府變成為
戰後美國對華政策的中心思想。美國透過與親美中國政府的結盟，
增加美國在東亞事務的發言權，並透過扶持親美的中國政府，成為
美國在東亞對抗蘇聯的橋頭堡。所以美國對華政策的前提便是，只
要中國的政府的親美，或至少不是親蘇的，便是美國可以接受的狀
態。[57]至於是否由國民政府或是其他具有實力的中國政治團體來領
導中國，這個問題則不是美國所關心的。

　　中華人民共和國建立後，美國認為中共需要其援助以幫助恢復
國民經濟，因此美國在貿易上選擇採取較蘇東國家更為寬鬆的貿易
政策，雖有部分管制，但非戰略物資部分並不予以管制，試圖透過
較為開放的貿易政策使中共嘗到甜頭，並且希望中共為了保持與西
方的貿易放棄親蘇的政策。其實毛澤東也曾表示中國戰後最需要的
是發展經濟，美國不僅是幫助中國發展經濟的唯一最合適的國家，
而且也是完全有能力參與中國經濟建設的唯一國家。[58]此外，美國
也利用承認問題作文章，美國希望透過不予承認作為政治武器來拉
攏中共，期待中共善意回應，至少不要過度親蘇反美，成為一個外

---

[57] 1949年1月，美國國家安全會議（National Security Council, NSC）NSC34/1
號文件即指出，美國要預防任何可能支配中國的外國強權出現，立即而
明顯的目標是預防中國成為蘇聯的附庸。"Note by the Executive Secretary
of the National Security council (Souers) to the Council", Washington, January
11, 1949, Foreign Relations of the United States (FRUS), China, 1949, Vol. 9
(Washington, D.C.: United States Government Printing Office,1974), p.474-475.

[58] John S. Service, 王益等譯，《美國對華政策（The American Papers: Some
Problems in the History of US-China Relations）》（北京：中國社會科學院，
1989），頁231。

交獨立的中共政權。

　　對蘇聯來說，中共已經不是牽制國民政府的籌碼，而是中國的執政者，重新檢討對華政策是必要的動作。其實戰後蘇聯對華政策與美國一致，從支持國府到支持中共，而支持一個親蘇而不親美的中國政府是蘇聯對華政策的基石。法國駐華使節就認為蘇聯並不希望看到強大而統一的中國，因為它無法控制這樣的中國，蘇聯的全盤佈局是營造一個分裂而軟弱的中國。[59]究竟是誰來統治中國也不是蘇聯所關注的焦點，而維持蘇聯在雅爾達會議中取得的在華特權，才是蘇聯所在意的議題。

　　然而促使史達林放棄原有在中國的特殊利益是頗令人費解的，但是有些客觀的因素可能是史達林考量的重點。一是柏林危機的爆發使嚴密兩極體系迅速形成，美蘇兩大集團分別在各自勢力範圍內建立自己所喜好的政權來確保其安全感。二是美國的核子壟斷權強化了蘇聯的不安全感，積極建立可信的盟友可能比建立緩衝國來的更安全。三是二次大戰後，遠東的民族解放運動高漲，而中共是這一波中反殖民運動的代表者，壓抑中共恐怕會引起中國人的反感與合作的誠意，對於拉攏其他反殖民運動的民族解放國家可能也有負面效果。[60]

　　美蘇都對中共釋放善意，中共是否應該選擇一個左右逢源的中立國？對於一個新成立的國家，贏得各國的承認與援助是一種理性的思維。[61]但是中共為何沒有採取左右逢源的策略而採取向蘇聯

[59] *FRUS, The Far East: China, 1949*, Vol. 8 (Washington, D.C.: United States Government Printing Office, 1973), p.357.

[60] 這三個觀點是由前蘇聯駐中國外交官列多夫斯基的兩個看法推演出來。A. M. 列多夫斯墓，陳春華、劉存寬譯，《斯大林與中國》（北京：新華出版社，2001），頁166。

[61] 張治中將軍就曾經向毛澤東建議，中共在聯合蘇聯的同時，也應當努力

「一邊倒」的策略呢？1949年12月毛澤東訪問蘇聯，史達林詢問毛澤東想要談什麼問題，毛澤東表示當前最重要的是保障和平的問題，史達林回答：「談到中國，目前並不存在對中國的直接威脅，日本尚未站穩腳跟，因此不想打仗；美國雖在叫囂戰爭，但最害怕戰爭；在歐洲人們被戰爭嚇破了膽，實際上沒有誰同中國打仗。難道說金日成要進攻中國嗎？……和平取決於蘇中兩國共同的努力。……如果我們齊心協力，和平不僅可以保障五～十年，而且可以保障十～二十年，也可能更長一點時間。」[62]由此顯見，中國若希望和平安全的保障就必須與蘇聯合作。

此外，毛澤東所提出的中間地帶論很明確地指出，在美蘇之間的遼闊地帶上，美國利用許多藉口在這些國家間進行軍事部署或建立軍事基地，完全是針對蘇聯而來，所以這些國家首先受到的侵略不是蘇聯而是美國。[63]所以蘇聯為了反對美國首先侵略的不是美國而是中間地帶的中共；倘使中共成為美國建立軍事基地的國家，勢必為蘇聯所強烈反對。這樣的安全困境很容易讓中共理解威脅的來源。

威脅權力平衡來形容中共的處境是最貼切的。從總體國力看，蘇聯的人口、科技與工業資源遠遠超越中共，如此巨大的總體國力本身就是個威脅；從地理遠近上來看，蘇聯的強權在鄰，遠比太平洋彼岸的美國來得有感；從攻擊能力來看，蘇聯寧可侵犯周遭國家

同美國及其他西方國家改善與保持良好關係，才符合中國利益。Chen Jian,"The Sino-Soviet Alliance and China's Entry into the Korean War", Working Paper No.1 Cold War international History Project Woodrow Wilson International Center for Scholars, (June 1992), p. 3.

[62] 俄羅斯聯邦總統檔案館，全宗：45，目錄：1，案卷：329，10。轉引自A.M.列多夫斯墓，《斯大林與中國》，頁140。

[63] 毛澤東選集第四卷，「和美國記者安娜－路易斯－斯特朗的談話」，http://www.mzdthought.com。

的主權與領土來擴張安全地帶；從侵略意圖來看，恢復傳統勢力範圍的蘇聯，自然容易造成其他國家的威脅。此外，美國對中共的期待是中立或至少不過度親蘇，顯示美國並沒有意圖要侵略中國，也不要求中共立即選邊。然而史達林對毛澤東是有疑慮的，國共內戰中毛澤東並未聽從史達林的建議停止內戰，淮海戰役後也沒有聽從蘇聯的建議便直接橫渡長江，一個新興的國家儘管虛弱，但如此巨大的國家在統一的狀態下，遲早是個威脅。所以中共在面臨戰後局勢時很清楚的了解，蘇聯的威脅遠比美國大，與美國聯盟的不確定性從國民政府就可得知，希望在戰後的兩極體系選擇閃避策略又無路可逃，選擇扈從策略可能是最佳選項。中蘇友好同盟互助條約就是相互恐懼下的軍事同盟，中蘇雙方透過軍事同盟來確保雙方的安全與恐懼。[64]

 ## 第四節　台海中立化的肇始：台灣地位未定論

　　美蘇的東亞冷戰，影響傳統的中美關係，更創造了新的兩岸關係，韓戰前後，美國對台灣有著截然不同的作法，台灣地位未定論的出現，衝擊著美中台的新關係，也對台灣國內政治生態與民主歷程有著深遠的影響。本節將從台灣地位未定論的出現背景以及美國的對台政策兩大面向，分析台灣的法律地位究竟誰屬，美國對台政策又是經過了哪些的變化。

---

[64] 有關威脅平衡觀察中共聯盟的選擇可參閱周湘華，「相互威脅的安全——一九五〇年中蘇共安全合作的觀察」，《中國大陸研究》，第47卷，第2期（民國93年6月），pp.113-135.

（一）台灣地位未定論的歷史敘述

（A）韓戰爆發前的發展

1941年12月，中國政府正式對日宣戰，在對日《宣戰佈告》中明確宣布：中日間所有一切條約、協定、合同有涉及中日間之關係者，一律廢止。[65]根據「戰爭使條約失效」的一般國際法規定，中國政府對日宣戰之舉自動廢除了中日兩國包括《馬關條約》在內的所有條約、協定，日本侵佔台灣的法律基礎已不存在。台灣的地位將返回1894年馬關條約簽訂的的地位，即屬於大清帝國的一個行省。而根據國際法的繼承原則，中華民國政府已經繼承了大清帝國的一切權利及國際義務，故台灣也應該返回有效繼承大清帝國的中華民國身上。第二，根據開羅宣言和波茨坦公告兩項戰時的宣言。「開羅宣言」，宣言稱「……日本在中國所竊取之領土，如東北四省台灣澎湖列島等歸還中華民國」（all the territories Japan has stolen from the Chinese, such as Manchuria, Formosa, and the Pescadores, shall be restored to the Republic of China）。[66]1945年7月美英中發佈《波茨坦公告》，第八點規定，「開羅宣言之條件必將實施」」（The terms of the Cairo Declaration shall be carried out…）。[67]這實際上再次確認《開羅宣言》的精神。這兩個文件是當時戰勝國政府間的協定，對於戰後世界的權力分配當然有決定性的影響。

1949年，國民政府在內戰中的敗局已定，美國必需要開始思

---

[65] 《中國台灣網》，http://big5.chinataiwan.org/wxzl/lswx/200612/t20061207_327194.htm.

[66] 《中華民國外交部》，http://www.mofa.gov.tw/webapp/ct.asp?xItem=40272&ctNode=1425&mp=1.

[67] 《中華民國外交部》，http://www.mofa.gov.tw/webapp/ct.asp?xItem=40272&ctNode=1425&mp=1.

第一章　東亞冷戰的緣起：權力平衡與聯盟理論
41

索中國政權易手之後的對台政策。1949年4月15日，美國國務院新聞發佈官麥克德莫特（Michael McDermatt）稱：「台灣地位在戰時與庫頁島完全一樣，其最後地位將由一項和約決定。」[68]這是美國首次正式公開提出台灣地位未定論，為其分離台灣政策提供法律上的基礎。此時美國放出這樣的風聲，明顯的是為其未來的政策留下伏筆，而國民政府則透過外交部長王世杰表示，中國對該島擁有絕對的主權，國軍進入台灣不是軍事佔領，而是收復失地。況且自中日正式宣戰以來，馬關條約即已失效，戰後中國已將台灣從日本手中實際收回。王世杰並要大家對「帝國主義實現或間接控制台灣的意圖」提高警覺。[69]至此，美台雙方對台灣地位法律上的意見，均表示了各自的態度，雙方接下來對此一問題都沒有更進一步的動作，僅僅停留在「各自表述」的階段。

　　1950年1月5日，美國杜魯門總統就台灣問題發表聲明。杜魯門說明了美國自戰時《開羅宣言》、《波茲坦宣言》以來一貫的立場──美國及其他盟國承認中國對台灣行使主權，而美國目前無意在台灣獲取特別權利和特權，或建立軍事基地。杜魯門這個特別的發言，一般認為是希望拉攏中共，分化中蘇共之間的關係。[70]1950年6月，杜魯門又提出「台灣的法律地位將由戰後一項條約所決定」可視為美國對台灣地位的明確表態，即希望由一項國際條約決定台灣地位的歸屬。但美國總統的說法僅能代表美國的政策，中華民國在杜魯門提出這說法時也與以嚴正的駁斥，說明中華民國政府並不認同美國的說法，若將美國單一國家的政策引申為台灣法律地位未

---

[68] "The Consul at Taipei (Edgar) to the Secretary of State", Taipei, May 6, 1949, *FRUS*, 1949, Vol. 9, p.328.

[69] "The Consul at Taipei (Edgar) to the Secretary of State", Taipei, March 26, 1949, *FRUS*, 1949, Vol. 9, p.305.

[70] *Department of State Bulletin*, Vol. XXII, No.550, 16 January, 1950, p.81.

定，則顯得太過牽強。從歷史的角度看，自從戰後以來，從來沒有一個國家質疑台灣屬於中國的一部分，質疑的僅是台灣究竟屬於哪一個中國。是國民黨為代表的中華民國還是中國共產黨所代表的中華人民共和國。這種「有限未定」的懷疑構成了台灣地位未定的理論基礎，但屬於中國則實屬無疑義。

（B）韓戰爆發後的發展

國民政府遷台後，美國本已對國民政府採取放手政策（hand-off policy），但韓戰爆發，使得美國憂心共產主義的勢力蔓延全球，美國杜魯門總統乃派遣第七艦隊協防台灣，宣布台灣海峽中立化，並明確指出「台灣未來的地位，必須等待太平洋地區安全恢復，以及對日本的和約簽署，或經過聯合國討論後，再作決定」。而《舊金山和約》第二條第二項規定了日本放棄其對台、澎權利，卻未提到要將台澎權利歸屬於誰，亦即從規定中僅言及「放棄」卻沒說「放棄後給誰」，推論出「台灣地位未定」。[71]此外，由此看來，當時美國對台灣的政策，本質上就是支持台灣地位未定。而且，1951年代表同盟國的48個國家與日本簽訂《舊金山和約》，第二條b項規定：「日本放棄對台灣及澎湖群島的一切權利、權利根據及要求」，[72]卻未明確規定台灣主權的移轉對象。而美英的態度也是以支持台灣地位未定作為其法律上的見解。[73]《舊金山和約》

---

[71] Treaty of Peace with Japan，http://taiwandocuments.org/sanfrancisco01.htm《中日和約》中亦有相關規定，《中華民國外交部》，http://no06.mofa.gov.tw/mofatreaty/Upload/01/01248.pdf.

[72] 《中華民國外交部》，http://taiwandocuments.org/sanfrancisco01.htm.

[73] 例如英國代表即稱：「這和約本身並未決定這些島嶼（指台灣和澎湖群島）的前途，將來的解決方案必須遵循聯合國憲章的原則。」美國國務卿杜勒斯亦稱：「技術上，台灣和澎湖的地位並未決定。這是因為在《舊金山和約》上只載有日本放棄主權。」

簽訂次年，國民政府與日本簽署中日和約，第二條依據《舊金山和約》，再度聲明「日本國業已放棄對於台灣、澎湖以及南沙群島及西沙群島的一切權利、權利根據與要求。」[74]同樣未表明台灣主權的轉移對象。換言之，從蔣介石受盟軍統帥之託接收台灣到韓戰爆發的歷史發展，以及《舊金山和約》、中日和約的條文看來，台灣地位未定論似乎符合史實與國際法的規定。

　　反對台灣地位未定的看法大致可分為。第一、《舊金山和約》[75]並沒有規定日本放其台灣主權後將轉交給誰，在邏輯上只能導出「在該約中不處理台灣地位問題」。不能把「不處理」與「未定」劃上等號，我們可以推測，《舊金山和約》不處理台灣的地位問題，可能是已經承認開羅宣言中台灣與澎湖將在戰後歸還中華民國的立場，也可能是認為台灣地位未定，但不處理絕非未定。除此之外，《舊金山和約》並不能構成台灣地位未定。關於台灣問題，條約第二條（乙）款規定：「日本放棄對台灣及澎湖列島的一切權利、權利根據及要求」。[76]長期以來，這一句話是支持台灣地位未定論的主要論述。日本「放棄」，則台灣自然會歸還到台灣原來的國家中國，並不是「未定」或「無主之地」。至於誰代表中國行使主權，則是中國內部事務，將由中國自己解決。此外，中華民國和平占有台灣已經超過六十年，依占有保持時效取得、默示割讓乃至於無主地先占奪原則，台灣應已歸於中華民國管轄。正反兩方的爭議，也讓台灣地位未定或已定保留了最多想像空間。

---

[74]　《中華民國外交部》，http://no06.mofa.gov.tw/mofatreaty/Upload/01/01248.pdf.

[75]　1951年9月8日，包括日本在內的49個國家在美國舊金山的舊金山戰爭紀念歌劇院簽訂了這份和約，並於1952年4月28日正式生效；這份和約的起草人為當時的美國國務卿顧問杜勒斯。有關《舊金山和約》全文請參閱Treaty of Peace with Japan，http://taiwandocuments.org/sanfrancisco01.htm.

[76]　《中華民國外交部》，http://taiwandocuments.org/sanfrancisco01.htm.

（二）美國的對台政策：袖手旁觀到台海中立化

（A）袖手旁觀政策

　　1950年1月5日，杜魯門總統正式就台灣問題發表聲明。杜魯門首先說明了美國傳統的對華政策－「門戶開放」政策，以及國際社會應尊重中國的領土完整。其次，又引述了1949年12月8日聯合國大會的決議。第三，杜魯門說明了美國自戰時《開羅宣言》、《波茲坦宣言》以來一貫的立場－美國及其他盟國承認中國對台灣行使主權，而美國目前無意在台灣獲取特別權利和特權，或建立軍事基地。同樣的，美國將不會向在台灣的中國軍隊提供軍事援助和建議，美國政府將依現行法律授權經濟合作署執行現有的經濟援助計畫。[77]在同日下午，國務卿艾奇遜在面對新聞媒體時，將總統的聲明作了進一步的闡述。首先，國務卿說明了此時發表這項聲明，是因為外界已有過多不正確的揣測，因此有必要在此時澄清真相。其次，美國對台政策始終沒有改變，美國認為在法律上，台灣自戰後即交由中國政府統治，這點迄今沒有改變。也因此，美國將不會以軍事手段介入台灣。國務卿也認為「這不是什麼新政策，如果以軍事手段介入才是新政策」。第三，國務卿也說明目前美國對台灣的援助，主要是透過經濟合作署所執行的經濟援助。第四，關於總統聲明中「目前」無意在台灣獲取特別權力和特權這一句話中的「目前」兩字，國務卿認為這只是在說明一個事實，若美國軍隊在遠東遭到攻擊，美國將擁有完全的自由，在任何地區採取一切行動。[78]同年1月12日，艾奇遜在全國新聞俱樂部發表談話，這篇談話明確

---

[77] *Department of State Bulletin*, Vol. XXII, No. 550,16 January, 1950, p.81.

[78] *Department of State Bulletin*, Vol. XXII, No. 550,16 January, 1950, pp.79-81.

指出，美國西太平洋的防線並不包含台灣。[79]至此，美國對台「袖手旁觀」政策已經正式制定完成。

　　而美國政府在此時發表這樣的內部決策，還是有其背景：首先，解決國內政爭。美國此時的對台政策，不僅在政府內引起了軍方和國務院之間的爭論，在國會內的「中國遊說團」（China Lobby），糾集了同情國府的國會議員，猛烈的攻擊政府的對華政策，而1950年適逢期中選舉，政府的對華政策更成為共和黨攻擊的對象，因此，杜魯門有必要針對對華政策表明他的立場。其次，配合亞洲政策。在美國決心從中國「脫身」、對台「袖手旁觀」旁觀時，美國也開始爭取其他亞洲國家的支持，以共同防止共產黨主義的蔓延。而美國在爭取這些國家的支持，採取的是對其民族主義運動給予肯定的立場，若是此時美國以「台灣地位未定」這樣一個法律上的見解來干涉台灣的話，可能會被其他國家視為「偽善」，從而破壞美國對這些國家所作的努力。再者，在中蘇間打入楔子。在杜魯門總統發表這個聲明的同時，正好是毛澤東在蘇聯進行訪問，美國覺得若在台灣問題上作出某種程度的讓步，也許會讓中共不要過於傾向蘇聯，因為美國從中國本土得到的消息是，若美國阻止中共解放台灣，將會使美國失去全部中國人的好感，而中國人民對美國的好感若和中國人民的反蘇情緒相結合，才是美國的長遠利益。[80]

　　由於國共內戰的勝負已明，美國即將面對解放軍兵臨台灣海峽的情況，因此美國必須重新調整對台政策。而軍方和國務院在此時的爭論在於，是否對台灣採取軍事援助的措施。軍方認為由於情況

---

[79] 美國的西太平洋防線從阿留申群島經日本琉球群島到菲律賓，顯示台灣的戰略重要性仍未達到美國必須以武力保護的地步。

[80] "The Consul General at shanghai (McConaughy) to the Secretary", Shanghai, January 5, 1950, *FRUS*, 1950, Vol. 6, East Asia and the Pacific (Washington, D.C.: United States Government Printing Office, 1980), p.268.

已有改變，對台軍事援助是必須的，因此應派遣調查團赴台調查所需的軍援項目。國務院則認為對台軍援的代價太大，即便對台軍援也不能保證台灣不會落於共產黨之手，因此拒絕對台軍援。雙方的爭執在軍方同意國務院所提的軍事考慮必須服從於政治考慮而畫下句點，不過軍方也並未就此善罷干休。就在杜魯門聲明發表之前，參謀總長聯席會議主席布萊德雷（Omar Bradley）在原稿的「美國無意在台灣獲取特別權利和特權」這一句前面加上「目前」（at this time）兩字，杜魯門總統也接受了此一修改，而國務卿在同日下午召開記者會說明這兩個字的意義。[81]

　　儘管對台「袖手旁觀」政策是依照國務院的意思制訂，也得到了總統的批准，但在政策公佈之後，卻引發了國會內親華議員的一致撻伐，軍方也不願意接受放棄台灣的政策，即使「目前」二字已經加入總統的聲明，為未來的發展留下了伏筆。但值得一提的是，即使政府內部及國會反對放棄台灣的聲浪始終未曾稍歇，但根據華盛頓民調公司「全國民意研究中心」（National Opinion Research Center, NORC）的調查，有50％的民眾贊成「袖手旁觀」政策，只有28％的反對意見，顯見民眾給予杜魯門不小的支持。[82]

（B）台海中立化

　　韓戰爆發後，美國由消極的東亞防禦變成積極防禦，並在台海執行中立化政策，[83]試圖將軍事衝突限縮在韓國戰場。然而中共參

[81] *Department of State Bulletin*, Vol. XXII, No. 550, 16 January, 1950, pp.79-81.

[82] Nancy Bernkopf Tucker, *Patterns in the Dust: Chinese-American Relations and the Recognition Controversy, 1949-1950* (Ann Arbor, Mich.: University Microfilms International, 1986), p.161.

[83] 台海中立化政策始自1950年6月27日杜魯門總統發表第七艦隊巡弋台灣海峽聲明，阻止兩岸發生衝突，並一直延續至1953年艾森豪總統繼任。儘管艾

戰後，杜魯門的台海中立化政策馬上面臨挑戰。一方面美國希望衝突不要擴大，仍然希望軍事衝突限制在韓國戰場；另一方面中共的介入，使得美國潰敗，對美國形成明顯的羞辱，致使軍方不斷促請杜魯門正視台灣國軍的力量，並希望國軍可以介入韓戰，牽制或打擊中共東南沿海的軍力。初生之犢的中共竟然可以與世界強權美國打成平手，強烈的羞辱感使軍方急思扳回顏面，然而政治上的考量杜魯門反對調用國軍，但是在台海中立化的政策下，卻又接受軍方的思維，默許台灣對大陸沿海進行襲擾，[84]形成韓戰的一個側翼。

　　其實，美國的台海中立化政策本身就存在著一些矛盾。為圍堵亞洲共產主義擴張而逐漸成型的台海中立化政策，本身並不是為了維繫國民政府，它只是不讓台澎落入不友好政府之手。在這個前提下，美國對於外島的國軍並不支持。國府曾於1950年7月7日向華府提交一份備忘錄，希望華府承諾協防其所據守的外島，並支持國府反攻大陸政策，但為美國所拒絕。[85]參謀聯席會議也表達美國在台

森豪總統宣布第七艦隊不再負有保護大陸東南沿海的責任，但實際上，美國仍約束台灣對大陸的軍事行動，使台海中立化的政策持續進行。

[84] 美國對國府的游擊、攔截商船等騷擾行動，由中央情報局（Central Intelligence Agency, CIA）暗中提供游擊隊的裝備與訓練，美國估計國府的游擊行動大概牽制了大約20萬的中共兵力。張淑雅，「台海危機前美國對外島的政策（1953-1954）」，《近代史研究所集刊》，第23期（1994年），頁298；然而國府估計其游擊行動大約牽制了中共80萬的兵力，請參閱國防部史政編譯局編，《戡亂時期東南沿海島嶼爭奪戰史》（二）（台北：國防部史政編譯局，1997年），頁217。

[85] "The Charge in China (Strong) to the Secretary of State", Taipei, July 10 1950, *FRUS*, 1950, Vol. 6, p.373, "The Secretary of Defense (Johnson) to Secretary of State", Washington, 17 July 1950, *FRUS*, 1950, Vol. 6, pp.379-380, "The Secretary of State to the Embassy in China", Washington, July 22, 1950, *FRUS*, 1950, Vol. 6, p.387. 國府曾詢問華府的中立化政策是否包含外島，華府回答若中共攻打外島，第七艦隊是不會協助的。"The Charge in China (Strong) to the Secretary of State", Taipei, June 29, 1950, *FRUS*, 1950, Vol. 7, p.226; "The

灣只限於輔助性的行動，不同意在該島部署任何武力。[86]這使得國府延續退守台灣的政策，對於一些無法堅守的外島陸續撤退，僅留下金門、馬祖、大陳等三大島群。[87]此外，美國不同意協防外島的國軍，並希望國府不要主動挑釁。然而中共參與韓戰後，美國卻變相鼓勵國府對大陸發動騷擾性的攻擊。

對中共而言，台海中立化政策作實了美國威脅中共的事實，儘管「放蔣出籠」（Unleashing Chiang）是假，但在宣傳上加深了美國侵略中共的形象。其實，中共對於美國的圍堵仍然存有默許的空間，他反對圍堵，但不畏懼圍堵，但是明確圍堵到本國境內則是中共無法容忍的，特別是這個圍堵政策即將用條約的形式來合法化，挑戰到新興民族國家尊嚴的底線。最後，籌劃一年多的「中美共同防禦條約」，引爆了中共新一波的政治鬥爭。[88]

Secretary of State to the Embassy in China", Washington, July 7, 1950, *FRUS*, 1950, Vol. 6, pp.371, "The Charge in China (Strong) to the Secretary of State", Taipei, July 10 1950, *FRUS*, 1950, Vol. 6, p.374, "The Secretary of Defense (Johnson) to Secretary of State", Washington, 17 July 1950, *FRUS*, 1950, Vol. 6, p 380, "The Secretary of State to the Embassy in China", Washington, July 22, 1950, *FRUS*, 1950, Vol. 6, pp.387-388, "The Charge in China (Strong) to the Secretary of State", Taipei, July 24 1950, *FRUS*, 1950, Vol. 6, p.390.

[86] "The Secretary of Defense (Johnson) to the Commander in Chief", Far East (MacArthur), Washington, 4 August 1950, *FRUS*, 1950, Vol. 6, p.423.

[87] 韓戰前國軍最大的撤退行動係1950年5月13日以「美援及日本賠償物資運輸計畫」的舟山群島撤退，此一行動撤退了十餘萬人，由國軍獨立完成。撤離舟山群島的主因係中共在華東沿海已經集結二百餘架飛機，並有俄製噴射機，國軍的制空權已不具優勢，再加上支援與補給困難，故決定撤離。其餘撤離的尚有1950年5月26日南山衛，6月27日外伶仃、三門群島，7月13日擔桿島等粵南群島。國防部史政編譯局編，《戡亂時期東南沿海島嶼爭奪戰史》（二），頁32-34，119-127。

[88] 有關美國與國府對「中美共同防禦條約」的談判，國府官方資料請參閱《蔣中正總統檔案》，特交檔案，檔號：080106，卷號：034，卷名：對美國外交，編號：08A-01577，08A-01578，08A-01579。

第五節　小結：韓戰與台灣地位的關聯

　　就在國共內戰即將結束之際，由於國民政府在中國大陸上的軍事失利，使得台灣的地位岌岌可危。尤其在共軍渡過江之後，台灣的安全直接受到中共的武力壓迫，隨時都有易手的可能，如果台灣落入一個親蘇而不親美的政權手中，對美國而言，東亞權力結構將轉變為不利於美國。因此美國為了避免這樣的情況出現，而本身又對國民政府保衛台灣的實力不存信心，故提出了「台灣地位未定」這樣的法律見解，試圖在未來可能的台海衝突中，留下一個武力介入的機會。

　　但到了韓戰爆發，美國立即派遣第七艦隊進入台灣海峽，阻止台海兩岸的相互攻擊，也因此穩定了國民政府在台灣的統治。而國民政府在失去大陸的統治權後，台灣成為其轄下唯一的有效統治地，如何保衛台灣使台灣成為其反攻大陸的跳板，是國民政府遷台後的主要工作。反觀美國，在保台與保蔣逐漸成為同一件事的時候，「台灣地位未定」反而變成了美台之間的衝突來源。而在保台成為美國在韓戰爆發後的重要政策之時，「台灣地位未定」的法律見解也就變的無足輕重，美國的政治需求承認中華民國在台灣的實際統治權。

　　嚴格來說，台灣地位已定或未定，支持者或反對者均可在法理上尋求符合其需求的論證，國際政治的現實所呈現的只是大國的需求。所以美國可以在1950年1月5日表示美國及其他盟國承認中國對台灣行使主權；同年6月27日美國又公開宣布台灣未來的地位，必須等待太平洋地區安全恢復，以及對日本的和約簽署，或經過聯合國討論後，再作決定。這就充分顯示出為了分化中蘇關係，美國可

以承認中國對台灣的主權；同樣為了防堵中共，美國也可以承認台灣地位未定。「台灣地位未定」僅是美國在國共內戰國民政府即將敗退之際對台灣提出的策略運用，目的便在阻止台灣落入親蘇政權的手中，以免東亞的權力平衡遭到破壞，並使蘇聯的勢力無法突出東亞第一島鏈。而戰後的台灣一直到今天都在中華民國的有效統治之下，無論台灣的地位在國際法上的更迭為何，中華民國對台灣的有效統治卻是不爭的事實。對「台灣地位未定」這個議題在台灣民主化之後有了更多的討論，但事實上，吾人必須了解「台灣地位未定」所提出的歷史背景，如此才能從其目的來了解這個議題的發展過程，也才能準確的理解「台灣地位未定」的歷史意義。

第二章
韓戰與台灣：現實主義下的兩極體系

 學習目標

在東亞冷戰肇始之後，韓戰定型了東亞的冷戰體系，由於現實主義的思考模式，使得美蘇兩國都不能在權力的競逐上屈居下風。本章希望讀者能從韓戰的爆發，了解到現實主義是如何的實際運用，並從東亞兩極體系的形成，理解並思考台灣在東亞冷戰中的地位。如此一來，讀者便能對台灣在東亞冷戰結構下的定位能有更進一步的了解。

摘　要

　　從現實主義的角度來看韓戰爆發前後的台灣對外關係吾人可以發現，台灣的處境直接反映在美蘇兩大強權的態度之下。韓戰是蘇聯認為美國不願意在東亞投入過多軍事力量因而在遠東展開軍事冒險，而美國則認為韓戰就是共產陣營侵略世界的前哨戰，故必須將其擊退，以防止骨牌效應（Domino Theory）的出現。在美蘇這樣的思考下，韓戰因而成為二次大戰後所發生的第一場大規模局部戰爭。本章的焦點在於東亞的冷戰體系透過韓戰而形成，韓戰帶給了台灣一個喘息的機會，透過美國第七艦隊的協助，國府暫時不必擔心來自中國大陸的武力攻擊，從而得到了穩定台灣內部的時間。

韓戰結束後，東亞的冷戰體系正式建構完成，以美日為首東亞的圍堵蘇中成為50年代中後期東亞國際關係的基本結構。在這樣的結構下，台灣也無法脫離這樣的國際體系架構。九三砲戰的爆發，促使國府與美國的關係進一步的拉近，第一次台海危機的發生使得美國下定與台灣締結共同防禦條約的決心。美台共同防禦條約便在中共的壓力以及美國東亞戰略體系完整性的考量上簽訂，美台關係也因為共同防禦條約的簽訂，而走向制度化的道路。台灣也因共同防禦條約，得到了大量的美援以及美國的安全保證，從而使得國府在台灣的統治逐漸地穩固下來。

 ## 第一節　理論與歷史

　　現實主義理論的基本思想源遠流長，關於這些思想的各種表述從古代一直發展到當代，並將繼續發展下去。國際關係理論中被冠以現實主義的思想，在很大程度上來自對人類對國際關係陷入危機的關注與思考。1939年第二次世界大戰發生前夕，英國威爾斯大學教授卡爾（E.H. Carr）出版了《二十年危機（1919-1939）—國際關係研究概述》（Twenty Years' Crisis, 1919-1939: An Introduction to the Study of International Relations）。[1]他在書中批判了理想主義，認為它是脫離實際的烏托邦主義。他認為，二次大戰之間20年的造成國際關係危機的源頭，就是理想主義體系的崩潰，因為國家利益是難以調和的。卡爾強調，人類應該正視國際關係的現實，並提出權力是國際關係中國家主要的追求目標，而理想主義的道義和民主則必需要有權力才能起作用。卡爾的這本書標誌著現實主義學派的形成，而卡爾提出的國

---

[1]　E.H. Carr, Twenty Years' Crisis, 1919-1939: An Introduction to the Study of International Relations (London: Harper Perennial, 1964).

際關係理論帶有一種折衷性質。他認為好的國際政治理論應當既包含理想主義，也包含現實主義；既包含權力，也包含道德價值觀。

　　從第二次世界大戰結束直至20世紀80年代初，現實主義在國際關係研究領域一直佔據統治地位。古典現實主義理論的核心假設是：（一）國際體系以國家為基礎，國家是國際體系中的主要行為者；（二）國際政治的本質是衝突，即無政府狀態下國家爭奪權力的過程。在無政府狀態下，民族國家不可避免地要依靠實力來確保生存；（三）各國擁有合法主權，但因實力的大小不同而有強國與弱國之分；（四）國家是統一的行為體，對外政策獨立於國內政治；（五）國家是根據國家利益進行決策的理性行為體；（六）權力是解釋和預測國家行為的最重要觀念。[2]現實主義理論認為，國際體系的基本特徵是無政府狀態，即國際體系缺乏合法權威。主權原則的本質是各國在法律上一律平等。但因各國享有主權，所以並不存在高於國家之上的合法權威。但是，各個國家的實力並不相同，有的國家強有的國家弱。因此，從國家的實力上來講，國際體系的結構將導致國家採取自助的策略。

表2-1　現實主義的國家觀

現實主義國家觀				
國際環境	國際政治的本質	國家間的互動	國家政策的目標	以何解釋國家行為
無政府	衝突，無政府還環境國家爭奪權力的過程	依照實力	追求國家利益	權力

資料來源：作者自繪

---

[2] James E. Dougherty and Robert L. Pfaltzgraff Jr, *Contending Theories of International Relations: A Comprehensive survey* (Beijing: Peking University Press, 2004), pp.63-64.

　　國家以自助原則得到安全的最後方法是建立軍事力量，如果每個國家都以加強軍備作為獲取國家安全的方法的話，那麼其國家便會感受到威脅，而陷入「安全困境」（security dilemma）的螺旋中。一國為確保自身安全所做的努力到何種程度將會被別國視為安全威脅？一國的安全感必須以另一國的被威脅感為代價嗎？也就是說，兩國之間的安全感與被威脅感是否會像一個密閉箱子裡的兩個氣球，一個越大另一個就越小，直到被威脅感大到某種程度，則氣球便會破裂打破箱子，戰爭因此爆發。此外，現實主義者認為，國家存在一個無政府體系中，國家政策的基礎是以權力為後盾的國家利益。由於體系結構包括權力分配，權力也就成為現實主義理論的核心觀念。所以如果不能取得估算權力的方法，那麼理解國家之間關係的能力也就會受到很大的影響。因此現實主義理論既把權力概念化，也對權力的大小進行測量。[3]

　　20世紀中葉，摩根索對現實主義理論的發展有著巨大的影響。現實主義理論中的概念如理性決定國家利益、權力、權力平衡以及無政府世界中權力的運用等等，摩根索將其做了詳細的說明，而後來以新現實主義來重新闡述現實主義的學者，亦以摩根索的著作做為解釋的起點。而摩根索對國家外交政策上的看法，也成為現實主義者判斷一國外交政策的重要指標。摩根所認為，外交要成為重新駕馭權力的有效手段，就必須符合以下四個條件：（一）外交必須拋棄十字軍討伐的精神；（二）外交政策的目標必須根據國家利益來確定；（三）各國必須從他國的立場來考慮其對外政策；（四）各國必須有在無關要指的問題上達成妥協的意願。摩根索相信，如果恢復外交的重要地位，它不僅能透過協調來促成和平，而且有助

---

[3]　Dougherty and Pfaltzgraff Jr, *Contending Theories of International Relations: A Comprehensive survey*, p.72.

於建立國際共識；在此基礎上，更加完善的世界政治制度將應運而生。[4]

而在摩根索提出了現實主義之後，美國學者華爾滋（Kenneth Waltz）提出了新現實主義（Neo-realism），他於1979年所出版的著作《國際政治理論》（Theory of International Politics），被視為是「結構現實主義」的奠基之作，此後該學派就成為美國國際關係研究的主流，對當代國際政治研究和政策分析的影響極為深遠。華爾滋認為，在地位分配上，構成員在形式上是平等的，沒有國家有命令的權力，也沒有國家有服從的義務；國家與國家之間是相互協調的關係，所以國際政治系統既是權力分散，又是種無政府的狀態。但要強調的是，「無政府」的意思不是指混亂的狀況，而是缺少一個統一的最高權威。

華爾滋對國際政治結構的基本假設，即為「國家的動機是求生存」，是任何目標的先決條件，因為在國際政治處於無政府狀態的情況下，沒有一個國家的安全可以打包票，構成員的生死榮辱須視本身努力程度而定。換言之，在國際政治系統呈現無政府的狀態的情況下，「自力救濟」原則已接近無所不為、漫無限制的境界，國家遂把安全與權力當成追逐目標。華爾滋認為在討論國際政治結構時，唯一要考慮的是他們的能力，而不必考慮國家的特性，例如傳統、目標、政府型態、是否支持現狀、意識型態和國家之間的互動關係。因為國家的特性的改變不會影響系統結構，只有在國家能力改變，導致結構的權力分配情形發生變化時，系統結構才會變化。

華爾滋最大的貢獻是對理解複雜的國際政治現實提供一個系統性的分析框架，以結構做為體系層次的獨立變數，透過對結構的準

---

[4] Dougherty and Pfaltzgraff Jr, *Contending Theories of International Relations: A Comprehensive survey*, p.80.

確定義，詳細探討了國際政治結構的重要作用，協助我們認識到各國所面臨的各種壓力。華爾滋認為無論各國發生何種變化，都不可能超越無政府狀態的制約性影響，並以精湛的邏輯推理，詮釋了國際政治無政府狀態對各國之行為，及行為結果所造成的影響。

必須誠實的說，任何理論都有解釋不了的現象，現實主義在某種程度上也有理論上的缺點。這主要表現在以下幾個方面：首先，現實主義理論本質上是一種靜態研究，難以看到國際事務中的變化，也無法解釋國際體系的變化。其次，現實主義低估了國際合作的可能性，尤其是大國間合作的可能性。現實主義所關注的是一種關於衝突和戰爭的的關係，然而國際關係的現實卻也非一成不變。第三，現實主義貶低國際建制（international regime）的重要作用。國際建制的大量產生並對國際關係產生各種規範的作用，是過去半個世紀以來國際政治中一個十分重要的變化。從這個角度上來說，現實主義之所以具有長久的解釋力，是在於它抓住了國際政治中一些最核心的概念。但在現實主義發展的同時，20世紀後期以來的歐洲國際關係問題上，現實主義就明顯缺乏說服力，歐洲整合的演變已經超越了現實主義所描述的階段，已經產生了新的外交政策理念和行為模式。現實主義理論已經無法很好地說明這種發展了。

作為一種理論，現實主義提供了一個看世界的角度，它的各種假定也好，論述也好，對理論的進一步發展是一種激發，提供了需要研究的問題，而不是提供了答案。世界不是靜止的，國際關係也不是靜止的，我們需要一種能夠理解和解釋國際關係變遷的理論。在當今國際關係的理論上，現實主義所忽略的合作、文化、認同等面向已經被重新提出來討論，也漸漸成為近年來國際關係理論的顯學。但這並不代表現實主義已經走到了盡頭，或在全球化的時代缺乏解釋力，只能說國際關係理論會根據不同時代所關注的焦點而有

不同的闡述方向。如同在1950年代，這個以國家權力及國家安全作為國家最核心的議題的時代，將現實主義作為解釋當時的國際關係與國際事件就具有極佳的解釋力，因此本章採用了現實主義作為解釋1950年代國際關係的主要理論。

　　在韓戰爆發的過程中，美國與蘇聯的態度決定了韓戰是否爆發以及戰爭的走向。蘇聯低估了美國的的被威脅感，史達林（Joseph Stalin）把艾奇遜的演說當作美國不會干預的保證，而忽略了美國國內的政局演變。其次，史達林過於高估了北韓方面的實力，儘管硬體方面的確因為蘇聯方面的全力支援而快速提升，但軟體方面因史達林有限制的使用蘇聯顧問而成了北韓軍的一大缺點，這些缺點也在韓戰爆發後一一顯現出來，成為北韓未能速戰速決的原因之一。在美國方面，美國在面對一場改變現狀的戰爭時，立即判斷韓戰是共產集團在全球擴張的信號，美國將其視為第三次世界大戰的序幕，並作出了強烈反應。美國認為韓戰將嚴重威脅到美國國家安全。也就是說美國認為韓戰並非突發狀況，而是共產集團全面侵略的前哨戰。而在中共方面，中共認為美國早已作好侵略中國的準備，當韓戰爆發，美國宣布第七艦隊進入台灣海峽絕對是有計畫侵略中國的具體行動，出於對美國干預中國共產革命的擔憂與恐懼，中共對安全的威脅十分敏感，才會將第七艦隊進入台灣海峽的行為視為美國入侵中國的鐵證。隨著聯合國軍在仁川的成功登陸，聯合國軍勢如破竹地掃蕩北韓軍，很快地便進抵38度線。中共的被威脅感逐漸上升，其後聯合國軍北進38度線陳兵東北邊境之時，中共對威脅的感受便非常強烈。另外，不安全感的高漲也是中共加入韓戰的一大原因。除了對國家安全的威脅認知之外，中共還認為，只要打敗了美國，國家安全與國家統一的雙重問題便可迎刃而解，故周恩來便曾表示：「朝鮮問題對我們來說，不單是

朝鮮問題，連帶的是台灣問題。」[5]中共赴韓參戰時打出的是「抗美援朝、保家衛國」的口號，對中共而言，「援朝」可能真的只是口號，中共心裡想的恐怕還是以「抗美」為手段，以達成「保家衛國」的目的。

　　本章將從雙方陣營的相互威脅的觀念來探討韓戰爆發前後，美國與共產黨陣營之間的安全感與被威脅感，並從兩個陣營相互認知與判斷的過程，來探討韓戰時期雙方陣營的互動以及台灣在韓戰中的角色與機會。

表2-2　美國外交政策的辯論：現實派與意識型態派

辯論議題	現實派	意識型態派	結果
1945年在中共與國民黨之間選擇	國務院謝偉志（Jonn Services）等三位中國通：應選擇內戰贏者；以離間中共與蘇共的關係	羅斯福：對中國通的建議不感興趣；拒絕毛澤東要求訪美的試探（feelers）。	中共勝利；倒向蘇聯；中美斷交二十年
1946-47年蘇聯對外政策的動機	肯楠：蘇聯會對其周邊小心試探（porbe），動機有二：傳統的不安全感和意識型態；對美國真正的危險是心理上的；應以外交和經濟方式圍堵，致力於分化國際共運。	杜魯門和艾奇遜：需要大張旗鼓的行動，而非精闢分析；美蘇之爭是自由世界與恐怖主義之爭；無第三條道路；共黨份子（Commies）無處不在，不早根除就猶如從中心爛掉的蘋果（rotten apple theory）。	無上限（open ended）的杜魯門主義出籠；重新武裝西德和日本；英法等盟國沮喪

5　中共中央文獻研究室、中國人民解放軍軍事科學院編，《周恩來軍事文選》（第四卷）（北京：人民出版社，1997年），頁75。

1949-50年中國問題	艾奇遜：1949年8月，《美國對華政策白皮書》提出，對中國「放手」（hands off）	麥卡錫：1950年質詢「丟失了中國？」肯定政府內部有間諜	尋找替罪羔羊，人人自危
1948-49年越南問題	美國情報界：胡志明不受蘇聯控制	艾奇遜：宣稱胡志明是徹頭徹尾的共黨份子（outright Commie）	對法經濟軍事援助，後取而代之
1950年國家安全委員會第68號文件	肯楠：史達林沒有征服世界的大戰略，注意力集中在蘇聯勢力範圍，擔心蘇聯勢力伸張過度	艾奇遜：國際實力分化日益體現在受奴役國家和自由國家之間。蘇聯新的狂熱信仰是要把她的絕對權威強加於世界的	不顧國會反對，68號文件通過，強調擴軍備戰，有備無患
1950年6月第七艦隊巡弋台灣海峽	杜魯門和艾奇遜：中共介入韓戰前三個月第七艦隊開始進入台灣海峽	「中國問題第一」派（China-firsters）：在國會支持國民黨，敦促政府不要對中共手軟	美國重新介入中國內戰，中共三個月後進入韓國
1950年7-9月美軍越過三十八度線	肯楠：越過三十八度線是一個極為危險的舉動（highly dangerous）	杜魯門：擔心在大選時受指責，最終仍然批准越過三十八度線	美軍在聖誕節後全線撤退
1950年12月杜魯門案是美國可能在韓國使用原子彈	英國首相艾德禮（Clement Attlee）赴美會見杜魯門，提出中共加入聯合國，時限停火；政治解決韓國問題，離間中蘇關係	杜魯門和艾奇遜：擔心骨牌效應；中共與蘇聯無區別，是蘇聯的衛星國	韓戰繼續

資料來源：http://www.chinareform.net/2010/0628/18427.html

第二節　蘇聯東亞政策的轉變

　　蘇聯支持金日成以武力統一韓國無疑是韓戰爆發的關鍵因素，沒有蘇聯的支持，金日成無法成功的發動戰爭。蘇聯是在何種情況下決定支持金日成？而蘇聯何以認知道韓戰的發生是對蘇聯有利的？韓戰究竟會不會引起美國的干涉？這都是蘇聯在決策時非常關心的因素。決定蘇聯改變政策的第一個因素就是其對東亞局勢的認知，由於國際局勢的變化，使得蘇聯有信心開始進一步的冒險。

（一）蘇聯對韓戰的認知

　　蘇聯在戰後的東亞政策是希望維持在雅爾達會議中所得到的特權，因此他們並不希望在東亞發生任何會影響其特權的衝突。在1950年之前，金日成即已向史達林要求讓他利用武力統一祖國，但蘇聯方面則是予以否決。[6]但到了1950年初，史達林明確的告知金日成「我準備在這件事情幫助他」。[7]這是史達林首次表態支持金日成武力統一韓國的計畫，但究竟為什麼莫斯科會選在此時候給金日成的計畫開了綠燈，蘇聯先前不贊成的理由是否已經消失？這些都必須從當時蘇聯在東亞的利益角度來看。正當中共剛剛建國之際，毛澤東前往蘇聯進行訪問，並與蘇聯簽訂了《中蘇友好同盟互助條約》，在此約中，蘇聯宣布於1952年前將中長鐵路及旅順港交還中共，蘇聯交還了從國民黨手中取得的特權，因為蘇聯認為這樣的舉動將有助於中

---

[6]　「莫洛托夫（V. M. Molotov）呈報的擬答覆金日成的指示稿」（1949.9.23），沈志華編，《朝鮮戰爭：俄國檔案館的解密文件》（上冊），頁255-259。

[7]　「史達林關於同意會晤金日成討論統一問題致什特科夫（T.F. Shtykov）電」（1950.1.30），沈志華編，《朝鮮戰爭：俄國檔案館的解密文件》（上冊），頁309。

共提升其在國內的地位。對蘇聯來說，這代表著從雅爾達會議中所得到在中國東北的主要特權交還給了中共。因此，蘇聯認為必須在其他區域彌補交還給中共的權利，取得太平洋的出海口和不凍港，是完全符合俄國歷史上傳統的遠東戰略的，所以蘇聯必須再找一個港口以取代大連的地位。為此，蘇聯便改變了其朝鮮半島的政策。[8]

　　蘇聯此時打的算盤是，如果金日成能順利統一韓國，那麼蘇聯便能取得仁川及釜山將可以取代旅順及大連的作用；萬一金日成的冒險行動失敗，則蘇聯便可引用中蘇條約中戰時蘇聯有權使用中長鐵路運兵的權利，而中共亦可能因為戰爭局勢的緊迫而要求蘇軍留駐旅順、大連。[9]如此一來，無論金日成計畫的成敗，蘇聯在遠東的利益均可獲得保障。其次，中國革命的成功，以及史達林也自我批判的表示他在中國革命問題上妨礙的中共，[10]作為世界共產中心的蘇聯，是否能夠一再阻止亞洲共產黨革命的要求？如果一再拒絕亞洲國家的革命要求，可能對於史達林個人的聲譽會有所影響。出於維護蘇聯利益以及史達林聲譽的雙重因素下，改變了自二戰結束以來的朝鮮半島政策，蘇聯開始支持金日成以武力統一韓國。

（二）蘇聯對美國態度的認知

　　1948年的柏林危機，蘇聯是以退讓作為結束，這是因為史達林認為蘇聯目前仍然沒有足夠的實力與美國相抗衡。即使當時史達林

---

[8]　1月19日蘇聯決定與中共簽訂新約。1月30日史達林同意金日成訪問莫斯科，因此這兩件事在時間上是符合邏輯。
[9]　「中蘇兩國關於締結友好同盟互助條約及協定的公告」（1950.2.14），中共中央文獻研究室編，《建國以來重要文獻選編》（第一冊）（北京：中央文獻出版社，1992年），頁117-125。
[10]　「同斯大林談推翻國民黨問題」（1949.7.27），中共中央研究室編，《建國以來劉少奇文稿》（第一冊），頁35-36。

接受了金日成以武力統一的目標，但仍希望不要與美國發生直接的衝突。因此蘇聯在韓戰之前的作戰準備，以及韓戰爆發之後，史達林一直都只是扮演幕後指揮及提供軍事援助的角色，甚至嚴格限制蘇聯在北韓的軍事顧問，要求他們不得前往第一線指揮，以免給美國人找到介入藉口。[11]

蘇聯儘量避免給美國有蘇聯直接介入韓戰的印象，以免美國以蘇聯參戰為理由介入韓戰，甚至對蘇聯宣戰，因為以蘇聯當時的狀況來說，他們還沒有做好與美全面軍事衝突的準備。[12]那麼，在韓戰前，蘇聯究竟是如何判斷美國是否會真的介入韓戰？史達林對這個問題早就耿耿於懷。1949年9月，史達林要求北韓方面以及蘇聯駐北韓大使館針對使事表示看法，北韓方面判斷如果戰爭爆發，美國「將派日本人和中國人來援助南韓人；用自己的兵器從海上和空中進行支援；讓美國教官直接參加組織作戰行動。」[13]也就是說，北韓方面認為美國不會派遣地面部隊參戰，至多也只是用海空軍協助戰鬥以及派遣軍官幫助指揮軍隊。

我們無法得知史達林對韓國方面做出的此一判斷的態度，但是如果把1950年1月12日，美國國務卿艾奇遜宣布美國西太平洋防線並不包括南韓及台灣之後，再把1949年北韓對美國態度的判斷連在一起的話，對史達林來說想必會有更大的加乘效果，也就是相信美國不會干預韓國內政。[14]不久之後，金日成訪問莫斯科，史達林再次

---

[11] 「史達林關於朝鮮提供武器等問題致什特科夫電」（1950.7.6），沈志華編，《朝鮮戰爭：俄國檔案館的解密文件》（上冊），頁432。

[12] 沈志華，「中蘇條約與蘇聯在遠東的戰略目標」，《黨史研究資料》，第9期（1997年）。http://www.cp.org.cn/show.asp?NewsID=313.（檢索日期：2011/1/21）

[13] 「頓金（G. I. Tunkin）關於會晤金日成情況致維辛斯基電」（1949.9.14），沈志華編，《朝鮮戰爭：俄國檔案館的解密文件》（上冊），頁238-241。

[14] 不只是史達林會造成這樣的印象，就連南韓也認為美國不會保衛南韓。

向金日成詢問了美國是否會介入的問題，顯示史達林仍然在這個問題上感到困惑，但金日成仍然以北韓會在三天內取勝以及美國無法應付北韓如此迅速得勝為由，說明美國即便想干預，也會因戰爭的迅速結束而來不及反應。[15]這一次史達林相信了金日成的預估，相信美國不會為了南韓而使用武力。因此，史達林對於金日成武力統一韓國計畫的認可便就是在1950年3、4月金日成訪問蘇聯期間。[16]

雖然蘇聯預判美國不會，或是至少會來不及出兵干涉，才決定放手讓金日成去執行他的計畫。但若是美國出乎意料的真的出面干涉，蘇聯又該採取什麼因應措施？此時史達林把眼光放到毛澤東的身上，若中共能以蘇聯代理人的身分參與韓戰戰爭的話，將會使得蘇聯不需直接介入戰爭。如此便可避免美蘇之間發生直接衝突的可能。因此，史達林在與金日成會晤後，便要求金日成徵詢毛澤東對此事的同意。[17]

金日成接受史達林的指示前往北京會晤毛澤東，5月13日，毛澤東得知史達林同意金日成的計畫後十分驚訝，立即向蘇聯方面查證金日成所說之事是否屬實。在得知蘇聯確已同意之後，中共方面也就不再就此事發表意見。[18]在金日成方面，這一次的中國之行只

詳情請參閱「什特科夫關於南朝鮮國務委員會會議情況致維辛斯基電」（1950.1.28），沈志華編，《朝鮮戰爭：俄國檔案館的解密文件》（上冊），頁307-308。

[15] 沈志華，《毛澤東、史達林與朝鮮戰爭》，頁182。

[16] 蘇聯外交部「關於朝鮮戰爭的背景報告」（1966.8.9），Kathryn Weathersby, The Soviet Role in the Eary Phase of the Korean War: New Documentary Evidence, *The Journal of American-East Asian Relations*, Vol. 2, No.4 (1993), p.441.本文引自沈志華編，《朝鮮戰爭：俄國檔案館的解密文件》（上冊），頁9。

[17] Kim Chullbaum ed., *The Truth about the Korean War, Testimony 40 Years Later* (Seoul: Eulyoo Pub,1991), pp.105-106.本文引自沈志華編，《朝鮮戰爭：俄國檔案館的解密文件》（上冊），頁10。

[18] 「羅申（N.V. Roshchin）關於金日成與毛澤東會談情況的電報」（1950.5.13），

是針對已經和蘇聯商量好的事來和中國打招呼，在金日成的心中，
美國的干涉與否並不能決定戰爭的結果，北韓軍可以在極短的時間
內即結束戰爭，因此根本沒有中共出兵的必要。況且，發動戰爭
所需要的一切物資，北韓都已從蘇聯方面得到滿足，無需再從中國
方面得到其他援助。[19]但有趣的是，即便金日成已經從蘇聯方面得
到發動戰爭所需的一切資源，而不需要中國方面的援助，但顯然金
日成仍然擔心中國的態度有可能影響蘇聯對他的支持，因此在1949
年5月以及1950年5月2次金日成與蘇聯駐北韓大使什特科夫報告北
韓方與中方的會談結果均提到，毛澤東支持以武力統一韓國，甚至
在必要的時候可以派出中國士兵。[20]但若與中國前後的態度來看，
金日成如此的說法是可疑的，就在1949年會談後毛澤東告知科瓦廖
夫會談的內容中明確表示：「我們勸朝鮮同志不要向南朝鮮發動進
攻，而是等待更有利的形勢。因為在這個進攻過程中，麥克阿瑟能
迅速把日本部隊和武器調到朝鮮來。而我們又不可能迅速有力的給
予支援，因為我們的主力已到長江以南去了。」[21]毛澤東清楚的從
敵我態勢說明中共反對在中國內戰尚未結束，中方無法提供北韓方
更多支援的情形下發動戰爭。此外，就1950年5月金日成告知毛澤
東史達林同意他的計畫之後，毛澤東的反應是立即向蘇方查證且要

〈史達林關於同意朝鮮同志建議致毛澤東電〉（1950.5.14），沈志華編，
《朝鮮戰爭：俄國檔案館的解密文件》（上冊），頁383-384。
[19] 「什特科夫關於金日成訪華致維辛斯基電」（1950.5.12），沈志華編，
《朝鮮戰爭：俄國檔案館的解密文件》（上冊），頁381-382。
[20] 「什特科夫關於金日成通報金一（Kim II）在北平談判情況致維辛斯基電」
（1949.5.15）、〈什特科夫關於金日成訪華致維辛斯基電〉（1950.5.12），
沈志華編，《朝鮮戰爭：俄國檔案館的解密文件》（上冊），頁187-188、
383-384。
[21] 「科瓦廖夫關於毛澤東通報與金一會談的情況致史達林電」（1949.5.18），
沈志華編，《朝鮮戰爭：俄國檔案館的解密文件》（上冊），頁189-190。

求蘇聯「速速回電」這樣的態度來看，[22]毛澤東絕不會像是金日成所說的全力支持其發動戰爭。

不論中共的態度為何，蘇聯已經就美國介入問題上形成了「美國不會干涉，即便干涉也來不及介入」的印象，要求金日成取得中國方面的同意，似乎也只是為當時蘇聯判斷美國介入且戰爭走向長期化這一不太可能的局面買個保險而已。另一方面，支持蘇聯認為北韓可能速戰速決取得勝利的另一個原因就是蘇聯對南北韓雙方實力的判斷。

（三）蘇聯對南北韓雙方實力的研判

自1949年以來，莫斯科及從蘇聯駐北韓使館方面獲得許多關於南北韓雙方的情勢、北韓軍的狀況，以及38度線上南北雙方互有交火的情況。駐北韓使館的報告相當程度影響了史達林對於韓國情勢的判斷。

當時的蘇聯駐北韓大使什特科夫，在1949年初即針對38度線的現況及局勢作出報告。他認為南方目前發動進攻的可能性不大，因為不論國內形勢還是國際情勢都不允許他們這樣做。[23]而北方的軍隊則因武器的落後而導致無力抵抗，故蘇聯必須出售武器給守衛著38度線的北方軍隊。[24]隨後，什特科夫又對1949年1月份南北雙方政經局勢向莫斯科作出報告。報告中指出，北韓政府在人民心中威望很高，表示政治局勢基本穩定。但在經濟方面，北韓表現在無論

---

[22] 「羅申關於金日成與毛澤東會談情況的電報」（1950.5.13），沈志華編，《朝鮮戰爭：俄國檔案館的解密文件》（上冊），頁383。
[23] 「什特科夫關於南朝鮮可能發動進攻問題致莫洛托夫電」（1949.1.27），沈志華編，《朝鮮戰爭：俄國檔案館的解密文件》（上冊），頁117-118。
[24] 「什特科夫關於朝鮮需要蘇聯武器問題致莫洛托夫電」（1949.2.3），沈志華編，《朝鮮戰爭：俄國檔案館的解密文件》（上冊），頁126。

是工業、農業、商業、運輸通信、財政各方面，均達不到計畫中所訂的目標，居民物質生活甚至持續的惡化中，這些都說明了北韓經濟仍有待進一步的振興。

南韓方面，報告指出美國也和聯合國持續干涉南韓的內政，而李承晚（Syngman Rhee）也加緊對異議人士的壓迫。在經濟方面，南方的通貨膨脹僅糧食一項，就比二次大戰剛結束時高出110倍。[25]從什特科夫給莫斯科的報告中，我們似乎可以得出這樣的印象：北方目前在武力及經濟上都有待加強，而南方由於美國掌握了其經濟命脈，故南方政府只能對美國唯命是從，並在38度線上屢作挑釁，以形成美軍仍有留駐必要的印象。北方目前仍需要蘇聯的援助才能與南方相對抗，故在當時，北方是不具備發動戰爭的能力。

其後，蘇聯在1949年6月向北韓提供了一系列的武器設備，並將在當年內交付完畢。[26]什特科夫在6月22日又向莫斯科針對北韓軍備戰情況做了通報，從報告中可以看出，北韓軍已經作好了防禦作戰的準備，但仍缺乏某些武器。也由於蘇聯顧問的缺乏，以致於師和旅司令部訓練不夠。[27]這個缺點在開戰後立即的暴露出來。[28]如此看來，似乎北韓軍的備戰情況比起年初有了很大的進步，若是蘇聯顧問能投入更多人次，以及配合1949年內所能取得的蘇聯武器，北韓軍的戰力在1950年後便可大幅提升，這也給金日成在武力

[25] 「什特科夫關於1949年1月朝鮮政治經濟形勢的報告」（1949.2.18），沈志華編，《朝鮮戰爭：俄國檔案館的解密文件》（上冊），頁139-151。
[26] 「緬希科夫（M.A.Menyshikov）和什特緬科（S. M. Shtemrnko）關於蘇聯同意提供武器致什特科夫和戈洛溫（Golovin）電」（1949.6.4），沈志華編，《朝鮮戰爭：俄國檔案館的解密文件》（上冊），頁193-199。
[27] 「什特科夫關於人民軍備等戰情況致維辛斯基電」（1949.6.22），沈志華編，《朝鮮戰爭：俄國檔案館的解密文件》（上冊），頁205-208。
[28] 「什特科夫關於朝鮮戰況致札哈羅夫（M. V. Zakharov）電」（1950.6.26），沈志華編，《朝鮮戰爭：俄國檔案館的解密文件》（上冊），頁409-411。

統一問題上更大的信心。

　　蘇聯在之後也從各方得到了南韓在38度線上的挑釁行為及南方即將進攻北方的報告。[29]到了9月，莫斯科方面要駐北韓武官頓金要求金日成對南北雙方實力提出他的看法，[30]金日成認為北方軍隊在各方面均優於南方，但頓金卻認為此時發動戰爭不適宜的，尤其他認為美國會干涉韓國事務。從事後的發展來看，頓金這篇報告幾乎完全預料中韓戰的發展。[31]聯共（布）中央很快的回絕了金日成要求武力統一建議，但有關38度線地區局部戰鬥的情況仍然陸續的來到莫斯科，只是莫斯科此時決定不將情況複雜化，甚至以未能實行中央的命令為由，向什特科夫發出警告。[32]這樣的作法一直維持到史達林改變遠東政策為止。

　　1950年史達林決定改變其遠東政策之後，增加了援助北韓的力道。首先，他同意了將1951年援助貸款用於1950年。[33]其次，針對北韓方提出的軍事援助清單，蘇方完全同意。[34]在未來的8個月中，莫斯科透過駐北韓臨時代辦伊格納季耶夫（A. Ignat'ev）取得

[29] 「什特科夫關於南朝鮮軍將進攻北方的情報等問題致維辛斯基電」（1949.7.13）、「維辛斯基關於緊急通報三八線形勢致什特科夫電」（1949.8.3），沈志華編，《朝鮮戰爭：俄國檔案館的解密文件》（上冊），頁215、227。
[30] 「維辛斯基關於速與金日成會晤弄清南北雙方軍事實力致頓金電」（1949.9.11），沈志華編，《朝鮮戰爭：俄國檔案館的解密文件》（上冊），頁237。
[31] 「頓金關於會晤金日成情況致維辛斯基電」（1949.9.14），沈志華編，《朝鮮戰爭：俄國檔案館的解密文件》（上冊），頁238-241。
[32] 「葛羅米柯（A. A. Gromyko）關於防止三八線形勢複雜化致什特科夫電」（1949.11.20），沈志華編，《朝鮮戰爭：俄國檔案館的解密文件》（上冊），頁277。
[33] 「維辛斯基關於同意朝鮮使用蘇聯1951年貸款致什特科夫電」（1950.3.12），沈志華編，《朝鮮戰爭：俄國檔案館的解密文件》（上冊），頁323。
[34] 「史達林關於同意向人民軍提供所需裝備致什特科夫電」（1950.3.18），沈志華編，《朝鮮戰爭：俄國檔案館的解密文件》（上冊），頁328。

了關於北韓在外貿、鐵路、工業方面，以及南方經濟和游擊活動的報告。報告中指出北韓外貿主要是與蘇聯的貿易；鐵路運輸效能比起1949年有所提昇，但在維修部分則差強人意；工業方面甚至比1949年最後一季生產水準還要低，報告並指出北韓工業省有一系列嚴重的缺點。對南方的預估方面，報告認為南方現在有嚴重通貨膨脹的問題，糧食也不能充分供應。為了挽救經濟，美國不得不介入南韓的經濟改革，而這樣的介入也導致了南方人民對美國更多的不滿。在游擊行動方面，報告認為南方政府未能有效鎮壓，意味著南方政府政治基礎的不穩固，而即將到來的選舉，將給游擊行動提供更好的條件。[35]

從現實主義的角度來觀察蘇聯的東亞政策，蘇聯的國家利益在於擴大國家安全的緩衝區，也就是希望透過勢力範圍的劃分，讓蘇聯得到更多的盟友，而讓其安全範圍更加地擴張。從安全的角度出發，中共在國共內戰中取得勝利之後，共產陣營在東亞的勢力範圍擴張到了全部的中國大陸，僅剩南韓這一個陸地國家還在美國的勢力範圍內。換言之，若是南韓也進入蘇聯的控制之下，則蘇聯在東亞不會受到任何來自陸地上的威脅，讓蘇聯的安全範圍更加的完整。

---

[35] 「伊格季納耶夫關於朝鮮外貿情況呈庫爾久夫（I. F. Kurdiukov, 1977-1977）的報告」（1950.5.6），沈志華編，《朝鮮戰爭：俄國檔案館的解密文件》（上冊），頁354-358；「伊格季納耶夫關於朝鮮鐵路情況呈庫爾久夫的報告」（1950.5.6），沈志華編，《朝鮮戰爭：俄國檔案館的解密文件》（上冊），頁359-366；「伊格季納耶夫關於朝鮮工業情況呈庫爾久夫的報告」（1950.5.6），沈志華編，《朝鮮戰爭：俄國檔案館的解密文件》（上冊），頁367-380；「伊格季納耶夫關於南朝鮮經濟形勢情況呈庫爾久夫的報告」（1950.5.23），同沈志華編，《朝鮮戰爭：俄國檔案館的解密文件》（上冊）前註，頁385-389；「伊格季納耶夫關於南朝鮮游擊運動呈葛羅米柯的報告」（1950.5.23），沈志華編，《朝鮮戰爭：俄國檔案館的解密文件》（上冊），頁390-400。

　　此外，從國家利益的角度來看，蘇聯在與中共簽訂《中蘇友好同盟互助條約》之後，蘇聯遼東半島的利益遲早要歸還中國。因而蘇聯有必要在東北亞尋找一個可以取代大連及旅順的不凍港口，以作為日後美蘇戰爭時的海軍基地。蘇聯這樣的態度也可以解釋為什麼史達林會在1950年1月底改變了朝鮮半島政策，因為《中蘇友好同盟互助條約》的談判已經接近完成，將旅順及大連交返中共的態勢已定，因而蘇聯從國家利益的角度決定改變朝鮮半島的政策，給金日成武力統一朝鮮半島的政策開了綠燈。

　　因此，可以發現蘇聯的東亞政策的制定是基於現實主義中的安全及國家利益的概念出發，為了讓自己的安全最大化，蘇聯試圖在東亞擴大安全範圍，以滿足自身的安全需求。將美國的勢力驅逐出朝鮮半島一來可以滿足自己的安全需求，二來也可以安撫金日成不斷提出的統一要求，三來則可以取得釜山港來取代旅順及大連的功能，使蘇聯不致於因為與中共結盟，反而喪失了從帝俄時期便一直念茲在茲的遠東不凍港。

 第三節　美國東亞政策的轉變

　　美國在韓戰爆發後立即意識到這場戰爭是共黨集團在全球展開進攻的第一步。自從NSC-68號文件制定完成後，美國便將世界各國共產黨均視為蘇聯集團的一份子，故其他國家共黨所採取的行動也同樣被認為是蘇聯在全球擴張的集體行動。[36]因此，北韓軍南侵的舉動，很快被美國視為第三次世界大戰的序幕，美國對此迅速作出了反應，包括派遣第七艦隊「中立台海」，以及派遣在日本的美國

---

[36] Henry Truman撰，天鐸譯，《杜魯門回憶錄》（台北：民族晚報，1956年），頁199。

海空軍立即增援南韓等。但從第一節的討論可以看出，美國認為
韓戰是蘇聯對全世界的進攻是錯誤的，韓戰只是蘇聯打算在遠東拿
回歸還中國的某些特權，以維持蘇聯在這個地區利益的軍事冒險行
動，並沒有在此時作出與美國全面攤牌的打算。而美國為何會對韓
戰採取那麼強烈的反應，應該從韓戰前美國國內政爭與國際局勢的
角度來討論，國內政爭、麥卡錫主義、美國對國際局勢的判斷以及
NSC-68號文件的制定，都是影響美國形成對韓戰認知的重要因素。

（一）美國對華政策失敗的爭議

　　從美國政府公布《美國與中國的關係：著重於1944至1949》
（United States Relations With China, With Special Reference to the
Period 1944-1949）（簡稱中國白皮書，China White Paper），將中
國國民黨在中國的失敗歸咎於國民黨本身的腐敗無能，而非美國
政府援助不力的原因之後，[37]美國國會內，尤其是以共和黨為主的
「中國遊說團」對政府的遠東政策以及對華政策開始了更猛烈的攻
擊。1949年底，國會一再要求政府加強對於在台灣之國民政府的援
助，不惜一切代價阻止中共奪取台灣，但政府卻從台灣的戰略地
位、美國本身的實力與義務等考量出發，並未作出順應國會要求的
改變。1950年初，杜魯門及艾奇遜先後發表二次公開談話，表明美
國「目前」無意在台灣取得特別權益或特權，以及美國西太平洋
防線不包含台灣及南韓之後，[38]使得中國遊說團的成員以及共和黨
人士憤怒不已，就在杜魯門聲明發表的當日，共和黨參議員諾蘭
（William Knowland）及史密斯（Alexander Smith）一同會見了艾

---

[37] United States.Dept. of State, *United States relations with China: with special reference to the period 1944-1949* (Washington: U. S. Govt. Print. Off., 1949).

[38] *Department of State Bulletin*, January 16, 1950, pp.79-81.

奇遜，要求政府收回對台「袖手旁觀」的政策，但艾奇遜並未作出肯定的答覆。兩位議員憤怒的宣布艾奇遜正在進行一項將導致悲劇的政策以及不再遵守兩黨一致外交政策的協定，[39]準備與政府在外交政策上全面攤牌。塔虎脫（Robert Taft）參議員也指出：「拒絕動用我們的武力阻止共產主義在這次討論中的地區（指台灣）前進的任何想法，跟我們同意在歐洲阻止共產主義的做法大相逕庭。」[40]也就是說，國會認為在歐洲阻止共產主義的擴張，而在遠東作出與此相反的事，是毫無理由的。國會也利用政府不願在遠東投入過多實力以分散美國力量的作法，將其解釋為政府在亞洲的反共事業上不夠努力，也對政府進行了攻擊。

　　不久之後，艾奇遜1月12日的演講為美國現行的亞洲政策定了調，艾奇遜表示，亞洲的民族主義與共產主義之間有基本的對抗，而美國絕不可以將一定會出現的中國人民對蘇聯的憎惡、忿怒和仇恨轉移到我們頭上來。因為蘇聯正在把中國北方各省從中國肢解出去，並使它們附屬於蘇聯。因此，中國人一定會把蘇聯看作帝國主義者。[41]艾奇遜的這篇演說很明顯的是想離間中蘇共關係，希望此時正在莫斯科訪問的毛澤東能不要與蘇聯走得太近，把離間中蘇共的希望放在中國的民族主義上，讓蘇聯變成中國的帝國主義威脅。這樣的想法也為美國對台「袖手旁觀」政策提供了基礎，為了不過度的刺激中共，不把「中國人民的憎惡、忿怒和仇恨，從俄國人那裡轉移到我們頭上來。」所以不應對台灣的國民黨政府提供更多的

[39] "Memorandum of Conversation, by the Secretary of State ", Washington, January 5, 1950, *FRUS*, 1950, Vol.6 , East Asia and The Pacific. (Washington D.C.: United States Government Printing Office, 1976), pp.258-263.

[40] Tang Tsou, *American's Failure in China 1941-1950* (Chicago: The University of Chicago Press, 1963), p.532.

[41] *Department of State Bulletin*, January 16, 1950, pp.79-81.

援助。也稍微間接化解了國會對政府的攻擊。

　　不過很快的，在北京發生了中共收回美國財產的問題後，[42]國會又對政府「寄希望於中共」以期分裂中蘇共的看法產生懷疑。共和黨議員甚至要求艾奇遜辭職，要政府對已經破產的中國政策負責。隨後，國會又將政府的援韓法案和對台政策掛勾在一起，加州的共和黨議員傑克森（Donald Jackson）批判道：「這是什麼樣的遠東政策，要把援助給與美國國防無關的南韓，卻拒絕援助台灣的要求？」[43]雖然援助台灣和援助南韓可能是兩碼子事，不見得可以連在一起，不過也可以看出國會對於政府遠東政策的不滿。隨之而來的便是國會否決了政府的援韓法案，再一次的證明了國會即便無法左右政府的施政，但絕對有能力破壞政府的計畫。如果政府要使本身的計畫順利推行的話，勢必要對共和黨作出某些讓步，就像1947年，政府為了使馬歇爾計畫的預算順利通過，而向所謂親蔣議員妥協，以1948年「援華法案」換取他們對歐洲復興計畫的支持。[44]

　　政府也的確向共和黨作出了讓步，政府同意把即將到期的援華法案加以展延，並規定：「只要總統認為可行，可以得到不少4千萬美元的基金，為援助中國地區之用（包括台灣）。」[45]也就是說，政府以繼續在經濟上援助台灣，換取共和黨人同意援助南韓。其次，國務院把共和黨出身的杜勒斯（John Dulles）延攬入國務院，擔任對日和約特別顧問，這也是政府對共和黨釋出的一項善意，只

---

[42] 美國根據《辛丑和約》於北京修建兵營，北平解放後，北平軍管會於1950年1月6日宣布徵收包括美國在內數個國家的兵營地產。美國對此表達強烈抗議，認為這是美國財產，中共無權收回。在抗議未果後，美國政府宣布撤出所有美國在解放區內的美國外交人員。

[43] Tang Tsou, *American's Failure in China 1941-1950*, p.537.

[44] 有關此事的討論可以參閱王綱領，「1948的美國援華法案」，《1949：中國的關鍵年代學術研討會論文集》（台北：國史館，2000年），頁329-353。

[45] Tang Tsou, *American's Failure in China 1941-1950*, p.538.

是杜勒斯從共和黨的觀點來看美國此時的遠東政策，甚至提出了他自己對於台灣問題的看法，有助於反對美國遠東政策的人來推翻現行政策，事後也證明杜勒斯的觀點的確是迥異於民主黨政府。

（二）麥卡錫主義（McCarthyism）的興起

究竟是什麼原因造成美國在中國的政策全面的挫敗？[46]僅在短短的數年之前，中國的國民黨政府還是美國在東亞反對日本法西斯的最重要盟友之一，美國的政策是透過美援的使用，扶持中國成為東亞安全的基石以取代戰敗的日本。為何在幾年之後，同樣一個中國政府會被美國政府稱之為「賊」，並不願再給這個政府「一分一厘」，因為以往的美援都被用來投資美國的房地產了。[47]蔣介石政府被美國形容得如此不堪，政府甚至極力的想要與這個已經無可救藥的中國政府劃清界線。雖然在1950年1月的時候，一項蓋洛普的民意調查表示了輿論對於政府的支持。在這次的調查中，只有18%的民眾贊成給蔣介石經濟及軍事援助，支持派遣美軍保衛台灣的，卻不到13%。[48]但隨著中蘇共關係的日益密切，國會內已有人開始尋找美國東亞政策失敗的原因。許多時候，美國人不能理解政策失敗的原因，相當程度是來自於他們本身的觀念和態度，反而尋求外在的原因。而「政府內有共產黨臥底，使得政府政策失敗」，這樣廉價的理由便成為政策失敗的替死鬼，麥卡錫主義便是在這樣的

[46] 美國學者鄒讜（Tsou Tang）即認為，如果用美國的目的、意圖、利益衡量其政策，那麼美國的政策是失敗的。Tang Tsou, America's Failure in China,1941-50, p.ix.

[47] "Memorandum of Conversation, by the Ambassador at Large (Jessup) ", Washington, June 26, *FRUS*, 1950, Vol. 7, Korea (Washington D.C.: United States Government Printing Office, 1976), p.180.

[48] A. T. Steele, *The American People and China* (New York: Mcgraw-Hill Book Company,1996), p.35.

情緒下逐漸興起。1950年2月，麥卡錫在一次演講中攻擊了謝偉志（John Service），指他：「從前認為，共產主義對中國是最好的希望。」隨後麥卡錫在參議院主張：「這些人不僅應被開除，而且還要立即被起訴。」[49]很快的，麥卡錫對於國務院內某些官員的指控與美國的對華政策扯上了關係，不僅是由於麥卡錫所指控的官員屬於國務院內的「中國通」，而且也表示了國會內部有一股勢力想要翻轉政府現行的對華政策，乃至於整個遠東政策。隨後，麥卡錫指控當時擔任霍普金斯大學國際關係學院的拉鐵摩爾（Owen Lattimore）為「極端的危險份子」，拉鐵摩爾在二戰期間曾經擔任過太平洋戰區作戰情報局長以及蔣介石的美籍顧問。至此，麥卡錫把國務院內過去在中國政策上有過影響的人全打成了共產黨，而麥卡錫這樣的作法也使得他與中國遊說團串聯在一起。很快的，共和黨開始贊同麥卡錫，並追究艾奇遜的責任，且宣稱：「美國在歐亞兩洲的外交和軍事失敗並非偶然，而是因為史達林從我們內部得到助力。」[50]

很明顯的，共和黨正在利用麥卡錫所帶來的政治效應，希望藉由國務院內高級官員都被共產黨人士所佔據，而國務卿本人卻不知情這樣的講法來攻擊政府。原本單純的國會不同意政府現行東亞政策的政策性議題突然轉化為政治性的，美國政界對於中國政策的立場為何決定了他們的政治屬性。只要是比較親中共的人，如謝偉志，都被懷疑成共產黨。於是在美國掀起了一陣反共的狂熱，每個人都害怕因為對於反對共產黨立場的不夠堅強而被扣上間諜的帽子。[51]

---

[49] Tang Tsou, *American's Failure in China 1941-1950*, p.540.

[50] Tang Tsou, *American's Failure in China 1941-1950*, pp.543-544.

[51] 有國會議員便指稱，在韓戰時期，他們投票反對中共加入聯合國，便是因

如此一來，政府的施政更顯得困難重重、如履薄冰，政府在考慮未來的政策時，將被迫走向比現在更加強硬反共的道路，也免被麥卡錫之流逮到機會，趁機大肆攻擊政府。這樣一來，也使政策逐漸失去了彈性，以致於韓戰爆發的時候，如果政府再不明確表達自己的立場，而仍像1949年在中國的曖昧態度的話，不知道會有多少的攻擊及指控會指向政府。因此，美國國內反共及恐共浪潮的興起，也是使得美國政府把韓戰視為全球共產主義擴張的第一步，成為迅速介入韓戰的原因之一。

（三）美國的東亞新戰略－NSC68號文件的制定

1949年12月，毛澤東啟程前往蘇聯訪問，立即引起美國的高度重視。美國駐蘇聯、北京、上海及天津的外交官員向政府提交了報告及分析，駐蘇大使柯克（Alan Kirk）指出，中國共產黨給西方的印象是他們不想像東歐各國一樣，成為蘇聯附庸下的「衛星國」，沒想到並不像東歐各國領導人一樣對蘇聯表示順從。[52]而駐北京的美國總領事柯里伯也指出，毛澤東是個民族主義者，他會在與史達林的談判中盡力的維護中國的利益，毛澤東不太可能向狄托一樣挑戰莫斯科。[53]也就是說，美國外交官員明確的點出了毛澤東並非蘇聯的傀儡，他將會努力的捍衛中國的權利，但他並不會明顯的與莫斯科唱反調。這樣的判斷，相當程度影響了美國對當前中蘇共關係

為害怕如果贊成此事將被視為「軟弱」和「親共」。詳參閱華慶昭，《從雅爾塔到板門店》（北京：中國社會科學出版社，1992年），頁243。

[52] "The Ambassador in the Soviet Union (Kirk) to the Secretary of State", Moscow, December 21, 1949 , FRUS, 1949, Vol. 8, The Far East China (Washington D.C.: United States Government Printing Office, 1978), p.642.

[53] The Consul General at Peiping (Clubb) to the Secretary of State, Peiping ", December 23, 1949, FRUS, 1949, Vol. 8, pp.643-645.

的認知，即毛澤東不會完全倒向蘇聯，且中蘇共之間的確是有嫌隙可供美國利用。但是，1950年2月《中蘇友好同盟互助條約》的簽訂，代表著中共加入了以蘇聯為首的社會主義陣營中，中共和蘇聯把日本及日本的盟友當成未來可能的敵人，倘若未來與敵人發生衝突時，蘇聯將可以使用中國的基地、鐵路及港口。

對於美國來說，中蘇條約已經大大的增強了蘇聯在遠東的地位，使遠東局勢開始向著對美國不利的一方傾斜。但美國政府依然對中蘇結盟採取觀望的態度，甚至表示美國曾經給予比蘇聯在中蘇條約中給予中國更多的援助，企圖離間中蘇共關係。[54]這也表示，此時美國政府對於中蘇共結盟的對應方法仍然是不把中蘇共看成「鐵板一塊」，希望在不久的將來中共能出現「狄托化」，而毛澤東能變成「東方的狄托」。

但是即便美國政府仍然寄望中蘇共的分裂，但是中蘇共結盟在某種程度上也代表著政府從1949年以來對國府「袖手旁觀」政策的失敗，因為中共並沒有因為美國的政策而表現出親美的傾向，反倒是與蘇聯結成了同盟，這也是美國所最不願意見到的，因為這很明顯的傷害了美國的利益。不論美國對中蘇共分裂有著多大的期望，擺在眼前的事實就是中蘇共結盟使得蘇聯的力量增強，美國的利益受損。中蘇共結盟也給予了美國國內反對現行東亞政策的人士很好攻擊政府的理由，而蘇聯在1949年研發出原子彈也帶給美國決策層不小的震撼。[55]

美國政府在外交政策挫敗以及國內壓力排山倒海而來的情形下，於1950年1月底宣布重新審查美國全球戰略。在經過數週的討

---

[54] 《中美關係資料匯編》（第二輯上）（北京：世界知識出版社，1960年），頁61-64。

[55] 關於蘇聯研製出原子彈對美國戰略的影響可以參閱Marc Trachtenberg, A "Washing Asset"? American Strategy and the Shifting Nuclear Balance 1949-1954, *International Security*, Vol. 13, No.3, pp.5-49.

論之後，1950年4月12日，杜魯門總統正式批准了美國新的國家安全會議文件，即NSC-68號文件。在這份文件中，詳細說明了美蘇兩國各自的能力、意圖與目標，以及美國擴張軍備的實質內容與政策選擇。首先，在判斷蘇聯的意圖與能力方面，NSC-68號文件認為「蘇聯及其控制下的共產主義集團仍是在全球強制實施專制、集權為最終目標。」而短期內蘇聯已經具備局部使用武力以至於引發大規模武裝衝突的能力，原因是蘇聯已經「最大程度的動員資源。」[56]從對蘇聯意圖、目標及能力的判斷來看，NSC-68號文件對於蘇聯意圖的判斷基本上與肯楠的判斷相去不遠，即蘇聯基於意識型態的擴張性，會將共產主義在全球範圍內盡力的擴張，他們的目標就是促進全球共產主義的革命。[57]蘇聯為了達成此種目標已經全力動員其戰爭潛力，目前已有能力引起局部衝突，蘇聯最有可以挑起局部衝突的地區就是在美蘇對峙線上的「鬆軟地帶」（Soft Sports），文件預判，這些地區可能就是中南半島、柏林、奧地利或是朝鮮半島。[58]

面對蘇聯如此的威脅，美國又該採取何種因應措施？在政治上，由於狄托主義（Titoism）的出現，使得美國看到了共產陣營的脆弱性，認為共產陣營並非牢不可破，狄托事件可能隨時再次發生，因此美國務必要充分使西方的社會制度及生活方式影響蘇聯，使其制度發生變化。在經濟上，儘管蘇聯會逐步減少與美國的差距

---

[56] "A Report to National Security Council by the Executive Secretary (Lay)", Washington, April 14, 1950, *FRUS*, 1950, Vol. 1, National Security Affairs; Foreign Economic Policy (Washington D.C.: United States Government Printing Office, 1977), pp.234-292.

[57] X, "The sources of Soviet conduct ", *Foreign Affairs*, pp.566-582.

[58] "A Report to National Security Council by the Executive Secretary (Lay)", Washington, April 14, 1950, *FRUS*, 1950, Vol. 1, pp.234-256.

以及蘇聯用在國防上的國民收入百分比較美國為多，但「在緊急情況下，美國可以使用一半的國家資源在外援及軍事開支上。」在軍事上，由於美國在軍隊數量上居於劣勢，且蘇聯在1954年前將擁有200枚原子彈，因此美國必須立即加強美軍硬體的建設，例如增加軍費以大規模的擴張傳統武力；增強與盟國的軍事合作及加強對外軍援的金額；投入與國防相關工業的研究與開發。[59]也就是說，NSC-68號文件透過美蘇力量的對比說明美國現在應採取的目標，在政治上必需持續分化共產集團；在經濟上，文件相信以美國的動員能力有實力應付即將到來的威脅；在軍事上，由於美國的核武壟斷不再，儘管目前仍然居於領先，但很快的也將被蘇聯趕上，因此美國必須在傳統及核子武力上加速擴張，擴軍就變成無可避免的事了。

最後，最重要的是，NSC-68號文件針對美國全球戰略作了全面的檢討，圍堵共產主義的擴張仍然是美國全球戰略的核心思想，但如何圍堵、其具體行動為何，文件提出了與肯楠的圍堵政策全然不同的面貌。文件指出，由於美國在戰後面對蘇聯的擴張，政府的對蘇政策顯得軟弱無力，而美國這樣的態度容易引起蘇聯對美國的決心以及國際環境產生誤判，造成蘇聯在對外政策上採取冒險行動。因此，文件建議立即改變肯楠提出的「重點圍堵」戰略，改以「全面圍堵」戰略，這就將美蘇關係推向了「零和」（Zero-Sum Game）的局面，因為在共產陣營外的任何一處失守，都代表著自由陣營實力的受挫，這也使得美國對蘇政策逐漸失去彈性，終究走向全面對峙的局面。[60]

---

[59] "A Report to National Security Council by the Executive Secretary (Lay)", Washington, April 14, 1950, *FRUS*, 1950, Vol. 1, pp.249-262.

[60] "A Report to National Security Council by the Executive Secretary (Lay)", Washington, April 14, 1950, *FRUS*, 1950, Vol. 1, pp.248-253.

從整份NSC-68號文件來看，這份文件可以說是美國在戰後首次全面性的分析了當前的國際局勢以及美國的戰略地位，其核心內容是圍堵蘇聯，並以政治、經濟、軍事等手段達成這個目的。文件中對於美國圍堵蘇聯的手段也有了全新的規劃，它揚棄了肯楠「重點圍堵」的想法，取而代之的是「全面圍堵」，使得美國在全球利益不再區分為主要利益與次要利益，而全部都是主要利益，也因為「零和」概念的建立，使得美國不能坐視蘇聯在世界上任何一個地區取得勝利。從這個觀點出發，便可以很容易的理解為何以美國在韓戰爆發後要立即出兵介入。

第四節　東亞冷戰的確立與台灣的機會

本節將從韓戰的戰爭過程以及中共為何參與韓戰，探討韓戰對東亞冷戰體系的影響。而韓戰爆發後，美國大幅轉變了原先袖手旁觀的對台政策，積極地以武力保護台灣的安全，重新與國民政府結成同盟，以在東亞圍堵共產主義的蔓延。

（一）韓戰的爆發：戰爭的過程到中共參戰

1950年6月25日，北韓人民軍在無預警的情況下，迅速躍過38度線，並立刻突破南韓軍的防線。26日，南韓總統李承晚與其高級幕僚撤離漢城，在大田設立臨時政府，28日，漢城易手。[61]8月，北韓人民軍已經佔領了南韓90％以上的地區和92％以上的人口，美軍和南韓均被壓縮至僅有1萬平方公里的地域。[62]但到了此時，北

---

[61] 軍事科學院軍事歷史研究部，《抗美援朝戰爭史》（第一卷）（北京：軍事科學出版社，2000年），頁26。
[62] 軍事科學院軍事歷史研究部，《抗美援朝戰爭史》（第一卷），頁84。

韓軍已經成為強弩之末，無論人員還是物資的損失都非常大，已經無力一舉攻克固守洛東江防線的美國與南韓聯軍，而美國利用釜山港，源源不絕的將兵裝與兵力送上朝鮮半島，使得釜山包圍圈成為一個牢不可破的堡壘。

在韓戰爆發之前，1950年6月中共的七屆三中全會，毛澤東對整體國際形勢的評估是：「只要全世界共產黨能夠繼續團結一切可能的和平民主力量，並使之獲得更大的發展，新的世界戰爭是能夠制止的。」[63]雖然毛澤東在5月份的時候就從金日成和史達林方面得知金日成欲以武力統一韓國的計畫，但從這篇講話以及後來中共的作為來看，毛澤東是關心韓戰的，但可能不覺得韓戰與他有關。[64]韓戰爆發後，中共中央仍然發布了土地改革與軍隊復員的命令，並不因韓戰的發生而有所更動。[65]但到了聯合國決議出兵韓國之後，中共領導層似乎有了新的感受，從只是口頭譴責美國不該干涉中國內政，但實際作為仍是按照原定計畫進行的態度出現了變化，開始有了因應韓戰的具體作為。7月7日夜，毛澤東同意了保衛國防問題會議的決議，準備派遣四個軍及三個炮兵師於7月底前前

[63] 「為爭取國家財政經濟狀況的基本好轉而鬥爭」（1950.6.6），《毛澤東文集》（第六卷）（北京：人民出版社，1999年），頁67-68。

[64] 毛澤東曾經向師哲表示：「朝鮮人民軍應該做短暫休整，調整軍事部署，然後再接再厲，最後一鼓蕩平，徹底解放朝鮮全境。」詳參閱師哲口述，李海文整理，《在歷史巨人身邊：師哲回憶錄》（北京：中央文獻出版社，1995年），頁492。此外，美國學者Allen Whiting曾經指出，中共關注的焦點在西藏及台灣，並將目光放在經濟的重建與軍隊的復員。詳參閱 Allen Whiting, China Crosses the Yalu: the Decision to Enter the Korean War (California: Stanford University Press, 1968), pp.45-46.

[65] 1950年7月27日，代理總參謀長聶榮臻在全國民政會議上關於整編復員問題的報告中表示：「軍隊一次復員一百二十萬人，這在歷史上是空前的。」詳參閱周均倫主編，《聶榮臻年譜》（北京：人民出版社，1999年），頁528-529。

往東北集結，並任命粟裕及肖華為東北邊防軍政委及副政委。[66]這項決議表示中共中央已經擺出了姿態，不希望戰火燒到中國領土之內，周恩來也在七月向蘇聯表示：「如果美國突破三八度線，中國可以派遣部隊支援朝鮮人民軍作戰，抵抗美軍。」[67]

　　隨著韓戰戰局陷入膠著，北韓軍攻勢受阻，聯合國軍的防線相對的穩定下來，韓戰已經極有可能走向長期化。對此，中共中央也作出對策，除了在8月18日命令東北軍區司令高崗[68]於9月30日前完成一切準備工作外，[69]也開始抽調華中地區兵力北上東北，增強東北邊防軍的實力，以及調集第二、第三線部隊以備不時之需。[70]由此可以看出，1950年8月之後，由於北韓已經喪失了速戰速決的機會，聯合國軍隨時有發動反攻的可能，中共中央也因此抽調更多部隊北上東北，但因為韓戰戰局仍未逆轉，儘管中共已作出了包括推遲解放台灣及增援東北的準備，不過直到美軍在仁川登陸、澈底扭轉韓戰戰局前，中共的準備希望只是備而不用。[71]

---

[66] 「關於同意保衛國防會議問題會議決議事項給聶榮臻的信」（1950.7.7），中共中央文獻研究室編，《建國以來毛澤東文稿》（第一冊）（北京：中央文獻出版社，1987年），頁428。

[67] 軍事科學院軍事歷史研究部，《抗美援朝戰爭史》（第一卷），頁64。

[68] 高崗（1905-1954）陝西橫山人，1926年參加中國共產黨。中華人民共和國成立後任中央人民政府副主席。1952年11月被任命為中央人民政府計畫委員會主席並兼東北行政委員會主席。http://www.china.org.cn/chinese/zhuanti/207955.htm。（檢索日期：2011/5/22）

[69] 「關於邊防軍務必在九月底以前完成一切作戰準備給高崗的電報」（1950.8.18），中共中央文獻研究室編，《建國以來毛澤東文稿》（第一冊），頁469。

[70] 關於中共部隊的調動情況可以參閱軍事科學院軍事歷史研究部，《抗美援朝戰爭史》（第一卷），頁73-76。

[71] 例如從毛澤東曾給新任命的東北邊防軍司令粟裕寫信表示：「目前新任務不甚迫切，你可以安心休養至病癒」來看，中共中央在此時仍沒料到北韓會那麼快面臨崩潰的局面，因此毛澤東不認為現在東北邊防軍有使用到的

9月15日，麥克阿瑟在仁川登陸，北韓軍補給線被切斷，在釜山外圍的北韓軍主力立即面臨崩潰的危險，毛澤東在7月初就已透過蘇聯向金日成提醒這一危險，但金日成顯然是忽略了這個警告。[72]9月20日，面對韓戰戰局的急轉直下，周恩來透過中共駐北韓大使倪志亮告知金日成：「你的長期作戰思想是正確的」；「人民軍必須力爭保住三八線以北，進行持久戰方有可能」；「敵人要求速戰速決害怕持久，而人民軍速決既不可能，唯有以持久戰爭取勝」[73]也就是說，中共判斷，唯有持久戰才有可能化解目前的不利局面，而進行持久戰的基地就是三十八度線以北的北韓地區，顯示中共已經放棄北韓軍可以速勝的想法，開始向現實情況妥協。隨後，周恩來向毛澤東報告指出：「三八度線以北已無妨守部隊，似此情況甚為嚴重，敵人有直趨平壤的可能。」[74]中共中央預估，38度線及平壤恐怕都有守不住的可能，先前周恩來向蘇聯承諾的出兵問題，現在正式的浮上檯面。

10月1日，史達林正式要求中共立即派兵向38度線前進，[75]中共中央在收到了這封電報之後，立即展開討論。會議後，毛澤東透過蘇聯駐中共大使羅申，表示了中共目前暫不出兵的決定，但究竟

可能。「給粟裕的信」（1950.8.8），中共中央文獻研究室編，《建國以來毛澤東文稿》（第一冊），頁464。

[72] Chen Jian, China's Road to the Korean War: The Making of the Sino-American Confrontation (New York: Columbia University, 1994), p.273;275.

[73] 「朝鮮戰爭的戰略指導」（1950.9.20），中共中央文獻研究室、中國人民解放軍軍事科學院編，《周恩來軍事文選》（第四卷）（北京：人民出版社，1997年），頁56-57。

[74] 「朝鮮軍情甚為嚴重」（1950.9.29），中共中央文獻研究室、中國人民解放軍軍事科學院編，《周恩來軍事文選》（第四卷），頁58-59。

[75] 「史達林關於建議中國派部隊援助朝鮮問題致羅申電」（1950.10.1），沈志華編，《朝鮮戰爭：俄國檔案館的解密文件》（中冊），頁571。

是否出兵，則有待中共中央的進一步討論。[76]10月5日，彭德懷在會議上表示：「出兵援朝是必要的，打爛了，等於解放戰爭晚勝利了幾年。」[77]面對黨內同志包括高崗均持反對意見，彭德懷的表態，相當程度使毛澤東作出了決定。[78]10月7日，中共致電蘇聯，表示將派出九個師入朝參戰，但要求蘇聯必須提供技術裝備以及空軍支援。[79]隔日，毛澤東正式下令組建中國人民志願軍的命令，並任命彭德懷為司令。[80]就在中共決心參戰的同時，中共中央派遣周恩來前往莫斯科與史達林談判援助問題，其中最重要的就是蘇聯空軍援助問題，這關係到中共軍隊究竟有沒有辦法與美軍作

[76] 「羅申轉呈毛澤東關於中國暫不出兵的意見致史達林電」（1950.10.3），沈志華編，《朝鮮戰爭：俄國檔案館的解密文件》（中冊），頁576-577。關於毛澤東出兵問題的電報，在1987年版的《建國以來毛澤東文稿》內出現了一封與此俄國電報完全相反的文件，文件中毛澤東指出將在10月15日出動原來位於南滿洲的十二個師，詳見「關於決定派軍隊入朝作戰給斯大林的電報」（1950.10.2），中共中央文獻研究室編，《建國以來毛澤東文稿》（第一冊），頁539-541。至於在1999年出版的《毛澤東文集》（第六卷）中證實了這篇電報是沒有發出的。詳見「關於決定派志願軍入朝參戰問題」，《毛澤東文集》（第六卷），頁99。換言之，毛澤東在10月2日中央書記處擴大會議上改變了他的決定，決定暫緩出兵，而未將10月2日的電報發出，發出了是10月3日的那一封。有關此事的討論可以參閱沃龍佐夫·亞歷山大·瓦連京諾維奇，「1950年「中國志願軍」入朝作戰是誰決定的：是斯大林還是毛澤東？」，A. M. Ledovskii等著，彭卓吾譯，《毛澤東與斯大林、赫魯曉夫交往錄》（北京：東方出版社，2004年），頁119-136；沈志華，「毛澤東派兵入朝作戰的決心—就10月2日電報答俄國學者的質疑」，《國外中共黨史研究動態》，第2期，1996年。
[77] 彭德懷，《彭德懷自述》（北京：人民出版社，1981年），頁258。
[78] 胡喬木後來回憶說：「有兩件事是毛澤東很難下決心的，一件事是1946年與蔣介石決裂，一件事是1950年派志願軍入朝參戰。」詳見胡喬木，《胡喬木憶毛澤東》（北京：人民出版社1994年），頁92。
[79] 「羅申關於毛澤東對出兵的態度問題致史達林電」（1950.10.7），沈志華編，《朝鮮戰爭：俄國檔案館的解密文件》（中冊），頁571。
[80] 「關於組成中國人民志願軍的命令」（1950.10.8），中共中央文獻研究室編，《建國以來毛澤東文稿》（第一冊），頁543-544。

戰。[81]10月13日，毛澤東決定無論有沒有蘇聯的空軍支援，也要入朝參戰，[82]主要仍然是考量到中國國家安全受到威脅的情況下，無論如何也不能讓美國的軍隊陳兵鴨綠江畔。10月19日，中國人民志願軍悄悄的渡過了鴨綠江，只做不說，不做任何公開宣傳，以便於軍隊的部署。[83]

（二）美國新對台政策：武力保台到中美共同防禦條約

韓戰結束後，美國與台灣於1953年9月簽訂了軍事協調諒解協定，規定台灣軍隊的整編、訓練、監督和裝備完全由美國負責，如發生戰爭，國府軍隊的調動必須得到美國的同意，這其實已經建構了非正式軍事同盟的雛型。1953年11月副總統尼克森（Richard Nixon）訪問台灣，[84]1954年3月國務卿杜勒斯（John Foster Dulles）訪問台灣，1954年5月國防部長威爾遜訪問台灣，[85]而艾森豪也於同年4月到7月間派遣特使符立德（James A. Van Fleet）三次訪台，

[81] 關於周恩來訪蘇的情形可以參閱熊華源，「抗美援朝戰爭前夕周恩來祕密訪蘇」，《黨的文獻》，第3期，1994年，頁83-88。

[82] 「羅申關於毛澤東決定出兵等問題致史達林電」（1950.10.13），沈志華編，《朝鮮戰爭：俄國檔案館的解密文件》（中冊），頁597-598；「關於我軍應當入朝參戰給周恩來的電報」（1950.10.13），中共中央文獻研究室編，《建國以來毛澤東文稿》（第一冊），頁556。

[83] 「關於志願軍出動目前只做不說的電報」（1950.10.19），中共中央文獻研究室編，《建國以來毛澤東文稿》（第一冊），頁543-544。

[84] 蔣介石向尼克森表達美國對華政策的失望，並希望雙方能簽訂防約強化台灣的安全。"The Ambassador in the Republic of China (Rankin) to the Department of State", Taipei, November 30, 1954, *FRUS, 1952-1954*, (Washington D.C.: United States Government Printing Office. 1984.) Vol. 14, pp.336-337.

[85] 威爾遜訪台同行尚有海軍部副部長蓋茲（Thomas S. Gates），與蔣介石進行了三次長談，並提及有關中美共同防禦條約的簽訂。Karl Lott Rankin, *China Assignemnt* (Seattle: University of Washington Press, 1964), p.194.

很難不讓中共聯想美台軍事合作的升高，[86]特別是7月20日藍欽
（Karl L. Rankin）返國謁見艾森豪，事後雙方均向新聞界透露美
台雙邊針對共同防禦條約確有進行探討與研究，只是尚未做最後決
定。同時，國府外長葉公超在答覆立法院質詢時，也說雙方正繼續
商談有關締結防約的問題，[87]更加深中共的疑懼。

　　1954年7月16日人民日報社論就批評符立德訪台，認為是商
討共同防禦條約，企圖將台灣從中國永久地分裂出去，淪為美國
的殖民地。[88]這種政治警覺促使中共試圖發動危機來進行試探，
並提醒美國決策者注意與台灣合作的成本。[89]7月初，毛澤東指示
周恩來要破壞美國與台灣訂定條約的可能，還要想一些辦法，並
且要做宣傳。比如可以表示願意在僑民問題上與美國政府進行接
觸，以迫使美國跟台灣不要訂條約。[90]7月29日，周恩來向赫魯雪
夫（Nikita Kruschev）、馬林科夫（Georgy Malenkov）通報中共要
解放台灣時就指出：「提出這個任務的作用，不僅在於擊破美蔣軍

---

[86] 依據1953年5月13日，蔣介石與符立德談話紀錄來看，符立德確實是來視察
　　台灣軍事，但未談及防約事宜。請參閱1953年5月13日，「總統與符立德特
　　使第一次談話紀錄」，《蔣中正總統檔案》，特交檔案，檔號：080106，
　　卷號：034，卷名：對美國外交，編號：08A-01579。

[87] *New York Times*, July 22, 1954, p.12；《中央日報》，1954年7月21日，第1
　　版；《中央日報》，民國1954年7月23日，第1版。

[88] 1954年7月16日，《人民日報》，第1版。周恩來在同英國駐華代辦杜威廉
　　談話時也指出：「從去年六月范佛里特（James A. Van Fleet）到東方來的時
　　候，美國就同蔣介石籌畫簽訂美蔣條約。」中華人民共和國外交部、中共
　　中央文獻研究室編，《周恩來外交文選》（北京：中央文獻出版社，1990
　　年），頁99。

[89] 針對美國策劃與日本、南韓和台灣拼湊的東北亞防禦聯盟，中央軍委會於7
　　月24日召集專門會議，研究如何對此聯盟進行軍事鬥爭。王焰主編，《彭
　　德懷年譜》（北京：人民出版社，1998年），頁573-574。

[90] 中共中央文獻研究室編，《毛澤東文集》（第六卷）（北京：人民出版
　　社，1999年），頁333-334。

事條約，而更主要的是它可以提高全國人民的政治覺悟和政治警惕心。」[91]7月30、31日，彭德懷主持大軍區領導參加的軍事會議，討論對台灣進行鬥爭及軍事行動計畫。[92]八月，周恩來在「關於外交問題的報告」中指出：「遠東有三個戰爭：朝鮮戰爭、印度支那戰爭，還有台灣戰爭。……蔣介石在沿海進行騷擾性的戰爭，……不叫戰爭叫什麼？因此，戰爭實際上是存在的。」[93]顯示中共試圖將危機合法化，藉以阻止美國與台灣共同防禦條約的簽訂。8月25日，福建軍區司令員葉飛接到中央軍委命令指示：「為打擊美國帝國主義政府的侵略政策和制止國民黨軍隊東南沿海的侵襲，在美蔣預謀簽訂共同安全雙邊條約期間，對金門國民黨軍實施懲罰性打擊。」[94]然而不幸的是，危機的發動反而促成了共同防禦條約的簽訂。

國府在1953年艾森豪繼任後，就請杜勒斯考慮與台灣簽訂防禦條約；藍欽也建議艾森豪考慮與台灣簽訂雙邊或多邊條約，以消除國府對華府的不信任，增進美援效率。[95]杜勒斯最初對雙邊條約反應冷淡，傾向以某種形式的太平洋區集體安全組織，讓國府加入，[96]促使國府熱衷推動太平洋區域聯防組織。然而華府對此事並

[91] 中共中央文獻研究室編，《周恩來年譜：1949-1976》，（上卷）（北京：中央文獻出版社，1997年），頁405。
[92] 王焰主編，《彭德懷年譜》，頁574。
[93] 中華人民共和國外交部、中共中央文獻研究室編，《周恩來外交文選》，頁84。
[94] 葉飛，《征戰紀事》（上海：上海文藝出版社，1988年），頁342。
[95] "Memorandum of Conversation, by the Assistant Secretary of State for Far Eastern Affairs (Allison), Washington", March 19, 1953, *FRUS*, 1952-1954, Vol. 14, p.158.
[96] "Memorandum of Conversation, by the Assistant Secretary of State for Far Eastern Affairs (Allison), Washington", March 19, 1953, *FRUS*, 1952-1954, Vol. 14, p.158.

不認真，直到印度支那情勢惡化，美國才考慮籌組一個太平洋集體防衛組織。為了遷就英法同盟的反應，一個沒有軍事後盾的東南亞公約組織於焉成立。被排除在外的台灣，仍然繼續爭取可能的東北亞組織來維繫自身的安全。

　　1953年10月1日，美韓共同防禦條約通過，鼓勵了國府破解美國不與分裂國家簽約的魔咒。1953年12月18日，國府提交了第一份協約草約給美國，然而美國直到1954年4月才通知國府，日內瓦會議前，美國不考慮防約問題。國府仍不死心，積極遊說美國，然而美國正忙於東南亞公約組織無暇它顧，並要求國府在杜勒斯參與東南亞公約成立大會後，過境台灣不提簽約之事，說明了在中共發動危機前，美國是擱置協約，並沒有積極的動機想要簽約。[97]

　　美國國務卿杜勒斯認為外島問題將使美國陷入可怕的困境（horrible dilemma），若撒手不管外島，可能讓中共得寸進尺；若保衛外島，則可能捲入與中共的全面戰爭。[98]杜勒斯想出了將外島停火問題提交聯合國安理會討論，以維持台海現狀的構想，獲得艾森豪的支持。[99]

　　為了促成停火案的達成，並降低國府的傷害，美國重新考慮與國府簽訂防約。[100]杜勒斯認為與台灣達成有限制性的防禦條約，

[97] 有關美國與國府簽訂中美共同防禦條約前的過程，請參閱張淑雅，「中美共同防禦條約的簽訂」，《歐美研究》，第24卷，第2期（1994年），頁51-75。

[98] "Memorandum of Discussion at the 214th Meeting of the National Security Council", Denver, September 12, 1944, *FRUS*, 1952-1954, Vol. 14, p.619.

[99] 有關外島停火案，請參閱張淑雅，「安理會停火案：美國應付第一次台海危機策略之一」，《中央研究院近代史研究所集刊》，第22期（下冊）（1993年），頁61-106。

[100] 遠東助理國務卿羅伯遜就認為需要防約來降低對國府威望的傷害。藍欽也指出外島停火案可能造成國府另一次的雅爾達式出賣，致使外島丟

以及向聯合國提交停火案，將使沿海島嶼問題得到解決。更重要的是，它提供一個把台灣與大陸分離的機會，得以擺脫中共的糾纏和兩個中國的出現。杜勒斯受困擾的只是要讓兩岸在聯合國都擁有席位似乎不太可能。[101]此種兩岸並行的方式，引發國府強烈的反彈。[102]

　　杜勒斯儘管派遣與國府關係良好的助理國務卿羅伯遜（Walter S. Robertson）與蔣介石溝通，但是蔣介石表示：「紐案一經提出，其對於我國軍民心理上之打擊，必將比馬歇爾將軍在大陸調處失敗時之情況更為驚駭。……此即表示美國阻我反攻大陸，……紐案既在軍事上要求中共讓步，則在政治上必須對共匪讓步，……例如停戰視察小組之組織，台灣託管，共匪進入聯合國及台灣交予中共等，此為匪蘇對紐案策略必將遵循之路線，……此案對我們有百害而無一利甚為明顯。…寧願見外島苦戰而失陷，亦不願見停火。」[103]所以儘管羅伯遜以簽訂《中美共同防禦條約》來誘使蔣介石不反對停火案，但蔣介石表示他有美國不與國府簽約的心理準

失、承認中共與國府滅亡，對台灣的打擊過大，只有簽訂防約，增加軍援才可能減輕傷害。"The Ambassador in the Republic of China (Rankin) to the Department of State", Taipei, October 5, 1954, *FRUS*, 1952-1954, Vol. 14, pp.682-683.

[101] Robert Accinelli, *Crisis and Commitment: United States Policy toward Taiwan, 1950-1955,* (Chapel Hill: University of North Carolina Press, 1996), p.169.

[102] 國府駐聯合國代表蔣廷黻就表示，台北明白沿海島嶼的得失，軍事上對台灣防務的意義並不大，而且台北也不吝惜那點領土。但是從心理和政治上則不然，台北控制那些島嶼是他反攻大陸的決心和希望的象徵。一旦失去這些島嶼，台灣的前途也就黯然了。"Extracts of Memorandum of Conversation, by the Director of the office of Chinese affairs (McConaughy)", Washington, October 20, 1954, *FRUS*, 1952-1954, Vol. 14, p.781.

[103] 「總統與羅伯遜助理國務卿第二次談話紀錄」，1954年10月13日上午11時至下午1時30分，主題名：續編，卷名：談話錄，http://210.241.75.208/石叟叢書。（檢索日期：2012/2/2）

備，斷然表達反對的意見。[104]美國為安撫國府的反彈，終於在12月
2日與國府簽訂了《中美共同防禦條約》。然而儘管簽約，國府仍
對停火案積極勸阻，並指示外交部長葉公超、駐美大使顧維鈞、聯
合國代表蔣廷黻向美國政府積極遊說反對停火案。[105]1955年1月27
日，行政院黃少谷副院長密電駐美大使葉公超，指示國府駐聯合國
代表蔣廷黻堅決反對停火案，倘使無法阻擋停火案，應設法讓防約
迅速獲美國國會批准。[106]顯示國府對停火案的反對態度。

　　中共對停火案的反彈也不下於國府。英國駐中國代辦杜威廉
（Humphrey Trevelyan）在回報外交部就表示，中共不會接受這個
將台灣永久分離的條約，也不會接受以台灣停止沿海襲擊來換取台
灣分離，倘使英國支持此案，將使中共認為英國對美國遠東政策的
制約效力喪失。[107]中共認為此一條約若簽訂會給美國佔領和控制台
灣披上合法的外衣，並使台灣從中國分離的狀況永久化。周恩來就
表示：「美國侵略集團正在策劃同蔣介石賣國集團訂立所謂共同安
全雙邊條約，同時，又在企圖拼湊日本反動勢力、南朝鮮李承晚集
團和蔣介石賣國集團組織所謂東北亞防務聯盟，並把他同所謂東南
亞防務集團連結起來。」[108]這個條約「完全是敵視中國人民，要堅

---

[104] 「總統與羅伯遜助理國務卿第三次談話紀錄」，1954年10月13日下午7時30
　　分，主題名：續編，卷名：談話錄，http://210.241.75.208/石叟叢書。（檢
　　索日期：2012/2/2）
[105] 國府為勸阻停火案的提出分別於1954年10月20日、11月2日、11月23日，
　　1955年1月21日、1月27日與杜勒斯與國務院官員反覆提出反對之意。請參
　　閱《蔣中正總統檔案》，特交檔案，檔：080106，卷號：034，卷名：對
　　美國外交，編號：08A-01579。
[106] 「黃少谷電葉公超」，1955年1月27日，《蔣中正總統檔案》，特交文電，
　　檔號：090103，卷號：008，卷名：對美關係—革命外交，編號：09A-00331。
[107] 戴超武，《敵對與危機的年代—1954-1958年的中美關係》（北京：社會科
　　學文獻出版社，2003年），頁153。
[108] 1954年9月23日，「周恩來在第一屆全國人民代表大會第一次會議政府工作

決批判。」[109]簽訂這個條約的目的就是要霸佔台灣和澎湖列島，第二步就是發動新的戰爭。這同日本侵占東北時的情形一樣，同慕尼黑協定簽訂以前德國侵占奧地利的情形一樣。」[110]時任外交部辦公廳主任王炳南也表示中國政府當時認為這個條約：一是美國企圖使其侵占台灣的行為合法化，二是以台灣為基地，擴大對中國的軍事對抗和準備新的戰爭。[111]為了阻止防約的簽訂，中共除了透過邦交國在聯合國提出中國代表權問題，並於11月23日針對兩起美國間諜案，共13名美國人進行有罪判決，升高對美國的壓力。這些非軍事行動的對立，除了引發美國的抗議外，並沒有阻止防約的簽訂。[112]彭德懷於11月29日主持第十四次軍委會議表示，在12月儘可能打下一江山或南北麂山島，因美蔣有可能達成簽約協議。[113]11月30日，中共總參謀部下達命令，為迫使防約簽訂的範圍不致包括沿海島

報告」，請參閱《中美關係資料匯編》，（第二輯）（北京：世界知識出版社，1960年），頁1995。

[109] 中華人民共和國外交部、中共中央文獻研究室編，《周恩來外交文選》，頁85。

[110] 中華人民共和國外交部、中共中央文獻研究室編，《周恩來外交文選》，頁99。

[111] 王炳南，《中美會談九年回顧》（北京：世界知識出版，1985年），頁41。

[112] 「我最高人民法院軍事審判庭對乘飛機偷越中國國境的美國間諜案判決書」、「我最高人民法院軍事審判庭對美國間諜唐奈等偷入我國國境危害我國安全案判決書」，《人民日報》，1954年11月24日，《中美關係資料匯編》（第二輯），頁2019-2082。其實間諜案美國的反應十分強烈，國防部甚至建議使用海軍對中共沿海進行封鎖，然而這樣行動等於戰爭行為，最後作罷，改採外交壓力，即要求聯合國解決，以免升高台海地區的緊張局勢。"Memorandum of Conversation, by the Director of the office of Chinese Affairs (McConaughy)", Taipei, October 13, 1954, *FRUS*, 1952-1954, Vol. 14, pp.748-749; Special National Intelligence Estimate, Washington, 28 November, 1954, *FRUS*, 1952-1954, Vol. 14, pp.951-956.

[113] 王焰主編，《彭德懷年譜》，頁581。

嶼，華東軍區應於12月20日左右攻佔一江山，[114]顯示中共在軍事行動上異常謹慎。

1954年12月2日「中美共同防禦條約」簽訂。美國希望以一個有限制的防禦條約，嚇阻中共有限度的軍事試探。然而不幸的是，美國的嚇阻迫使中共必須加碼行動以支持其政治目標。中共當然非常清楚他沒有能力橫渡台灣海峽，沿海的軍事行動是試探性，除了希望嚇阻美國與台灣的進一步結盟，也希望解決其東南沿海航運的安全。然而防約的簽訂代表著美國試圖維持一個中長程的穩定架構，[115]破壞了中共所欲獲得的短期利益，倘使退卻，將使中共發動危機的目的全然失效，反而是東亞帝國主義鬥爭的失敗。

第五節　小結：韓戰對台灣的影響

從現實主義的角度來看韓戰爆發前後的台灣對外關係吾人可以發現，台灣的處境直接反映在美蘇兩大強權的態度之下。韓戰是蘇聯認為美國不願意在東亞投入過多軍事力量因而在遠東展開軍事冒險，而美國則認為韓戰就是共產陣營侵略世界的前哨戰，故必須將其擊退，以防止骨牌效應的出現。在美蘇這樣的思考下，韓戰因而成為二次大戰後所發生的第一場大規模局部戰爭。而蘇聯在研判

[114] 江英，「50年代毛澤東外交思想論述」，姜長斌、Robert Ross編，《從對峙走向緩和—冷戰時期中美關係的再探討》（北京：知識出版社，2000年），頁587-588。
[115] 中美共同防禦條約與紐西蘭停火案是美國穩定現狀的兩手策略，儘管美國對紐案只是想踩熄火焰（stamp out the flames），只求在金門停火，但是英國與紐西蘭均希望外島停火案是解決台海衝突的第一步，致使停火案的提出，很難不讓中共聯想這是英美製造兩個中國的長期計畫。相關分析請參閱張淑雅，「安理會停火案：美國應付第一次台海危機策略之一」，《中央研究院近代史研究所集刊》，第22期（下冊）（1993年），頁63-106。

在韓國進行軍事冒險究竟是否可行，也是從南北韓雙方的實力以及美國的態度來進行。從1949年到1950年韓戰爆發為止，蘇聯駐北韓大使館針對南北雙方給莫斯科的報告可以看出，對於南方的報導多是負面的，例如多次提到南方在三八度線附近的挑釁。而針對美國在南韓的行動，皆被視作美國極力想控制南韓，對李承晚的評價則當其只是傀儡政權，不值一顧，但事實並非完全如此。[116]對北方的報導則是由於蘇聯的大量援助而使得北韓軍有了巨幅的成長，在武器裝備方面可能是如此，但在人員的素質方面則未必能在短期內提升。開戰之後蘇聯顧問未進入第一線協助指揮，北韓軍指揮能力不佳的缺點便立即顯現出來，[117]這與史達林在晚年時不願聽見他不相信的事似乎有關。[118]蘇聯從韓戰發生可能對其有益、美國的態度曖昧不明以及北韓方面的軍力優於南韓，北韓是有可能在美國不願或者來不及干預的情況下擊敗南韓，故蘇聯決定發動韓戰。

蘇聯同意金日成以武力統一韓國，是一個眾多複雜因素下的政策結果。從現實主義的角度來看，美國東亞政策的曖昧造成東亞權力的真空，因而給了蘇聯武力冒險的機會。此外，蘇聯亦從國家權力的角度，擔心如果旅順及大連將在數年後歸還中共，蘇聯在遠東將喪失一個優越的軍港，將會限縮蘇聯在東亞的海上權力，因而蘇聯決定支持金日成的武力統一政策，以圖獲取一個能夠取代旅順和大連的港口。

[116] 當時南韓政局確實不穩，反政府行動屢見不鮮，但美國仍然給予南韓許多承諾。例如1950年3月，美國即通過援助案，將在1950年會計年度支援韓國1億1千萬美元。關於美國對韓政策可以參閱高崇雲，《美國對韓政策與韓國政情》（台北：黎明文化事業股份有限公司，1983年）；陳波，《冷戰同盟及其困境：李承晚時期美韓同盟關係研究》（上海：上海人民出版社，2008年）。
[117] 「什特科於朝鮮人民軍整編問題致史達林電」（1950.7.4），沈志華編，《朝鮮戰爭：俄國檔案館的解密文件》（上冊），頁427。
[118] 徐焰，《毛澤東與抗美援朝戰爭》（北京：解放軍出版社，2003年），頁68。

　　但是對於蘇聯來說，這些因素的基礎卻都立基於美國不會介入以及金日成能夠邊迅速在戰爭中取得勝利的願望上，[119]這些利益使得史達林喪失了對情勢的客觀判斷。例如，北韓軍內部仍有許多有待克服的困難，不像金日成所說的那般強大。[120]而且蘇聯若取得南韓的港口將會使交還給中共的特權在南韓得到補償，對蘇聯而言是十分有利的，所以蘇聯出現了過度樂觀的認知，因為韓戰的好處可說是非常的巨大，以至於蘇聯在一開始就因被實際利益拖著走而沒有考慮到現實情況。

　　此外，從美國的角度來看，美國在NSC-68號文件制定之後，美國全球戰略的核心內容是圍堵蘇聯，並將以政治、經濟、軍事等手段達成這個目的。文件中對於美國圍堵蘇聯的手段也有了全新的規劃，它揚棄了肯楠「重點圍堵」的想法，取而代之的是「全面圍堵」，使得美國在全球利益不再區分為主要利益與次要利益，而全部都是主要利益，也因為「零和」概念的建立，使得美國不能坐視蘇聯在世界上任何一個地區取得勝利。從這個觀點出發，便可以很容易的理解為何以美國在韓戰爆發後要立即出兵介入。

　　而在台灣的國民政府方面，韓戰確實帶給了國民政府一個喘息的機會，透過美國第七艦隊的協助，國府暫時不必擔心來自中國大陸的武力攻擊，從而得到了穩定台灣內部的時間。到了韓戰戰局越演越烈的時候，國府開始希望透過韓戰而得到反攻大陸的機會，趁著中共志願軍的參戰以及聯合國軍的節節敗退，國府希望聯合國方面能夠使用同是聯合國常任理事國的中華民國軍，一同在韓國戰場上廝

---

[119] 研究者對這個問題也有不同看法，詳參閱沈志華「朝鮮戰爭研究綜述：新材料和新看法」，《中共黨史研究》，第6期（1996年），頁86-90。

[120] 「頓金關於會晤金日成情況致維辛斯基電」（1949.9.14），沈志華編，《朝鮮戰爭：俄國檔案館的解密文件》（上冊），頁238-241。

殺。但美國從現實主義的角度出發，認為此時國府若投入韓戰，則可能將韓戰戰局擴大，中共及蘇聯將更有藉口擴大戰爭，使得美國將戰爭限制在朝鮮半島的構想破滅，原本的區域有限戰爭可能質變為整個東亞甚至是第三次世界大戰，美國因而拒絕了國府的要求。

　　韓戰結束後，東亞的冷戰體系正式建構完成，以美日為首東亞的圍堵蘇中成為50年代中後期東亞國際關係的基本結構。在這樣的結構下，台灣也無法脫離這樣的國際體系架構。九三砲戰的爆

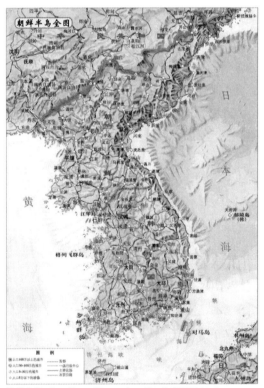

資料來源：http://www.17u.com/map/detail_926813.html

圖2-1　朝鮮半島全圖

發，促使國府與美國的關係進一步的拉近，在美韓締結共同防禦條約後，美國在東亞「扇形戰略」的缺口僅剩台灣，而第一次台海危機的發生使得美國下定與台灣締結共同防禦條約的決心。美台共同防禦條約便在中共的壓力以及美國東亞戰略體系完整性的考量上簽訂，美台關係也因為共同防禦條約的簽訂，而走向制度化的道路。台灣也因共同防禦條約，得到了大量的美援以及美國的安全保證，從而使得國府在台灣的統治逐漸地穩固下來。

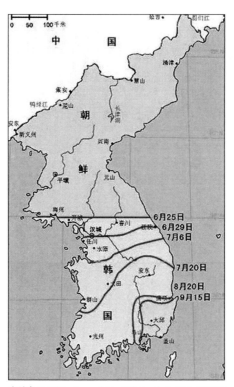

資料來源：http://www.fyjs.cn/bbs/read.php?tid=260695
（檢索日期：2013/4/28）

圖2-2　北韓軍在1950年的進攻

第三章
50年代台海危機：決策與危機管理理論

 學習目標

本章希望讀者理解台灣外交與軍事史上重要的一個年代。自兩岸分治以來最大的軍事衝突行動均發生在50年代，也是美國在二次世界大戰後首度在亞洲公開恫嚇要使用核武，甚至是認真考慮使用。讀者可以從這段歷史理解美中台三邊的決策思維與危機管理能力，配合國際關係的決策與危機管理論來觀察，分外顯示理論與史實的關聯性，值得研究者一探究竟。

摘　要

本章將說明韓戰爆發後，美國東亞政策的核心主軸為促成韓戰停火，避免在歐洲以外的地區捲入大型戰爭。設定日本為美國亞洲主要同盟，簽定美澳紐公約（The Australia, New Zealand, United States Security Treaty, ANZUS），並結合東南亞國家組成區域安全組織—東南亞公約組織（Southeast Asia Treaty Organization, SEATO），穩定其亞太圍堵策略的架構。台灣身處在反共圍堵政策的第一線，卻無法加入美國在東亞的區域安全組織，又礙於實力的不足及對美國的需求，不得不配合美國的亞太圍堵政策，使得其反共大業遙遙無期。然而中國自始認定台海現狀只是韓戰的附屬

品，期待韓戰停火就能對台海問題加以處理，未料美國政府在東亞一系列的挫折難以承受再次讓步的民心取向，美中之間無法建構有效的溝通管道，中國只好鋌而走險來測試美國圍堵政策的底線，遂爆發兩次的台海危機。本章探究兩次台海危機爆發的原因、歷程與結束的原因，並分析美中台三方在危機管理過程中的利弊得失。

 ## 第一節　理論與歷史

　　二次大戰摧毀了理想主義的國際體制，隨之而起的現實主義，搭配社會學門科學化的風潮下，使得國際政治的科學化更加盛行。在不斷界定國際政治的分析單位，探討以個人為主的政府決策，及以國家單位為主外交關係分析，均被加以重視成為決策理論與危機管理理論的發軔。

　　伊斯頓（David Easton）在1953年出版的政治系統論明顯地將決策視為政治科學研究的焦點，其後史耐德（Richard C. Snyder）在1954年就強調決策是國際政治的重要研究途徑，也強調決策的研究被政治科學所輕忽，並定義決策為一種過程，決策者為達到想像的未來狀態，從社會所限制的各種途徑間，選擇一個行動的過程。[1]決策反應以國家外交為討論對象的研究上就是一種危機管理，特別是傳統現實主義者的外交政策上。冷戰初期美蘇集團間

---

[1]　David Easton, *The Political System* (New York: Alfred A. Knopf, 1953), pp. 129-131; Richard C. Snyder, H. W. Bruck and Burton Sapin, *Decision-Making as an Approach to the Study of International Politics* (Princeton: Foreign Policy Analysis Project, Organization Behavior Section, Princeton University, 1954); Richard C. Snyder, "A Decision-Making Approach to the Study of Political Phenomena" in Roland Young, ed., *Approaches to the Study of Politics* (Evanston Illinois: Northwestern University Press, 1958), pp.11-12.

的外交關係其實就是危機外交的處理，特別是1947年肯楠（George Kenna）以X先生為名在Foreign Affairs發表的蘇聯行為的根源，以及後來備受杜魯門（Harry Truman）的重用，使得美蘇間的外交就是一連串的風險估算。黑德、秀特、麥克法蘭（Richard G. Head, Frisco W. Short and Robert C. McFarlane）就定義危機發生是國家間行為所造成，決策者的反應是由一個有順序列表的方案中所選擇，決策者的價值偏好可以排列，選擇的方案會產生不同的結果，而且成本效益可以估算，方案的評估與分析會隨情況轉變而做調整。[2] 所以國際政治學者在處理危機的途徑除了決策分析途徑外，另外一種就是國際系統的分析途徑，意即外交政策之決定，除顧及本身的政治體系外，還要考慮國際體系的影響。[3]

在決策理論上首推艾里遜（Graham T. Allison）的大著《決策本質》（Essence of Decision: Explaining the Cuban Missile Crisis）最為知名。[4]以 1962 年「古巴飛彈危機」作為個案研究，並於書中提出三個決策模式,分別為理性行為模式（Rational Actor Model）、組織行為模式（Organizational Behavior Model）、政府政治模式（Governmental Politics Model）。

理性行為模式認為理性是國家在決策過程中，將其預期可能的功效（expected utility）加以極大化（maximization）的過程。[5]

---

[2] X, "The sources of Soviet Conduct," Foreign Affairs , pp.566-582; Richard G. Head, Frisco W. Short and Robert C. McFarlane, Crisis Resolution: Presidential Decision Making in the Mayaquez and Korean Confrontations (Boulder: Colorado: Westview Press, 1974), pp.6-7.

[3] 洪秀菊，《決策研法在危機外交研究上的運用》（台北：五南圖書出版公司，1988年），頁49。

[4] Graham T. Allison, Essence of Decision: Explaining the Cuban Missile Crisis (Boston: Little, Brown & Company, 1971).

[5] Glenn H. Snyder and Paul Diesing, Conflict among Nations: Bargaining,

意即國家在制定外交政策時，往往都以其國家自身利益為考量，提出可能的政策選項，並根據理性加以排序，以作為政策依據。所以艾里遜將國家視為單一的理性決策者，政策是決策者選擇的結果，政府要對每個政策選項的偏好、功用、後果加以評估，所有的行為都是經過理性決策的後果。理性行為模式使用四個關鍵概念來進行預測及解釋：[6]（一）目標（goals and objectives）：當國家面臨緊急狀況，理性決策者會依事件發展走向並與國家利益相結合，轉化為有利於己的政策目標。同時，決策者審慎評估所處情況，以及對目標偏好，依序排出優先順序，作出符合最大利益之決定。（二）備選方案：為使理性決策者達到既定政策目標，政策官員將列出相關備選方案，提供決策者從中揀選出效益較佳之備選方案。（三）效益評估：政策官員在提出各個選項方案後，決策者將審慎評估與預判各個方案可能產生之利益報酬、機會優勢、損失代價、失敗風險、利弊得失與後續衝擊等。（四）選擇方案：理性決策者經過縝密探討與檢驗後，會在備選方案中挑選其認定「利益高、代價低」之政策，交付相關單位具體執行。

　　然而從經驗法則中知道，國家在處理危機時，政策的產出並非完全出自理性法則。由於危機大都具有急迫性、在時間與壓力的影響下，低代價高利益的政策成為各方妥協的選項而非理性行為模式所預期的利益最大化方案。所以塞蒙（Herbert A. Simon）提出了有限理性（bounded rationality）概念，強調決策者在制定政策過程中，難免受制於資訊的不完整，以及個人有限理性因素的限制，而

Decision Making, and System Structure in International Crisis (Princeton: Princeton University Press, 1977), p.340.
[6] Graham T. Allison and Philip Zellikow, Essence of Decision: Explaining the Cuban Missile Crisis (New York: Addison Wesley Longman, 1999), p.18.

無法做出完善的理性抉擇。因此多數決策者在現實情況下，傾向選擇較為滿意之解決方案,僅在數案例中才會選擇最佳方案。[7]

　　組織行為模式是為了彌補理性行為模式無法有效詮釋龐大的政府機構實際運作的過程而產生。由於政府組織內部文化、行事風格及決策觀點各異，各部門均有業務職掌，在長期的運作洗禮及任務導向下，形成了各自的獨特組織文化（organizational culture）、標準作業程序（standard operating procedures, SOP）、組織特殊能力（special capability）等。[8]組織文化是單位團體所享有的共同信念與價值，在長期薰陶下成為組織成員共同接受的行為準則與思維方式。譬如私營企業以營利為導向，組織運作隨市場調整以爭取最高績效，相對而言組織文化具備靈活與彈性原則。政府單位非營利導向，工作型態常規性居多，行事風格保守。組織成員重視專業技能、升遷及可運用資源，所以在建議事項時多會提出對組織有利的選項。

　　標準作業流程也會影響組織行為模式。由於為了提昇政府效能，制定一套有效的標準作業流程提高類似事務的處理速度，此優點在於處理龐雜業務時可不經過深思熟慮依程序執行，但是少見高瞻遠矚且彈性的政策產出。技術官僚在執行任務時，並不熱衷追求最佳理性決策，而希望依循標準作業流程產出政策，維護組織的利益。所以在決策的過程中，常見組織以標準作業流程一貫的專業意見來說服決策者選擇其政策選項，而非主政者在全盤利益考量下或實踐個人意志來說服組織來執行其政策。此外，若特定任務偏向某特定專業組織，單位組織就可以挾其專業幕僚、情報與資源主導決策的選項。然而組織間的本位主義與排他性會造成組織協調上的複

[7]　Herbert Simon, Models of Man: Social and Rational—Mathematical Essay on Rational Human Behavior in a Social Setting (New York: Wiley, 1957), p.14.
[8]　Allison and Zelikow, op. cit., p.164.

雜性，如單位績效的爭奪、揣摩上意、別出心裁的建議來之爭取決策者的青睞，彰顯部門的價值，這也造就了組織行為模式在決策中重大的影響。

政府政治模式指出，影響主政者決策的關鍵因素並非國家利益、領導人的意志或是組織文化等，而是決策官僚間彼此的議價、爭奪、讓步與妥協。[9]決策官僚運用單位資源獲取組織或個人利益而投入競爭行列，所以決策產出不是理性抉擇而是官僚之間的政治角力。此外，社會精英人士的遊說或與決策者的特殊管道，也會產生非理性與組織模式的決策影響。

政府政治模式訴求的是決策的參與成員，而非理性決策模式所定義的單一決策個體。一群決策參與者關注國內、組織及個人多方利益的考量，所以政治的產出不是理性思考而是決策者與參與者之間的多方角力。[10]艾里遜將政府政治模式分為四個主要區塊：（一）參與者（who plays）：領導人與部會首長、核心幕僚、政治任命官員或常任事務官、臨時參與者。（二）影響參與者觀點偏好及立場的因素（what factors shape player's perceptions, preference, and stands）：參與者除代表組織專業性外，通常會將其個人、組織利益與國內政治考慮進去。如事務官與組織關係密切，會傾向支持對組織有利的政策；政務官與組織淵源較淺，會考量個人專業、仕途發展、與首長互動等而多偏向主政者利益考量之政策。（三）影響參與者的因素（what determines player's impact on results）：參與者為維護個人與組織利益，在推銷其政策時有可能拉幫結派並相互競合，影響決策者的決定。所以議價的優勢、說服技巧及強烈的意志，成為參與者影響的關鍵因素。（四）遊戲規則（what is

---

9　Allison, op. cit., pp.144-145.
10　Allison and Zelikow, op. cit., p.255.

the game）：決策議題的正規行動流程，暨決策議題誰可以參與或不參與，能參與的就擁有影響決策的行動管道。擁有行動管道者要遵守決策的遊戲規則或法規，其政策必須不能違法。然而決策後的行動結果，傷害執行者個人或組織利益時，可能受到消極的對待，迫使成效與預期有落差。

綜合歸納決策理論的三種模式，所謂理性行為模式，係指決策者針對各政策選項之功效、可能結果及副作用加以分析，於其中選擇代價最小，且所獲致效益越大者為政策加以執行。所謂組織行為模式，係指政府決策乃是組織依照其自身能力、組織文化及內部標準作業程序下的產物。在決策過程中，決策者亦受到組織所提供選項的限制與影響。所謂政府政治模式，係指政府政策乃是決策參與者議價後的結果。同時，決策者是透過何種行動管道將參與者分歧不一的觀點、立場與偏好加以彙整而成為決策。所以運用決策理論的三種模式觀察一個國家的決策內容，成為近代分析決策個案的有效方式。

危機管理強調衝突風險的控制，在高壓（coercion）及和解（accommodation）之間尋求最大報酬（optimum tradeoff）。[11]赫曼（Charles F. Hermann）將危機視為一種情勢，威脅到高度優先的目標，反應時間受限，決策者對危機的發生感到驚訝。[12]危機發生時，通常無法允許決策者從事冷靜與理性的分析，而決策的核心小組也是在極大的壓力下來選擇對策，以致於理性決策成為一種理想

---

[11] Glenn H. Snyder and Paul Diesing, Conflict among Nations: Bargaining, Decision Making, and System Structure in International Crisis, p.207.

[12] Charles F. Hermann, International Crises: Insights form Behavioral Research (New Yourk: Free Press, 1972), p.13.震驚或奇襲是否是危機的主要因素，學者間有不同的論述。Hermann認為奇襲是主要因素，Michael Brecher則認為危機只是國家間連續過程中的斷裂點，環境發生改變，但不一定是奇襲。Michael Brecher, "Towards a Theory of International Crisis Behavior", International Studies Quarterly, (March 1977), p.43.

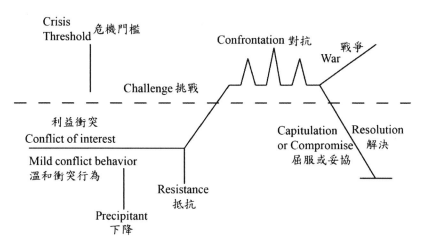

資料來源：Glenn H. Snyder & Paul Diesing, *Confict Among Nations* (New Jersey: Prineceton University Press, 1977), p.15.

與困難的行為。史耐德（Glenn H. Snyder）與戴辛（Paul Diesing）提出了危機門檻（crisis threshold）的概念，即雙方的利益衝突超過了門檻始成為危機，危機雖有起伏但是最終結果不外戰爭或解決。解決可能是一方屈服或者是雙方妥協。[13]

　　所以危機具備了幾個特色：一是危機威脅到主要價值、利益或目標；二是危機具有時間壓力；三是危機要求必須做決定；四是危機含有高度戰爭危機。所以危機管理很難脫離決策理論的範疇，甚至可以說是決策理論的應用。

　　危機管理可以分為預防（preventing）、管理（managing）、解決（solving）。預防危機可以透過安全結盟、信心建立措施、軍備管制、功能性合作來進行危機預防；管理可以透過建立國家行為

---

[13]　Glenn H. Snyder and Paul Diesing, conflict among Nations: Bargaining, Decision Making, and System Structure in International Crisis, p.6.

規律、談判制度化來達成；解決可透過集體安全、裁軍、功能性互賴、權力再分配來完成[14]。

喬治（Alexander L. George）提出了危機處理的七項要件：[15]

（一）政府需對軍事行動保持控制。

（二）節制軍事行的速度與衡量以使雙方有時間交換訊息及評估情勢。

（三）軍事行動和外交行動必須協調一致。

（四）堅持有限目標。

（五）避免傳遞大規模戰爭印象以免刺激對手先發制人。

（六）必須傳達對手願以交涉而非戰爭解決之訊號。

（七）給對手一條符合其利益的退路。

希望政府依據這些要件得以控制危機而不爆發戰爭。然而危機管理就像一種冒險競賽（competition in risking），如何建立威脅的可信度並使對手相信其意志，正因為相信無需戰爭就可以達成其目的，促使雙方都不想讓步，明知這是一種冒險，卻相信在危險變大之前，對方一定會讓而不妥協。[16]這些都顯示危機管理是一種高度的藝術，理論與框架只是提醒我們管理時該注意的事項。危機管理是合作與衝突的混合物，管理人要有堅定的決心又要有慎重的態度，要敢於冒險卻又冷靜理性，且能當機立斷，這就使得經驗、直覺與靈感成為決策者最後的依賴。

理論與歷史是一種互為因果的產物。從1948年第一次柏林危

---

[14] Dari Mottola, "Systemic Crisis: Lessons of Region Detente," in Daniel Frei, ed., Managing International Crisis(SAGE, 1982), p.197.

[15] Alexander L. George ed., Avoiding War: Problems of Crisis Management (Boulder: Wesview, 1991), pp.24-25.

[16] Herman Kalm, On Escalation: Metaphors and Scenarios (New York: Praeger Publishers, 1965), p.12.

機開始，50年代就步入了危機的年代。1950年韓戰爆發，1953年伊朗危機，1954年第一次台海危機，1956年蘇伊士運河危機、第二次以阿戰爭及蘇聯入侵匈牙利，1958年黎巴嫩危機、第二次台海危機及第二次柏林危機，50年代稱為危機的年代一點也不為過。有趣的是，美國在面對這些危機時，均依照杜魯門時間所設立的國家安全會議進行決策運作，頗符合決策理論的組織與官僚模式；然而在面臨危機時，會依據核心利益的不同，而有截然不同的做法。台海危機就是美國面臨重歐輕亞的戰略下，不願投注過多資源，但是又不願喪失國際威信下，而發出核子恫嚇的花招。台灣依附在美國聯盟的保護下，在面臨危機處處受到美國限制，而難以追求絕對的國家利益，形成有得有失的危機管理結果。

運用決策與危機管理理論來觀察50年代的台海危機是一個非常適合的年代。儘管在歷史研究的個案上以1962年的古巴危機研究最為出名，這當然是依附在美國主流學術價值下的結果，特別是美國政治界與學術界均認為古巴危機是美國決策與危機管理成功的個案，所以在主流媒體與學術界大書特書也就在所難免了。50年代的台海危機對美國是一個沉重的負擔，杜勒斯巴不得金馬兩個小島自動沉沒，解決美國頭痛的問題；但對台灣而言，卻是國府遷台民心士氣的轉捩點，在台灣的外交史上有其重要性。

第二節　台海中立化政策的開啟

韓戰的爆發的確是美國改變對華政策的關鍵點，同時也是中共將美國視為頭號敵人的開端。[17]杜魯門總統在6月27日發表聲

---

[17] 大陸學者蘇格便持這種看法，請參閱蘇格，《美國對華政策與台灣問題》（北京：世界知識出版社，1998年），頁155。其實周恩來在外交政策的關

明：[18]

> ……對朝鮮的攻擊已無可懷疑地說明，共產主義已不限於使用
> 顛覆手段來征服獨立國家，而且立即會使用武裝的進攻與戰
> 爭。……在這些情況下，共產黨部隊的佔領台灣，將直接威脅
> 太平洋地區的安全，及在該地區執行合法而必要的職務的美國
> 部隊。因此，我已經命令第七艦隊阻止對台灣的任何進攻。

　　這項聲明明顯阻斷了中共攻打台灣的行動。[19]毛澤東於6月28
日在中央人民政府委員會第八次會議批評：[20]

述中，就曾指出：「美國在聯合國組織裡，阻止中華人民共和國代表的參
加；美國阻撓中國代表參加盟國對日管制；美國藉口朝鮮的形勢派遣海空
軍侵入台灣；……美國空軍還侵入中國領空，實行掃射轟炸，……美國
是……中華人民共和國最危險的敵人。」請參閱中共中央文獻研究室編，
《周恩來外交文選》，頁22-23。

[18] 《中美關係資料匯編》，第二輯，頁89-90。

[19] 依據美國的情報顯示中共已將解放台灣列為頭等重要任務，並為攻打台灣一
直在營造和集結戰船，儲存油料，訓練軍隊。台灣情報也顯示中共佔領海南
島之後，即在福建沿海作水陸空的攻擊演習，並集結大量作戰飛機和登陸艦
艇，預計1950年5、6月將有攻台可能。請參閱The Consul General at Shanghai
(Mcconaughy) to the Secretary of State, Shanghai, January 5, 1950, *FRUS*, 1950,
Vol. 6, p.267. 陳志奇，《美國對華政策三十年》（台北：中華日報社，1980
年），頁108。國務卿艾奇遜在1951年6月2日在參議院作證時指出，若不是
因為韓戰，台灣早在1950年中就會陷落。第82屆國會第一次會議，「參議院
軍事委員會與外交委員會聽取遠東局勢作證會議記錄」（第三卷），《中美
關係資料匯編》（第二輯），頁481-482。根據中共資料6月30日，中共中央
軍委會副主席周恩來向海軍司令員蕭勁光傳達新的戰略方針：「形勢的變化
給我們打台灣增添了麻煩，因為有美國在台灣擋著……現在我們的態度是，
譴責美帝侵略台灣，干涉中國內政。我們的軍隊打算是，陸軍繼續復員，加
強海空軍建設，打台灣的時間往後延。」中共中央文獻研究室編，《周恩來
年譜：1949-1976》（上卷）（北京：中央文獻出版社，1997年），頁52。

[20] 「毛澤東主席在中央人民政府委員會第八次會議上關於美國侵略台灣和朝

　　杜魯門在今年1月5日還聲明說美國不干涉台灣，現在他自己
證明了那是假的，並且同時撕毀了美國關於不干涉中國內
政的一切國際協議。美國這樣地暴露了自己的帝國主義面
目，……

　　針對美國對台灣政策出爾反爾，周恩來也於同日以外交部長
名義發表了「關於美國武裝侵略中國領土台灣的聲明」，[21]認定韓
戰的爆發是美國指使李承晚的侵略行為。[22]8月1日，蔣介石與來訪
的麥克阿瑟各自發表聲明，強調防衛台澎是美台共同利益，引發中
共的反彈。[23]中共透過蘇聯在聯合國安理會提出控訴美國侵略中國
案，援引聯合國憲章爭端當事國得出席安理會說明，於10月23日派
遣伍修權出席聯合國，並於11月28日正式在安理會發表譴責美國之
發言。[24]美國也在安理會提出大韓民國遭受侵略訴訟案，譴責中共
侵略朝鮮，並於1951年2月1日通過譴責中共為侵略者，並要求會員
國給予聯合國軍一切援助，對中共與北韓勿給予任何援助。[25]2月

鮮的講話」，外交公報，第1卷第2期，《中美關係資料匯編》（第二輯），
　　頁91。
[21] 聲明全文請參閱外交公報，第1卷第2期，《中美關係資料匯編》（第二輯），
　　頁91-92。
[22] 根據俄羅斯總統府檔案館解密檔案顯示，韓戰的爆發的確是由金日成挑起，
　　蘇聯與中共均有參與，此項爭議殆無疑義。請參閱沈志華，《朝鮮戰爭：
　　俄國檔案館的解密文件》（台北：中央研究院近代史研究所，2003年）。
[23] 1950年8月1日，中央社，中美關係資料匯編，第二輯，頁123。有關麥克阿
　　瑟訪台是否經過杜魯門核准，曾經在新聞界有所爭議；然而在1951年5月4
　　日麥克阿瑟在參議院作證時回答諾蘭參議員明確指出，1950年8月訪台是經
　　過華盛頓方面核准的。《中美關係資料匯編》（第二輯），頁434。
[24] 伍修權，《伍修權將軍自述》（遼寧：遼寧人民出版社，1998年），頁
　　174-187。
[25] 聯合國通過的決議：「一、認定中華人民共和國中央人民政府由於直接援
　　助和協助業已在朝鮮進行侵略的人，而且對聯合國在朝鮮的部隊從事敵對

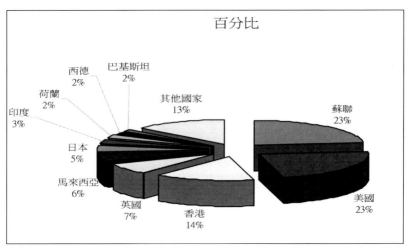

百分比

資料來源：James Tuck-Hong Tang, Britain's Encounter with Revolutionary China, 1949-1954 (New York: St. Martin's Press, Inc, 1992), p.203.

圖3-1　1950年中共主要貿易夥伴（總貿易百分比）

16日組成額外措施委員會（The Additional Measures Committee）來針對中共與北韓的侵略提出額外的制裁措施，[26]開始了對中共經濟制裁的措施。[27]

　　行為，它自己已在朝鮮從事侵略；……五、號召所有國家與當局對在朝鮮的侵略者物給予任何援助；」五屆聯合國大會紀錄，《中美關係資料匯編》（第二輯），頁391。

[26] "The Secretary of State to the United States Mission at the United Nations", Washington, February 5, 1951, FRUS, 1951, Vol.7, p.1893.

[27] 在聯合國決議尚未通過之前，美國商務部於1950年12月2日就已宣布對中國大陸、香港、澳門的出口實行全面的許可證制度，16日更宣布將中共在美國的資產加以凍結，並禁止美國船隻駛往中國。"Memorandum by the Ambassador at Large (Jessup) to the Executive Secretary of the National Security Council (Lay)", Washington, December 2, 1950, FRUS, 1950, Vol.6, pp.672; "Memorandum by the Secretary of the Treasury (Snyder) to the National Security Council", Washington, December 6, 1950, FRUS, 1950, Vol.6, p.674 "The Secretary of State to All Diplomatic Offices", Washington, December 16, 1950,

　　1950年，中國從西方國家進口總額約4億8000萬美元，出口總額約4億美元，西方國家與中國貿易額約佔中國外貿總額的三分之一。[28]

　　美國聯合其盟國對中共的制裁，顯然對中共的經濟復甦造成了重大的傷害，然而全面的經濟戰可能損害英法在香港與印度支那的利益，更可能加深中共對蘇聯的經濟依賴。[29]針對美國的制裁，中共於1950年12月4日停止對美、日、加、菲等國的結匯輸出，改採先進後出方式為主的以物易物貿易。28日宣布凍結美國在中國大陸資產。[30]面對西方國家的制裁，中共對西方國家的貿易由1951年的4億3300萬，降到1952年的2億5700萬。同樣地，對社會主義國家的貿易也從1950年佔總額的32.4%，1951年增加到52.9%，1952年上升到72%，直到50年代末期一直保持在70%以上。[31]

FRUS, 1950, Vol.6, pp.682-683.

[28] "Memorandum by the Assistant Director of Central Intelligence for National Estimates (Langer) to the Director of Central Intelligence (Smith)", Washington, 25 June, 1951, *FRUS*, 1951, Vol. 7, p.1996.

[29] 1950年代初，美國考慮分化中蘇關係分成兩派：一是以杜魯門為首，相信門戶關閉政策，企圖在短期內使中共依靠蘇聯，由於經濟的制裁使得中共對蘇聯產生大量的需求，而蘇聯在沒有辦法滿足中共的需求下，進而產生兩者的摩擦，最後導致分裂。另一派是以美國駐印度大使Chester Bowles為首的自由主義份子，強調中共不是蘇聯的附庸，對中共保持善意的彈性，誘導其脫離蘇聯。惟杜魯門執行強硬的圍堵政策，後繼的艾森豪又啟用反共著稱的杜勒斯擔任國務卿，使得以溫和彈性誘使中共脫離蘇聯的政策一直未在50年代出現。請參閱Gordon Chang, *Friends and Enemie* (Stanford, Calif.: Stanford University Press, 1990)*s*, pp.84-88.

[30] 《中美關係資料匯編》（第二輯），頁258-259。其實中共可能早有被美國封鎖的認知，在1949年8月18日，毛澤東發表了「別了，司徒雷登」一文，即有：「多少一點困難怕什麼。封鎖吧，封鎖十年八年，中國的一切問題都解決了。中國人死都不怕，還怕困難嗎？」http://www.mzdthought.com/4/4-67.htm.

[31] 中國社會科學院、中央檔案館編，《1949-1952年中華人民共和國經濟檔案

　　經濟制裁的同時，美國開始具體援助台灣。國務院依據1948年援華法案項下1.25億美元贈款的剩餘部分，提供台灣運用採購美國軍火。[32]同時同意麥克阿瑟建議，於1950年8月派遣福克斯（Alonzo P. Fox）調查團前往台灣調查其防衛能力。[33]此外，默許退休海軍柯克上將（Admiral C. M. Cooke, Jr.）以中國國際商業公司（Commerce International China, Inc.）與國府行政院物資局簽訂軍事顧問聘約，協助國府軍事整備，[34]並於同年11月23日緊急援助4700噸彈藥給台灣。[35]1951年1月20日指示藍欽告知國民政府，美國願意提供國府防衛性的軍事援助，但由美國派人監督軍援物資的交付與使用。[36]1951年4月21日，美國派遣軍事顧問團赴台，並任命蔡斯（William C. Chase）將軍為軍事顧問團團長，促使美國進一步介入台灣的軍事防衛，甚至擴及到經濟社會的發展。1951年5月17日，NSC48/5「美國在亞洲的目標、政策和行動方針」（United States Objectives, Policies and Courses of Action in Asia）文件表明，

　　資料選編：對外貿易卷》（北京：經濟管理出版社，1994年），頁458、461、465、471、476。

[32] "The Department of State to the British Embassy", FRUS, 1950. Vol. 6, p.445.

[33] 福克斯報告（Highlights of Report of Far East Command Survey Group to Formosa Dated September 11, 1950）請參閱"Memorandum by Mr. Richard E. Johnson of the Office of Chinese Affairs to the Director of the Office of Chinese Affairs (Clubb)", FRUS, 1950, Vol. 6, pp.590-596.

[34] "Memorandum for Admiral C. M. Cooke, Jr. Recommendations for Technical a Dvisory Group"，《蔣中正總統檔案》，特交檔案，檔號：080106，卷號：047，卷名：美國軍事援助，編號：08A-01657。

[35] 國防部史政編譯局編，《美軍在華工作紀實》（顧問團之部）（台北：史政編譯局，1981年），頁108。

[36] "The Secretary of State to the Embassy in the Republic of China", Washington, January 20, 1951, FRUS, 1951, Vol.7, pp.1521-1522.「美駐華代辦本年一月三十日第十三號照會」，《蔣中正總統檔案》，特交檔案，檔號：080106，卷號：047，卷名：美國軍事援助，編號：08A-01657。

繼續第七艦隊的任務，向台灣提供經濟和軍事援助，阻止台灣陷落，提高國民黨的威望和影響。[37]1952年3月22日，美國副國防部長佛斯特（William C. Foster）起草NSC128號文件，建議杜魯門採納以下建議：[38]

（一）阻止台灣落入任何與蘇聯結盟或受蘇聯控制的中國政權手中。

（二）必要時採取單方面行動，確保台灣能被用作美國軍事行動基地。

（三）第七艦隊繼續其保護台灣使命，直到遠東形勢允許台灣當局自行保衛該島。[39]

---

[37] Report to the National Security Council by the Executive Secretary（Lay），Washington, May 17, 1951, *FRUS*, 1951, Vol. 6, p.38. 其實中共介入韓戰後，美國一直謹慎地將衝突限制在朝鮮半島，特別是戰況居於劣勢的1950年底，不少官員贊同動用台灣的軍隊來攻擊大陸東南沿海以為牽制，但是與台灣掛勾不僅重新捲入中國問題，又必須與蔣介石打交道，並非是杜魯門所願，美國政府只想被動地拒絕讓中共控制台灣，而不想付出太大代價。1951年韓戰膠著的情況日益明顯，中共在韓戰中所展現的戰力與不妥協性，使美國重新評估共產勢力在遠東的實力，為了控制中共可能的擴張與厚植未來談判的本錢，台灣又成為可資運用的活棋，至此美國才認為可能將台灣從美國的政治負擔變成政治資產，並開始探討積極保全該島的可能性。請參閱張淑雅，「美國對台政策轉變的考察（1950年12月-1951年5月）」，《中央研究院近代史研究所集刊》，第19期（1990年），頁469-486。

[38] "Memorandum by the Acting Secretary of Defense (Foster) to the Executive Secretary of the National Security Council (Lay)", Washington, 22 March, 1952, FRUS, 1952-1954, Vol. 14, pp.20-21.

[39] 國家安全會議討論後將本條後修正為：「第七艦隊繼續其使命，今後美國政策將根據世界和遠東形勢的變化作相應的修改。」，此為放棄台海中立化的先聲。"Memorandum of the Substance of Discussion at a Department of State-Joint Chiefs of Staff Meeting, Held at the Pentagon", April 9, 1952, FRUS, 1952-1954, Vol. 14, pp.31-42.

（四）支持與美國友好的台灣政權，並使其與美國密切
　　　合作。
（五）發展台灣的軍事潛力。

　　顯示美國已經傾向扶植台灣作為對抗共產主義的戰略資產。
　　以結束韓戰作為競選主軸的艾森豪於繼任總統後，於1953年
2月2日第一份國情咨文（State of Union Address）表達：「1950年
6月27日的聲明實際上意味著要讓美國海軍來保衛共產黨中國，由
於國際形勢的變化，要求美國海軍為中共承擔防衛責任已經沒有任
何意義，因此，我命令第七艦隊不再被部署為屏障共產黨中國。對
我們來說，這一命令並不包含侵略意圖。」[40]表面上這是對中共的
恫嚇，藉此壓迫中共在韓戰停火協定上妥協；實際上，在國情咨文
發表的前三天，藍欽已向蔣介石表達美國不希望國府在未與美國磋
商的情況下反攻大陸，更不能動用美援的飛機與裝甲部隊。[41]為了
迫使國府同意，美國停止交付F84噴射戰鬥機給台灣，直至4月23
日，台灣終於向美國承諾動用飛機的軍事攻擊，需事前與美國協
商。[42]台灣臣服於美國的遠東戰略。

---

[40] "Message From the President to the Congress", Washington, February 2, 1953, FRUS, 1952-1954, Vol. 14, p.140; New York Times, Feb. 3, 1953, p.1.

[41] "The Charge in the Republic of China (Rankin) to the Department of State", Taipei, February 1, 1953, FRUS, 1952-1954, Vol. 14, pp.135-136. 1953年2月15日，駐美大使顧維鈞回報國府有關艾森豪國情咨文也表示，艾森豪隊第七艦隊的指令仍僅限於台澎，不包括外島；如國府攻擊大陸，美方不予援助。然沿海游擊戰術遭致中共反擊，則美國提供援助。顧維鈞華盛頓電，《蔣中正總統檔案》，特交檔案，檔號：080106，卷號：033，卷名：對美國外交，編號：08A-1576。

[42] 陶文釗，《中美關係史》（1949-1972）（上海：上海人民出版社，1999年），頁215。

　　1953年4月6日，國家安全會議討論了NSC148號文件。文件指出美國在遠東所面臨的中心問題是與蘇聯緊密結盟，並得到蘇聯支持的侵略性的中共對美國及自由世界的威脅。美國在中共的最終目標是在中國產生一個對美國友好，非共產黨的政府，而達成這個目標的手段有兩種：一是使北京背叛莫斯科；二是推翻北京政權。文件建議由於目前沒有中蘇共分化的現象，也沒有推翻共產政權的可能，所以持續給予中共更大的政治、經濟與軍事的壓力，等待情勢明朗再決定是促使中蘇分化，還是搞垮共產黨。[43]NSC148號文件說明了艾森豪政府將東亞問題視為一個整體，而解決問題的核心是孤立中共。[44]然而NSC148號文件卻沒有通過，成為艾森豪政府東亞政策指導性的文件，其原因在於文件並沒有把韓戰談判新進展納入考量，而延後決議。但是NSC148文件的核心概念的確反應了艾森豪政府孤立中共的決心。

　　1953年10月30日，艾森豪政府制定了第一份東亞政策的指導性文件—NSC161/2號文件。在中國問題上，NSC161/2認為在沒有全面戰爭的情況下，中共政權短期內是不可能垮台，然而隨著韓戰停火，中共將越來越強調本國利益，中蘇之間的利益衝突遲早會削弱中蘇同盟，但目前中蘇同盟仍十分穩固，中國的戰略要地及龐大兵員是蘇聯集團的巨大財富。美國的國家安全是以集體安全為主，並以核武為主體所建立的大規模報復力量。[45]有別於杜魯門時期以

[43] "Staff Study on Basic U.S. Objective Toward Communist China", FRUS, 1952-1954, Vol. 12, p.294.
[44] 蔡佳禾，《雙重的遏制—艾森豪威爾政府的東亞政策》（南京：南京大學出版社，2000年），頁63。
[45] NSC162/2, "Basic National Security Policy, Oct 30, 1953", Documents of the National Security Council, 1947-1977, （Microfilm reel III, University Publications of America, 1980）劉雄，「艾森豪威爾政府亞洲政策論綱」，崔丕主編，《冷戰時期美國對外政策史探微》（北京：中華書局，2002

傳統武器與有限戰爭為主的戰略，艾森豪以核子武器為主的大規模報復政策，使他認為成功地迫使中共簽訂韓戰停火協定。[46]同年11月5日，艾森豪政府制定了其任內第一份中國政策文件－美國對共產中國的政策（United States Policy Toward Communist China），即NSC166/1號文件。[47]NSC166/1是艾森豪政府第一份對中國外交政策的高層文件，文件強調美國的遠東政策必須妥善處理一個敵對而強大的中國及中蘇聯盟所改變的權力結構，並要盡力阻止中共力量的成長與損害中蘇關係。[48]NSC166/1文件認可了對中共施壓的政策，美國在維持外島安全、防止中共領土擴張、承認並支持國民政府、強化非共亞洲，繼續對中共施加公開的和非傳統的及無形的壓力，並運用一切可行的手段傷害中蘇關係。[49]NSC166/1號文件延續了NSC148的核心精神，視中共為東亞問題的核心，而且確認美國的目標在改變中共政權，然而改變中共政權美國既不願意出兵，也

年），頁192-193。

[46] Richard K. Betts, *Nuclear blackmail and nuclear balance,* (Washington, D.C.: Brookings Institution, 1987), pp.31-47.認為艾森豪的核子強制政策成功地結束韓戰。

[47] NSC166/1有關中國政策部分乃是由1953年6、7月間，由日光浴室計畫（Project Solarium）對中國政策建議所作成結論延伸出來。Gordon H. Chang, *Friends and Enemies*, p.89; John Gaddis以Operation Solarium來稱呼艾森豪中國政策的研擬過程，相關介紹請參閱John Gaddis, Strategies of Containment: A Critical Appraisal of Postwar American National Security Policy, pp.145-146.

[48] NSC166/1, "U.S. Policy Toward Communist China," "NSC Staff Study on U.S. Policy Toward Communist China," both Nov.6, 1953, FRUS, 1952-54, Vol. 14, pp.297-298, 278-306. 其實直到第一次台海危機爆發，杜勒斯都認為中共會有獨立自主的傾向，狄托化是美國所樂見的。John Gaddis, Strategies of Containment: A Critical Appraisal of Postwar American National Security Policy, p.143.

[49] NSC, "Basic U.S. Objectives Toward Communist China," April 6, 1953, *FRUS*, 1952-54, Vol. 14, pp.175-179.

不願意支持國府反攻大陸，只是強調不能對中共讓步。這是一種長期而全面性的對抗政策，美國的亞洲冷戰政策正式確立。[50]

美國在亞洲圍堵政策的對象從蘇聯為主，中共為輔，改變到破壞中蘇同盟與抑制中共成長，最後逐漸形成以中國為主的亞洲圍堵政策。這一現象在1953年3月史達林死亡後逐漸明顯。赫魯雪夫的集體領導繼任後，為了穩定國內權力，對外倡導和平共存（coexistence），顯示出他比毛澤東更像東方的狄托。美蘇關係趨於和緩，但美國對中國政策卻日趨強硬，日內瓦會議更強化了這一趨勢。

由於法國在與越盟的對抗下耗損其經濟的復甦，美國的援助口惠而不實，法國急於從越南抽身，但又希望維持保大政權，[51]維繫法國在越南的影響力，故由英美蘇法中等國召開了日內瓦會議，希望能達成停火協議。美國對此一會議並不抱持太大希望，然而在會議期間，奠邊府之役法軍大敗，全數投降，使得會議急轉直下，終於達成停火協議。中共在日內瓦會議期間扮演著重要的關鍵角色，停火協議的達成，使得中共國際威望驟增。美國在這場外交戰爭沒有爭得任何好處，又被迫與中共展開人質談判，故將日內瓦會議視為西方的失敗與共產主義的獲勝。

1954年8月4日，根據艾森豪（Dwight Eisenhower）的命令，美國國家安全會議提出了美國遠東政策的觀察（Review of U.S. Policy in the Far East），即NSC5429號文件。文件強調日內瓦協議的簽署是一個指標，它代表著共產黨在印度支那的勝利，這一勝利產生了嚴重的後果，即它威脅了美國在遠東的安全，增強了共產黨在當地的力量。美國雖然不蓄意挑起戰爭，但是即使冒著戰爭的風險，也

---

[50] 蔡佳禾，《雙重的遏制—艾森豪威爾政府的東亞政策》，頁70-71。
[51] 二次大戰後法國自日本手中取回原法屬印度支那殖民地，為降低殖民地新興的民族獨立運動，扶植越南傳統皇室保大皇帝作為其代理政權。

要削弱中共的力量。[52]1954年9月3日，第一次台海危機爆發，美國與中共再次軍事對抗。

根據本書的分析，冷戰的形成源自歐洲，先從政治性冷戰後來擴張到經濟與軍事的冷戰。體系理論所強調的嚴密兩極體系，[53]在歐洲初步形成，但是東亞冷戰的正式形成則是自《中蘇友好同盟互助條約》確立。所以中共並非是在嚴密兩極體系下被迫選邊，它只是預期嚴密兩極體系的不可避免而選邊，所以中共的「一邊倒」促成了東亞嚴密兩極體系的形成。

結構現實主義強調在體系中的國家，會因相對的權力或地位而處於不同的階層，結構限制國家的行為與互動，連帶影響權利分配的狀況，主要成員數目的改變會造成結構的變化，也連帶影響成員的行為模式跟著改變。[54]從本書研究發現，中蘇的東亞軍事聯盟的確改變了美國所期望的緩衝國式的權力平衡，也影響了中共對美國改採越來越對立的態度。美國也從原本表達善意的利誘分化中蘇共的結盟行為，改變成以嚴厲的圍堵促使中共對蘇聯期望的破滅。這使得等待塵埃落定的台灣，變成有利的圍堵籌碼，韓戰則是深化台海現狀的絕對性因素。

韓戰不僅使東亞嚴密兩極體系成為權力的分配，也成為觀念的分配。西方民主陣營與共產主義陣營成為壁壘分明的意識型態集團，也合法化許多國家行為。如美國以聯合國名義帶領西方民主國

---

[52] NSC5429, "Review of U.S. Policy in the Far East", FRUS, 1952-1954, Vol. 12, pp.696-709.

[53] 嚴密兩極體系的特徵是體系內的大部分國家都被歸屬在兩大集團，兩個集團形成全球性對峙，彼此競爭激烈，並視對方在安全或權利的任何斬獲為己方的損失。John Spanier, Games Nations Play, (Washington, D.C.: Congressional Quarterly, 1993), p.136.

[54] Kenneth Waltz, Theory of International Politics, (Reading: Addison-Wesley, 1979), pp.79-80.

家參與韓戰；中共則以共產國際的東亞代理人參與韓戰，雙方的參戰更加深了資本主義與共產主義的不相容性，強化了觀念性的分配。在權力的分配上，中共以志願軍的名義參戰，幕後支撐的其實是「中蘇友好同盟互助條約」的軍事聯盟作後盾；美國則是要求西方盟國在軍事與經濟上全面封鎖中共，甚至將中共視為東亞的主要敵人。這種體系權力與觀念的分配深化了兩極體系，使得雙方的政策和行動變得僵化，導致戰爭的可能性大增。[55]

　　兩極體系下，超強與盟國的實力懸殊，在單邊的安全承諾下，超強成為保護者，而盟國成為被保護者。[56]台灣在兩極體系下成為很大的獲利者，1950到54年，台灣既非美國正式軍事同盟夥伴，但享受到美國超強的單邊保護，儘管受制於美國軍事援助的部分規定，但是在國家目標卻不受美國控制，享有很大的行動自由。這其實違反了兩極體系穩定的要素之一，即超強會在重大區域畫出一道明確的界限，來明確敵我界限，並制止盟國蠢動。[57]台灣卻在美國單邊保護下，不時侵擾大陸東南沿海，增加了體系的不穩定性，衝突自難避免。所以從1950到54年所形成的東亞嚴密兩極體系，來看台海衝突的爆發，一點都不覺得稀奇。體系的結構使然，使得台海危機成為一種結構性的危機，是具有歷史與理論驗證的可信度。

---

[55] David Singer & Melvin Small, "Alliance Aggregation and the Onset of War, 1815-1945," in Francis A. Beer, ed., Alliances: Latent War Communities in the Contemporary World, (New York: Holt, Rinehart & Winston, 1970), p67.

[56] Glenn Snyder & Paul Diesing, Conflict Among Nations: Bargaining, Decision Making and System Structure in International Crises, (Princeton, N.J.: Princeton University Press, 1977), p.34.

[57] John Spanier, Games Nations Play, pp.142-143.

第三節　第一次台海危機的歷程

　　韓戰結束後，中共已無生存安全的顧慮，重新思索解放台灣的策略。中共非常清楚，橫亙在台灣海峽的是美國干預的問題，所以1954年4-7月的日內瓦會談，中共展現和平的形象，達成了以北緯17度劃分南北越，但仍然無法建立與美國良性溝通的管道；相反的，美國視日內瓦會議協議的達成為共產主義的勝利，積極籌組東南亞公約組織強化其亞洲圍堵政策。雙方敵對益發明顯，遂使得中共考慮以有限軍事行動來試探美國防衛台海的決心。

　　1954年5月，中共佔領了浙江沿海的龍金島，艾森豪就預知了台海即將展開衝突。5月27日，國家安全會議第199次會議，便已在討論中共可能對大陳群島發動攻擊。[58]決議派遣第七艦隊訪問大陳群島展示炮艇外交，國務卿杜勒斯在8月份向媒體宣稱，美國要用海空軍保護台澎；艾森豪也公開派遣第七艦隊巡弋沿海島嶼。[59]

　　面對美國的砲艇外交威嚇，中共選擇了於9月3日砲擊金門。[60]砲擊金門的確震撼了美國的認知，除了說明炮艇外交的失敗，美國馬上面臨著是否保護外島的困境。參謀長聯席會議主席雷德福（Arthur Radford）為首的大多數軍方將領，都贊成防禦外島，但要求授權軍方可以攻擊大陸沿海的重要基地，必要時可使用核武。[61]

---

[58] "Memorandum of Discussion at the 199th Meeting of the National Security Council", Washington, May 27, 1964, *FRUS*, 1952-1954, Vol. 14, (Washington, D.C.: United States Government Printing Office), p.433.

[59] FRUS, 1952-1954, Vol. 14, pp.518-519.

[60] 有關中共砲擊金門的原因，學者多以戰術佯攻、外交鬥爭進行解釋，但是中共軍方內部對台軍事鬥爭，其實也存在兩派不同意見。

[61] *FRUS*, 1952-1954, Vol. 14, pp.602-604.

然而陸軍參謀長李奇威（Matthew Ridgeway）反對為防守困難且無足輕重的外島進行護衛。[62]9月12日第214次國家安全會議決議，保留對防衛外島的彈性權力，並研究聯合國介入的可能。[63]

面對美國模糊的外島政策，中共逐步對大陳群島進行軍事升高行動。除了想試探美國的底線外，也希望能遏止傳聞中《中美共同防禦條約》簽訂的可能。[64]未料美國希望與英國在安理會推動「神諭計畫」（Oracle Operation）[65]，促成外島停火；亦需要國府的支持，遂考慮以簽訂《中美共同防禦條約》來換取國府不反對外島停火案的推動。[66]面對越來越可能的防約簽訂，中共不斷地透過媒體進行攻擊，並於11月23日，針對美國人質進行間諜罪的宣判，試圖拉高對抗來阻止美國與國府簽訂防約。然而美國急欲推動外島停火案，並安撫國府，終於在12月2日簽訂防約。中共為抗議防約的簽訂，於1955年1月18日攻打一江山，使得是否防禦外島成為美國立即而明顯的困境。

防禦外島，勢必引起西方盟國的不滿，而且美國必須單獨面對中共的挑戰；放棄外島，又擔心國府對美國的不信任，甚至產生亞洲盟邦不信任的骨牌效應，嚴重打擊美國的威望。為了避免因外島而捲入與中共的戰爭，也不希望被國府拖下水，參與反攻大陸的泥

---

[62] *FRUS, 1952-1954*, Vol. 14, pp.557-558.

[63] *FRUS, 1952-1954*, Vol. 14, pp.623-624.

[64] 美國國家情報評估（Special National Intelligence Estimate）就曾懷疑中共引發危機是希望美國不要與國府簽約。*FRUS, 1952-1954, Vol. 14, p.563.*

[65] 神諭計畫即外島停火案，由美英兩國策劃，交由紐西蘭於安理會提出，但本案最後胎死腹中。

[66] 國務院遠東事務助理國務卿羅伯遜（Walter S. Roberson）認為需要防約來降低對國府威望的傷害，駐華大使藍欽（Karl L. Rankin）也指出外島停火案對國府而言，是又一次的雅爾達式密約，國府不僅喪失外島主權，也要承認中共，打擊過大，只有簽訂防約才可能減輕傷害。*FRUS, 1952-1954, Vol. 14, pp.682-683.*

沼，杜勒斯向國府外交部長葉公超與駐美大使顧維鈞探尋國府撤離大陳的意願。美國希望在不丟面子的情況下撤退，又不至於鼓勵侵略，且讓國府接受。[67]最後杜勒斯判斷國府並無意堅守大陳，規勸國府從大陳撤退，美國同意協防金馬，並籲請國會通過授權，准予總統使用武力於必要之防禦。這原本是一種軟硬兼施的外交策略，大陳撤退代表象徵性的讓步，希望中共息事寧人，並承諾協防金馬，增加國府撤退的誘因。其次，加速提交外島停火案，試圖降低台海危機。最後經由國會授權，強化美國遏制中共試探的決心。但是大陳撤退鼓舞了中共對沉默交易的期待，而美國從同意協防金馬到不公開承諾協防，引起了國府強烈的反彈；英國贊成外島停火案的前提是美國不得承諾協防外島，使得美國陷入外島停火案與協防金馬的抉擇困境。

英國認為外島停火成功的關鍵在於中共的合作，倘使美國同意協防金馬，勢必為中共所不容，停火案也不可能成功，反而是幫美國背書，嚴重危害英國在中國的利益。國府因為接收到美國承諾以大陳撤退換取公開協防金馬，而同意撤退；然而事後美國卻礙於英國不敢公開協防，只私下給予國府承諾，致使國府有強烈被出賣之感，而拒絕任何讓步。儘管美國國會通過了福爾摩沙決議案（Formosa Resolution），仍採取模糊而不得罪英國與國府的作法。僵持的困境，使美國對危機的發展益加悲觀，甚至正式考慮核武的使用，並向民眾公開宣導。

中共於1955年2月透過外交管道，試圖傳遞緩和的訊息。但是中美雙方沒有正式溝通管道，也缺乏公正信賴的第三者，致使雙方在尋求談判的口頭立場不敢退讓。最後在美國核武嚇阻與萬隆會

---

[67] 張淑雅，「金馬撤軍？美國應付第一次台海危機策略之二」，《中央研究院近代史研究所集刊》，第24期，上冊（1995年），頁418-419。

議[68]的召開，中共在萬隆會議中公開尋求和緩的聲明，使得危機終於下降。雙方於1955年8月1日於日內瓦舉行中美大使級會談，美方由捷克大使強森（U. Alexis Johnson），中方由波蘭大使王炳南，開啟了中美直接溝通的管道。

　　經歷8個多月的危機，國府雖身陷戰爭前線，但獲益匪淺。儘管九三砲戰肇始，國府的報復行動受美方管制，最後在國防部長俞大維的力爭之下，才執行所謂的自衛權，有限與節制的軍事行動，顯見危機管理的政治控制。危機的爆發促使延宕許久的「中美共同防禦條約」終於浮上檯面，國府成功地達成其所期望的正式同盟關係，同樣地也犧牲了反攻大陸的行動自由。危機也促成了美軍顧問團（Military Assistance Advisory Group）成員於1955年增加到最多2400人，美援也在1955-1956年達到了最高峰，[69]整編30個師的陸軍「天山計畫」也順利達成。[70]當然大陳撤退對國府的威望是一種損失，然而國府在浙江沿海已喪失空權的情況下，沒有美國的支援，大陳是難以防守的。所以當美國以大陳撤退來交換公開聲明協防金馬時，國府覺得不失為一筆划算的買賣；未料美國否認承諾，僅私下承諾協防，造成蔣介石的震怒！對於外島問題不再退讓，迫使美國身陷兩難困境，既不敢持續逼迫國府讓步，也不願在中共面前示弱，便開始推行核武威脅政策。美國對萬隆會議有所重視，但未賦予過多的期待，所以當萬隆會議參與國試圖遊說中共緩和台海危機的同時，美國仍派參謀長聯席會議主

---

[68] 萬隆會議是1955年4月由印尼、印度、錫蘭、巴基斯坦、緬甸等南亞五國召開亞非會議（Asian-African conference），邀請亞非被殖民國家共29國與會，會議主軸為反對殖民帝國主義、爭取世界和平，於印尼萬隆召開，世稱萬隆會議。

[69] 國防部史政編譯局編，《美軍在華工作紀實》（顧問團之部），頁9-10、109。

[70] 041740預備師編成方案（天山計畫）（1），《陸總部檔案》，國防部部長辦公室藏。

席雷德福（Arthur Radford）、遠東事務助理國務卿羅伯森（Walter Robertson）遊說國府自外島撤軍，但遭蔣介石嚴厲的拒絕。

 ## 第四節　第二次台海危機的歷程

　　第一次台海危機打開了中美大使級會談，雙方會談在平民遣返上達成協議，但是在解決台海問題上，爭執不下的乃是在台海地區放棄武力的問題。1955年10月到1956年5月，雙方針對在台海地區放棄武力交換了七個草案，仍未達成協議，使中共覺得美國企圖取得一個片面對其有力的聲明來保持台海現狀，並無意願與中共改善外交關係。[71]美國反對利用談判來重新考慮美國對華的政策，美國堅持談判不涉及對中共的外交承認，也不涉及損害國府的權利，堅持中共放棄在台海使用武力，拒絕提高會議的層次，刻意推遲會議可能達成的協議。國府則擔心中美大使級會談升高為外長會談，成為雙方承認或形成「兩個中國」的政治問題，極力反對會談的進行。在這樣的背景下，中共盱衡當前局勢、中蘇的路線分歧與爭取第三世界國家的認同，毛澤東決定利用黎巴嫩危機[72]修理美國與國府。[73]

　　黎巴嫩危機爆發後，國府警覺到台海可能有事，7月17日取消全體官兵休假進行戰備，8月6日國防部宣布全國進入緊急備戰狀

---

[71] 林正義，《一九五八年台海危機期間美國對華政策》（台北：台灣商務印書館，1985年），頁28。

[72] 1958年7月14日，伊拉克軍事政變成功推翻王室，由於軍事政權傾向蘇聯，引起約旦與黎巴嫩的恐慌，向英美請求支援，美英的出兵鎮壓兩國境內共產主義與民族主義份子，也壓迫伊拉克新政權避免與蘇聯過度接近，引發共產集團的反抗，而嚴厲譴責美國帝國主義行為。

[73] 毛澤東說砲擊金門是要支援阿拉伯人民，美國欺負中共多年，有機會當然要修理。請參閱吳冷西，《憶毛主席─我親身經歷的若干重大歷史事件片段》（北京：新華出版社，1995年），頁75。

態，並要求美國公開發表協防金馬的聲明。美國感受到國府強烈的危機感，認為國府的恐懼源自於中共首次在福建地區部署大量的米格17戰鬥機，比國府F-84與F-86都先進，福建沿海的空權有可能喪失，美國仍陷入不願防禦但又擔心國府士氣潰敗的不利因素，而猶豫是否防禦外島。[74] 經過內部一系列的討論，美國在8月22日透過杜勒斯寫給眾議院外交委員會代理主席摩根（Thomas Morgan）的信件表明外島與台灣的密切程度已到達不可分割的地步，美國提高政治與軍事的威脅，希望嚇阻中共軍事行為。[75]

8月23日17時30分，中共開始炮擊，36個地面砲兵營，6個海岸砲兵營，共發射了31725枚砲彈。兩個鐘頭的砲擊，造成200名官兵傷亡，11名平民死亡，65棟房屋損毀，金門三位副司令趙家驤、吉星文、章傑罹難，國防部長俞大維受傷。[76] 中共的砲擊也使得金門的運補受到嚴重的干擾，從8月23日到9月2日美國護航前，國府運抵金門的物資僅為砲擊前的5.5%，顯示金門遭到封鎖。[77] 國府的反擊則因彈藥有限，運補困難，反擊的數量遠低於中共。再者，受限於中美共同防禦條約的限制，國府大規模的報復行為必須獲得美國同意，使得危機的操控權掌握在美國與中共的手上。儘管國府立即向美國要求公開協防金馬與允許國府的報復行為，但是美國仍然拒絕國府空軍轟炸中共的砲兵陣地，僅提供補給艦隊部分護航。

8月26日美國情報部門評估，中共在試探美國和中華民國對沿海島嶼的意圖，倘使美國不願採取強硬的態度防禦外島，會加速侵蝕國軍的士氣。中共會持續對金馬施壓，但避免明顯的軍事攤牌行

---

[74] *FRUS, 1958-1960, Vol. 19, pp.42-43.*

[75] 戴超武，《敵對與危機的年代—1954-1958年的中美關係》，頁321。

[76] 《中央日報》1958年8月25日，第一版。

[77] 韓懷智、譚旌樵主編，《當代中國軍隊的軍事工作》（上冊）（北京：中國社會科學院，1989年），頁394-400。

動，如果這些軍事行動讓中共相信美國不會干預，中共就會試圖奪取金馬。[78]所以美國面對危機的政策乃是限制國府軍事行動，不使衝突升高，並提供援助提升國府外島的防禦能力，顯示美國協助台灣的決心。但就國府的立場來看，美國模糊的嚇阻顯示其並無意願協防外島，限制國府自衛權，嚴重損害國府反共的聲譽，蔣介石甚至嚴厲譴責駐華大使莊萊德（Everett Drumright），美國的行為簡直不像一個盟邦，對國府的民心士氣是種毀滅性的打擊，倘使無法獲得美國正面的答覆，他將無法維持台灣的民心士氣。[79]美國儘管不滿蔣介石的反應，[80]但就保障國府外島自衛能力上，迅速同意提供12門8吋榴彈砲，F-100型飛行中隊，C-130型飛行中隊與加油機等，說明艾森豪以採取具體措施遏止中共奪取沿海島嶼。[81]國府持續要求美國公開發表協防金馬的聲明，不僅透過駐美大使董顯光，與正在美國訪問的宋美齡公開遊說美國政要，蔣介石並以私函致艾森豪的方式要求美國表明立場。美國在慎重評估下，終於於9月4日由國務卿杜勒斯對外發表新港（Newport, Rhode Island）聲明，表示美國已認知到協防金馬與保衛台灣息息相關，美國已做出軍事部署，等待總統做出決定，即採取即時而有效的行動。美國並沒有放棄和平解決台海問題，希望1955-1958年雙方的日內瓦會談是一個

---

[78] *FRUS, 1958-1960, Vol. 19, pp.81-82.*其實中共砲擊的初期意圖的確是有限的試探，中共的軍事行為在封鎖料羅灣、機場，並限制在領海作戰，避免在公海上與美軍衝突；在空軍方面也禁止轟炸金門，避免與美軍可能的衝突。請參閱沈衛平，《8.23砲擊金門》（下冊）（北京：華藝出版社，1998年），頁444-446；韓懷智、譚旌樵主編，《當代中國軍隊的軍事工作》，頁399；葉飛，《葉飛回憶錄》（北京：解放軍出版社，1988年），頁666。

[79] *FRUS, 1958-1960, Vol. 19, pp.107-108.*

[80] 艾森豪在9月1日就已向杜勒斯抱怨蔣介石總統所施加的壓力，迫使美國捲入危機。*FRUS, 1958-1960, Vol. 19, p.113.*

[81] *FRUS, 1958-1960, Vol. 19, pp.100-101.*

文明與可接受的程序。[82]

　　杜勒斯的新港聲明並沒有阻止中共進一步的試探行為，中共於9月4日對外公佈其領海為12海里並停火三天，除了擴大領海的意圖外，也是要試探美國的底牌，作為下一步的考量。[83]9月5日及8日，毛澤東發表了他的絞索政策，要絞住美國，美國想要脫身就是要讓金門11萬駐軍撤退，無損中共的大躍進政策。[84]9月6日，周恩來發表聲明接受恢復大使級談判，危機似乎有緩和跡象，[85]隨之而來的是美國護航台灣的運輸船隊。9月7日，第七艦隊派遣2艘巡洋艦、6艘驅逐艦，第一次護送2艘國軍登陸艇，攜帶300噸補給品，護航至金門3海浬外，中共並未進行干擾，顯示中共面對美國的護航尚無對策。9月8日中共對3海浬內的國府運輸艇進行猛烈的炮火攻擊，對3海浬外的美軍則不攻擊。顯示中共確認美國護航的範圍，也避免與美國軍事衝突，福建省委書記葉飛就指出：「毛主席命令只打蔣艦，不准打美艦，並且規定如果美艦向我開火，我軍也不予還擊。」[86]這種政策延續了1954年台海危機的作法，對國府

---

[82]　*FRUS, 1958-1960, Vol. 19, pp.134-136.*

[83]　戴超武，《敵對與危機的年代—1954-1958年的中美關係》，頁346。

[84]　中共中央文獻研究室編，《建國以來毛澤東文稿》（第七冊）（北京：中央文獻出版社，1992年），頁378-396。

[85]　鄒讜認為新港聲明是美國面臨危機所採取的緊急政策，並沒有保留後路；Jan H. Kalicki和Charles A. Mcclelland認為新港聲明美國並未表示最後一定協防金馬；林正義則認為新港聲明讓中共認知道美國的決心，而緩和危機。請參閱Tang Tsou, *The Embroilment over Quemoy: Mao, Chiang and Dulles* (Salt Lake city: University of Utah, 1959), pp.15-22; Jan H. Kalicki, *The Pattern of Sino-American Crises: Political-Military Interactions in the 1950s* (Cambridge: Cambridge University Press, 1975), p.191; Charles A. McClellan, "Decisional Opportunity and Political Controversy: the Quemoy Case," *Journal of Conflict Resolution 6* (1962), p.209.

[86]　葉飛，「毛澤東坐鎮北戴河親自指揮，葉飛筆下的八二三炮戰」，《傳記文學》，第56卷，第3期，頁22。

採取軍事鬥爭，對美國採取外交鬥爭，這種干擾運補的攻擊至10月6日，中共宣布停火為止。

其實，中共砲擊金門的原因除了趁機放火外，主要還是在偵查美國的決心。[87]同時在砲擊之際，中美於9月15日重開中美大使級會談。這種邊打、邊談對於經歷韓戰的中共而言毫不陌生，然而對於緩和危機雙方卻是有不同的顧慮。由於美國提供12門8吋榴彈砲與響尾蛇飛彈，使得國府扭轉了金門的軍事劣勢，在享有空優的情況下，運補作業的成功率大為提升。中共則因美國大幅軍援國府，使得預期的封鎖與試探效應遞減，再加上軍需耗損甚大，[88]攻擊的成本過高，也無意願升高危機，遂於10月6日發表「告台澎金馬軍民同胞書」，宣布美軍不護航，暫停砲擊一周。10月13日又宣布停止砲擊兩周，10月25日宣布單打雙不打，危機演變成外交宣傳。國府則是在美國軍援的情況下，要求轟炸沿海砲陣地，引起美國懷疑國府想要擴大戰事，將美國拖下水。[89]杜勒斯遂要求國府若中共停止砲擊，國府要降低外島駐軍，國府迫於美國壓力，於10月23日發表中美聯合公報，指出：「中華民國政府認為恢復大陸人民之自由乃其神聖使命，……而達成此一使命的主要途徑，為實行孫中山先生之三民主義，而非憑藉武力。」[90]國府撤出了15000名的軍隊，

---

[87] 1958年8月25日毛澤東在中共中央政治局常委會的講到：「砲打金門，就是抓住美軍登陸黎巴嫩，即可以聲援阿拉伯人，又可以試探美國人，……打炮主要目的不是要偵查蔣軍的防禦，而是偵查美國人的決心。」請參閱吳冷西，《憶毛主席—我親身經歷的若干重大歷史事件片段》，頁76-77。

[88] 美方評估中共砲擊的彈藥需求就耗損了5000萬美金，*The Washington Post*, October 14, 1958, p.12.

[89] Tang Tsou, *The Embroilment over Quemoy: Mao, Chiang, and Dulles*, pp.23-24; Walter Lippmann, "A Mediator is Needed," *The New York Herald Tribune*, September 23, 1958, p.20.

[90] 《中央日報》，1958年10月24日，第1版。

轉變了為防禦台灣金馬前哨站而非反攻大陸跳板的性質。中共雖然減緩可能的威脅，但擔心國府軍隊撤走過多，恐產生外島中立化甚至是因為外島中立而造成「一中一台」或「兩個中國」的政治現實，遂採取單打雙不打的砲擊政策，給予國軍駐守金馬的合理理由。外島便一直維持宣傳性炮戰的型態，直至中美建交，中共停止外島砲擊。

 ### 第五節 小結：危機管理的評估

　　從國際體系與聯盟關係來觀察，1954年台海危機正是嚴密兩極體系鞏固之際，儘管亞非會議的召開，使得兩極體系外似乎有第三勢力產生，但仍無法撼動以美蘇兩極為主的世界體系。在兩極體系下，中蘇關係進入到建國以來的蜜月期，中蘇友好同盟互助條約不僅建立了雙方軍事同盟的穩定形式，也嚇阻了美國對中共可能的威脅。美國與台灣原先並無正式同盟關係，受到中共的挑戰下，美國與國府簽定了中美共同防禦條約，建立了嚴密兩極體系下正式軍事同盟，換言之，中共發動危機反而強化了台海中立的現狀。1958年台海危機，兩岸均納入嚴密兩極體系的各自陣營，但是中蘇關係已有嫌隙，蘇聯對中共的支持也不如預期，但中蘇之間仍維持彼此軍事同盟，但是中共軍事行動並不向蘇聯通報，美國也明顯感受到中蘇之間存有問題，嚴格限制國府的報復行動，甚至要求國府簽署中美聯合公報，公開宣布不以武力反攻大陸。由此顯示，冷戰的兩極體系，超強會試圖控制附庸國，特別是重大利益區域，嚴格限制附庸國的行為，避免衝突發生，造成兩強對峙。不過，由於中共國力的上昇，蘇聯對中共的行為控制有弱化的現象。國際體系與同盟關係雖然影響了衝突的形式，卻無法抑制衝突的爆發，這說明了台海

危機對於中美台三方，都影響到核心的國家利益，致使國際體系與聯盟關係轉變，衝突仍然不變。

　　三方的軍事行動與能力來觀察，美國在1954年台海危機進行炮艇外交，失敗後協助國府撤退大陳，並公開考慮使用核武；1958年美國則是進行護航，雖然對核武使用有進行討論，但並無具體威脅行為。大體來說，美國的軍事行為符合其軍事能力，受人質疑的只是決心問題。中共在1954年進行逐步施壓的軍事行為，試圖理解美國的底限，中共在大陳的軍事能力具有可信度，在金馬則是有問題，所以當美國提高嚇阻代價時，中共礙於軍事能力只能尋求妥協。1958年中共砲擊金門並封鎖國府的補給，再度試探美國對外島的態度，由於美國只進行護航並不直接協防外島，使得中共對外島的威脅與能力相當具體，惟中共已達成修理美國並重返談判桌的政治目標，遂降低軍事威脅。國府在1954年並無能力守住大陳，沒有美國的援助，金馬是否能堅守也有存疑，由於蔣介石承諾艾森豪動用美軍飛機與裝甲武器必須美國同意，致使國府對中共的報復行動有限。1958年中共飛機大量進駐福建機場，國府在美國提交響尾蛇飛彈才保有空優，然而「中美共同防禦條約」規範由美國所援助成立的軍事單位或對大陸的攻擊行為均須獲得美國同意，使得國府無法對大陸沿海進行報復，儘管國府在金馬駐軍高達11萬人，但是對大陸不具備實質的威脅。

　　危機爆發前後，三方的外島政策是否有所轉變，也是一個重要的觀察點。美國在1954與58年對外島始終沒有具體政策，他們認為外島自古隸屬中國，不像台澎曾經脫離大陸。國府堅守外島的政策，相當困擾美國。美國的盟友主張外島主權歸大陸所有，但是國府覬覦反共大陸國策難以棄守，美國也擔心主張外島棄守會造成國府垮台，甚至產生反共聯盟的骨牌效應而遲遲無法提出明確的主

張。這個被杜勒斯認為「可怕困境」的外島，在經歷二次台海危機仍無法踩熄衝突的火種。國府為了維繫人心，對於外島採取堅守政策，在1954年台海危機藉由大陳撤退來換取美國公開協防金馬失敗後，國府採取部署重兵的策略，將台灣1/3的軍力放在外島，這就讓外島的安全與台灣緊密地連結在一起，迫使美國再外島問題上必須重視國府的意見，然而美國仍然利用國府對美國的需求，在1958年強迫國府自外島撤守15000名軍人，減輕美國對外島的負擔。中共對外島本來採取逐步侵蝕的方法，希望收回外島，1954年因為實力的不足，僅收回大陳群島，對於金馬在美國核武嚇阻下忍痛放棄。1958年中共已有奪取金馬的能力，倘使美國不直接援助下，中共似乎可以達成她的企圖，由於發現美國有壓迫國府放棄外島的傾向，企圖造成兩個中國的既成事實，中共發展出絞索政策的概念，放棄收復外島，以維繫兩岸的內戰關係，外島的政治意涵高於軍事利益，促使危機平息。

　　危機的溝通過程，也影響到危機的進行。1954年美國與中共並無正式溝通管道，當危機爆發後，美國相當重視英國的態度，但無法接受英國放棄外島的政策。中共試圖藉由英國影響美國的態度，然而衰弱的英國需要美國在歐洲的支援而影響有限。蘇聯也因共產集團領導者的角色，僅能扮演傳話的角色。缺乏一個公正的第三者協調，雙方在危機過程中只能透過沉默議價，不斷地猜測與試探，走上戰爭邊緣的路線。最後在萬隆會議的期望下，各國紛紛派出使節協調中美衝突，美國為避免眾多的訊息導致誤解，遂決定提升日內瓦會議曾經建立的會談管道，與中方舉行大使級會談，解決雙方因猜測可能加深的誤解。1958年中美維持著一個溝而不通的大使級會談，促使中共引發危機。蘇聯對中共的無力感，使美國盡快召開中美大使級會談，中共也欣然同意，顯見雙方都理解危機溝通的重

要，致使危機在3個月內就結束。從台海危機溝通的管道來觀察，溝通管道是否良好與危機時間的長短並無絕對關係，但不能否認都是危機各方所欲建立的管道，不良的溝通管道會延誤判斷的時間；良好的溝通管道沒有互信也無助於正確的判斷。從二次台海危機的過程中可以明顯發現，中共仍然採取對美外交鬥爭，對台軍事鬥爭的型態，不管溝通的管道是否暢通，中共仍然持續試探美方的底限，直至美國提出中共不願看見或無法承受的代價才肯放手。顯見危機的意圖左右了危機的發展，危機的溝通儘管有其重要性，但不具備絕對性的影響。

台海危機其實都面臨著核武的威脅，1954年中共沒有核武，美國在危機初期便已考慮是否使用核武，但並無定論；危機末期，美國公開宣傳使用核武的正當性，致使中共感受巨大威脅，而決定提早發展核武。1958年中共仍沒有核武，美國在危機初期仍有考慮核武的使用，惟未對外宣布，亦未告知台灣，但危機前美國已運送可裝載核彈頭的鬥牛士飛彈進駐台灣，並於危機期間運送可發射核彈的8吋榴彈砲至金門，成為一種隱性的嚇阻。有趣的是，核武嚇阻是否有效？1954年美國公開的核武威脅的確嚇阻了中共，顯示了核武嚇阻的有效性。1958年美國並沒有公開核武嚇阻，只提供國府可發射核彈頭的武器，只能說隱含不明顯的核武威脅。

從台海危機觀察，明顯地發現台灣在危機的過程中受到美國很大的限制。50年代的二次危機，國府尚能與美國議價，爭取相當的軍事援助。如1955年國府爭取到美國援助天山計畫，美軍顧問團成員也在該年達到最高峰，更重要的是簽訂《中美共同防禦條約》，確保台澎中長期的安全。此外，堅守金馬迫使美國不敢與英國妥協放棄外島，也維繫了國府反共復國國策。1958年國府利用11萬的軍力，使台澎與金馬安全密切地聯繫在一起，迫使美國必須援助國府

運補，國府也從危機中爭取到運補艦艇，並獲得響尾蛇飛彈與8吋榴彈砲等期待已久的武器，但是國府被迫與美國發表聯合聲明，表示不以武力反攻大陸，雙方交換的是以金馬撤軍的人力交換美國提供的武力。

台海危機中，很明顯地看出美國因素影響至鉅，台灣似乎在危機中很難成為一個獨立變項，反而變成了一個依變項，這對於危機的主要參與國而言，應該是一個難堪的處境。台灣在面對未來台海危機時，必須考量如何掌握危機的否決權，以維護自身的核心利益。倘使台灣無法掌握危機的否決權，就必須考慮對美關係的維繫，或者是與大陸關係的維繫。倘使必須與大陸敵對，台灣就要理解中共對美採取外交鬥爭，對台是採取軍事鬥爭，台灣是否能在對美外交上贏過中共？在台海軍事鬥爭上如何不輸？在美國限制不得報復的狀況下，台灣是否能維持其安全？這麼多為什麼，都是未來台海危機所要考量的。

第四章
越戰與東亞：體系理論與鬆弛兩極系統

 學習目標

本章希望讓讀者了解為何在越戰後，原本於韓戰時緊密的兩極
對抗態勢，會轉變成鬆弛的兩極結構，這種轉變是因何種因素
所造成，另外國際結構又是如何主導、影響國際體系的運作；
國家外交政策為何不免受到國際結構的影響。本章除了讓讀者
了解何謂結構現實主義，並透過越戰，來了解其對於美中台三
邊關係所產生的關鍵性影響。此外，隨著美國撤離越南戰場，
越南戰爭越南化，美國與中國關係漸趨和緩，兩國交往邁向正
常化，這意味著，原本意圖藉由支援及參與越戰尋求反攻大陸
的中華民國政府，因為戰爭結束，反攻計畫至此胎死腹中。

摘 要

二次大戰後，美國主要將其重心放置於歐洲，避免蘇聯勢力在
歐洲擴張，防止歐洲的赤化，韓戰爆發後，促使美國開始重視亞太
戰略，原本僅為北韓欲以武力進行朝鮮半島統一，卻演變成美蘇兩
極體系的對抗，在韓戰後，美國開始檢討其重歐輕亞的戰略。在韓
戰時期，中國加入共產陣營抵抗美國，使得美認定其為蘇聯在亞太
地區的盟友，遂對中國採行圍堵政策，從東北亞到東南亞，形成一
條圍堵防線，直到越南戰爭的爆發，使得亞太地區局勢發生轉折，

另外中蘇路線的分歧、美在越南戰爭中的挫敗，也使美國開始重新思考其亞太戰略，此無疑影響了敏感的美中台三邊關係。本章將藉由越戰的討論，來了解美蘇兩極對抗如何體現在區域的競爭之中，台灣對越戰又是抱持著怎樣的態度，企圖藉由越戰做為其反攻大陸的施力點。最後則討論美國在越南戰爭中的挫敗、蘇聯勢力的南擴及美中關係的改善來了解原本冷戰初期緊密的兩極體系如何轉變到鬆散的兩極及台灣在整個東亞關係轉變中的轉化。

第一節　理論與歷史

　　1950年代，「分析層次」被引入國際關係領域中，由於當時學術界正進行著「行為主義」革命，與此同時，國際關係學者提出了「分析層次」的概念。「分析層次」提出的目的在突顯「國際層次」，國際關係學者企圖藉由「國際層次」以顯示與傳統「個人層次」分析或「國家層次」分析做區隔，區劃出國際關係學門的研究範疇。最早是1957年時卡普蘭（Morton A. Kaplan）在其著作《國際政治的系統與過程》（System and Process in International Politics），首先借用政治學中的「體系理論」（System Theory），將國際體系區分成權力平衡體系（the balance of power system）、鬆弛的兩極（the loose bipolar system）、緊密的兩極（the tight bipolar system）、普遍體系（the universal system）、差序體系（the hierarchical system in its directive and non-directive forms）、單位否決（the unit veto system）等。[1]卡普蘭認為，任何體系必然有變數，而決定和規範變數則為一些規則，規則不一定是法律或規章，而是特定的行為型式或特性。

[1]　Morton A. Kaplan, *System and Process in International Politics*（New York: John Wiley and Sons, Inc., 1957）,p.21.

行為者遵循規則，受制於變數的變化，制定政策，結果必然影響到體系的穩定與生存。這些有固定行為型式的變數組成體系。研究國際體系就是研究變數之間的關係、規範變數的規則與不同的角色。這些體系部分合乎實際狀況，部分屬於規範性。卡普蘭認為這些體系不一定要完全描述國際現況，這可以表示一種學者的期望，也可以作為研究的模式。[2]而華茲（Kenneth N. Waltz）在1979年所出版的著作《國際政治體系理論分析》（Theory of International Politics），提出了結構現實主義（Structural Realism）的概念，此亦被視為是結構現實主義的奠基之作，其後該學派成為美國國際關係研究的主流，對當代的國際政治研究和政策分析影響極為深遠。

表4-1　卡普蘭的國際體系模型

國際體系模型	說明
權力平衡體系 （the balance of power system）	1.特點 （1）國際社會不存在政治子系統，國際社會成員不存在政治隸屬關係。 （2）行為者為主權國家。 （3）至少要有五個以上的國家構成基本國家角色，此系統才能正常運作。 2.基本規則 （1）增強自己的力量，力爭協商談判而不要戰爭。 （2）當無法增強自己的力量時，則不惜發動戰爭。 （3）戰爭應以不消滅系統內的某一基本成員為限度。 （4）反對任何集團或單個國家在系統內牟取支配地位。 （5）對主張超國家組織原則的成員加以約束。 （6）允許戰敗的或受到壓制的基本成員國作為可接受的夥伴重新加入系統，或者設法把某些先前的非基本成員升級為系統的基本成員。每個基本成員都必須被當作合意的夥伴來對待。

[2]　林碧炤，《國際政治與外交政策》（台北：五南出版社，1980年），頁121。

	3.體系轉變的因素 （1）基本成員不按遊戲規則行事（ex：成員國企圖成立 　　某種形式的超國家組織）。 （2）訊息傳達失靈，產生錯誤認知。 （3）成員國能力的變化。
鬆弛的兩極 （the loose bipolar system）	1.特點 （1）在此體系中，超國家組織以新的角色加入，有區域 　　性的；也有全球性的，如歐盟、聯合國。 （2）國家除了保持自己獨立地位外，通常還會加入聯合 　　國這一全球性組織。 2.基本規則 （1）每個國家集團都企圖消滅與自己敵對的集團。 （2）每一個集團寧願談判而不願戰爭；寧打小戰而不打 　　大戰；寧打大戰（在一定的風險和代價下）也不願 　　意放棄消滅敵對集團的最終目標。 （3）每個集團都想比敵對集團更多地增加自己的力量。 （4）每個集團都寧可捲入大規模戰爭，也不允許敵對集 　　團在力量上取得優勢。 （5）每個集團都想要使全球性角色的目標服從於本集團 　　的目標，並企圖使敵對集團角色的目標服從於全球 　　性角色目標。 （6）為了不讓敵對集團擁有優勢，每個集團會儘量擴大 　　其集團的成員數目，但那些可能加入敵對集團的非 　　集團國家，則允許它們保持非集團成員的地位。 （7）非集團國家試圖減少集團角色間的戰爭。 3.體系轉變的因素 （1）一集團消滅另一個集團，轉變成差序體系。 （2）全球性角色勢力大增，轉變成普遍體系。
緊密的兩極 （the tight bipolar system）	1.特點 （1）非集團角色（不結盟國家）和全球性角色消失或不 　　起作用。 （2）系統內部呈現高度緊張狀態。 2.基本規則 　與鬆散的兩極體系運作規則相同。

普遍體系 （the universal system）	1.特點及基本規則 （1）是鬆散的兩極體系內全球角色擴大的結果。 （2）系統內有一些子政治系統，類似全球邦聯制度，系統中心可對其屬轄的地方政府施以管理。 （3）國際體系擁有的能力與資源超過其他任何一成員國，並可使不發達國家境遇獲得改善。 2.體系轉變因素 當成員國不願對自己的政治和社會結構實行必須的改變，或無法承受體系有效運作而要求它們作出必要犧牲時，將會希望把體系改變成差序體系或權力平衡體系。
差序體系 （the hierarchical system in its directive and non-directive forms）	1.特點及基本規則 （1）由普遍體系轉變而來。 （2）可能是某個國家集團憑實力將意志強加於他國最後形成。 （3）是一種較穩定的政治系統，有很強的向心力。 （4）成員要反對和退出此體系是很難成功的。
單位否決 （the unit veto system）	1.特點及基本規則 （1）離心力很強，不存在任何全球性角色。 （2）成員具有較大的獨立性。 （3）體系的維持端賴於各成員國間的相互威懾。 2.體系轉變的因素 其中一成員國利用詭詐手段迫使其他成員屈服，將改變原本的體系型態。

資料來源：陳漢文，《在國際的舞台上—西方現代國際關係學淺說》（台北：谷風出版社，1987年），頁153-161。

國際體系結構理論在1979年由華茲所提出，也就是大家所悉知的結構現實主義，由於理論結構具備嚴謹的邏輯關係，及簡潔概括的解釋能力，在提出之後變成為當代最具影響力的國際關係理論，其所倡導的國際體系層次分析也就成為研究國際關係主要的方法途徑。華茲將國際政治是為一個獨立系統，而這個系統包括了兩個部分：結構及行為分子。體系理論主要是經由整體體系的結構來預測體系中組成分子的行為及互動的結果，根據華茲的看法，結構成員

的行為及其互動造成的結果均須透過對國際體系結構的掌握方能得到確切而完整的理解，此外華茲認為國際關係現象是不能從內向外解釋（inside-out Explanations），必須透過國際體系層次分析著手，他指出國際體系與國家層次有別，國際體系不僅是國家的集合體，且須包含國際結構。雖然國際結構是一個近乎抽象的概念，但它卻是主導國際運作的主要力量，影響著各國的國際關係。此外，國際結構是由國際權力分配所構成，各國依照權力分配基礎形成國際權力地位排列，並由此決定各國行為模式；此外，國際權力結構主要由強權所決定，當強權的權力關係發生變化，國際權力結構也將隨之發生變化，且會影響國家的行為模式。

　　不過，一直到蘇聯瓦解及冷戰終結，由於結構現實主義無法有效的從國際體系結構預測分析國際關係的變化及兩極體系為何崩解，因此除了運用原有的體系結構分析外，還需透過國內政治和決策者的認知來理解。而冷戰終結也使得國際權力結構與運作進入不確定的狀態，原本穩定的兩極結構也宣告終止，在新的國際關係秩序尚未建立，失去有效約制國家對外活動的能力，也大幅減弱了權力結構的解釋效用，改變了原本國際關係理論中結構現實主義一枝獨秀的狀態，此外，其他理論在後冷戰時期紛紛興起，為後冷戰時期多變的國際關係增加了新的分析思維。

　　在二次世界大戰結束後一直到1970年代末的國際體系，大多數學者將它分成兩個階段：一是1960年代前緊密的兩極體系；另一是1960年代後鬆弛的兩極體系。[3]冷戰初期，國際體系在美、蘇雙方相互發展核子武器與權力爭奪下，全球體系呈現出一種緊密的兩極

---

[3]　包宗和，〈戰後國際政治體系之變遷〉，《美國月刊》，第5卷第9期，1990年，頁4-8；謝小韞，《當代國際關係體系之研究》（台北：台灣商務印書館，1998年），頁157-165。

對峙態勢。[4]冷戰的國際政治局勢相較於二戰時相互結盟對抗的情勢已大不相同，轉為一種表面上的和平接觸；此外，國際力量也發生了巨大變化，二戰時的強國，如德、日、英、法，因為二戰時國力耗損過度，在戰後都已降成了中等國家，以至於國際間產生了大量的權力真空（power vacuum）地區，形成了美國、蘇聯相互競爭的焦點，由於戰後國際充滿著動盪與混亂，以蘇聯為首的共產勢力不斷向外擴張，許多地區陷入赤化危機中，形成了以美國為首的民主國家集團與蘇聯為首的共產集團相互對抗、競逐的國際形勢，美國在此一情況下，遂產生了圍堵戰略以因應國際情勢。[5]

二戰後，美國主要將重心放置於歐洲地區，以防止蘇聯的勢力在歐洲擴張，直到1950-1953年爆發了韓戰使得美國開始重視亞太地區，韓戰爆發的原因雖是因北韓欲進行武力統一所造成，但其背後隱含了美蘇兩極體系的角力對抗，使得原本並非美蘇戰略主要關注的朝鮮半島區域，卻爆發了直接涉及兩大陣營的對抗。二戰後的美國全球戰略是穩定亞洲、重建歐洲，卻因韓戰的爆發，使得美國不得不介入戰爭，[6]並且重新檢討重歐輕亞的戰略。此外，自中國參與韓戰後，即獲得蘇聯大量的軍事及經濟援助，因而美國認定中國為蘇聯在亞太地區的盟友，因此，同樣的對中國也採取圍堵政策。[7]美國的亞太戰略形成了從東北亞到東南亞國家連結抵抗的防線，用來圍堵以蘇聯為首的共產勢力，亞太地區赤化之情事稍稍緩解，一直到了越南戰爭的爆發，使得亞太地區的局勢發生了重大轉

---

[4] 吳東林，《巨變中的強權策略》（台北：時英出版社，2002年），頁93。
[5] Immanuel Wallerstein, *Geopolitics and geoculture* (Cambridge: Cambridge University Press, 1991).
[6] 吳東林，《巨變中的強權策略》，頁124。
[7] 朱陽明主編，《亞太安全戰略論》（北京：軍事科學出版社，2000年），頁53。

折。此外，中蘇路線的分歧，使得美國開始重新思考其亞太戰略，在戰略轉換過程中無疑同時影響了敏感的美中台三邊關係。

第二節　美國介入越戰的思維

在兩極對抗的格局形成後，在東亞地區，美國除了積極協助日本的重建，並將中國納入圍堵政策的一環，此時，美國亦將目光投注於極具戰略地位與經濟價值的中南半島。1948年秋天，美國國家安全委員會所發出的第48/1號文件指出，中國共產黨的勝利，已經引發歐洲的不安，如果共產黨在東南亞再取得勝利，西歐各國或許將被迫與蘇聯議和；如果東南亞落入共黨手中，則兩極對抗的態勢將發生變化，這將使美國的遠東戰略部署造成極大的損失，第一島鏈的軍事部署不但會嚴重受到威脅且將阻礙美國戰時的軍事行動。[8]不過美國防止任一勢力獨霸亞洲的行動，早在二戰結束時，即有前例，當時小羅斯福即曾意圖阻止法國重返越南，消除法國在越南的殖民勢力，但基於諸多理由的考量，隨著小羅斯福的病逝，繼任的杜魯門也未能延續小羅斯福的政策路線，最後讓法國退出越南，越南委由聯合國的託管計劃並未能實現。[9]且對於越南問題的態度，也轉趨於中立及不干預。

而談到美國與越南的淵源，得溯及至1941年的太平洋戰爭（Pacific War），當時日本選定越南為其前進南亞的第一站，[10]做

---

[8] George C. Herring, *America's longest War: The Untied States and Vietnam* (Philadelphia: Temple University Press, 1986), p.13.

[9] Robert D. Schulzinger, A Time War:The United State and Vietnam, 1941-1975 (New York: Oxford University Press, 1998), p.28.

[10] 武文祥，譚逸譯，《越戰的回顧與檢討》（台北：黎明文化事業公司，1985年），頁2。

為日後征服東南亞的跳板。[11]胡志明（Ho Chi Minh）為對抗法軍及日軍，在1941年5月成立了越南獨立同盟（Vietnam Independence League）簡稱越盟（Vietminh）帶領越南人民從事獨立戰爭。[12]美國在當時基於抗日的共同利益，因而給予越盟武器支援；而越盟方面則認為美國戰略情報局（Office of Strategic Services, OSS）的官員有助於終結越盟政治上的孤立，不失為對付法國的籌碼，[13]因此在越南建立情報網，蒐集日軍情報提供給盟國，藉此以換取盟國對於越盟的軍事援助，遂使越盟的勢力逐漸壯大。[14]隨著二戰結束，美國與越盟的關係也就此劃下句點，隨之而來的問題則是美國政府應該如何處理越南問題。

美國在二戰結束後，雖已然成為世界大國，但在外交政策上，仍需仰賴其他國家的協助支援。在了解這個問題上，我們必須回到當時的時空背景，由於戰後的美國外交政策主要是放在歐洲的重建上，因此亟需仰賴法國的力量以圍堵蘇聯勢力歐洲擴張，這給了法國以越南問題與作為與美國交換的條件。而為何美國在戰略上會選擇支持法國，主要基於兩個因素：一是在外交政策上，由於法國的地理位置對於美國的圍堵戰略具有高度的戰略價值，因此美國必須在物質及精神上援助法國，強化法國在越南的實力與威望，藉以換取法國等同在歐洲地區對美國的支持；另一則是美國對法國的援助僅限於美國認為必要的物資，避免給予法國在殖民地政策道德上的支持，[15]

---

[11] 郭壽華編撰，《越寮柬三國通鑑》（台北：三民書局，1966年），頁9。

[12] Stanley Karnow, *Vietnam : A History: The First Complete Account of Vietnam at War* (New York: Penguin Books, 1984), pp.126-127.

[13] Robert D. Schulzinger, *A Time War: The United States and Vietnam, 1941-1975,* p.34.

[14] Thomas A. Lane, 陳金星譯，《越戰考驗美國》（台北：國防部編譯局，1973年），頁20。

[15] 美國過去的傳統即不支持殖民運動，較傾向於殖民地自決。

這樣既不會危害到美國對法國的立場，又可以保持對亞洲政策的彈性。[16]不過值得注意的是，根據五角大廈文件記載，曾有位美國官員指出，二戰後，越南日益增長的民族主義情緒，以及害怕法國重新恢復其對殖民地的控制，這將可能引發一場漫長而血腥的戰爭，且為該地區帶來不穩定的情勢。[17]而結果正如前面所述，在法軍重返越南後，胡志明先是與法國當局談判破裂，揭開了越南戰爭的序幕，一直延續到1954年的奠邊府之役，法軍撤離越南，越南劃分成以北緯17度為界的北越、南越，進行了一場為期近20年越南戰爭。

　　承上所述，美國在二戰後的外交政策重心是以歐洲重建為優先，因此雖然意識到共產勢力在亞洲擴張，但一直到1950年6月韓戰爆發，美國才真正警覺到其在亞洲所建立的防衛線正面臨被赤化的危機，美國這時才開始正視越南的重要性，由於越南具有東南亞門戶的重要戰略地位，且法國對越盟作戰可視為美國對整個自由世界抵抗共產世界侵略的重要環節，[18]因此直至1950年中共投入韓戰，且法越戰爭也越演越烈，美國政府決定對法國增加軍事援助，企圖利用法軍來牽制法盟的軍事行動，藉此以達到削弱中共的戰鬥力，[19]此外，美國的另一考量是希望拉攏法國加入歐洲共同防禦體系（European defense Community）用以對抗蘇聯，[20]防止歐洲大陸遭到赤化。

---

[16] 喬一名，〈美國與越南的關係〉，《東亞季刊》，第18卷第1期，1986年，頁74。

[17] George C. Herring, *America's Longest War* (US: McGraw=Hill Education, 1985), p.5.

[18] Paul Hibbert Clyed, *The Far East: A History of the Impact of the West on Eastern Asia* (N.J. : Prentice-Hall, 1960), p.797.

[19] 李朝明，《美國對韓、越戰略指導之比較研究》（台北：淡江大學國際事務與戰略研究所碩士論文，1987年），頁75。

[20] Dean Acheson, *Present at the Creation: My Years in the State Department* (New York: New American Library, 1970), p.675.

再看到杜魯門時期的越南政策，杜魯門本身並沒有明確的對越南戰略。對越的政策主要是依據法國對於美國在歐洲外交政策上的重要性來評估美國在遠東的利益。[21]援助法國也只是考慮到國家利益的佈局。且一直到韓戰結束後，東亞地區才真正的進入美國全球性戰略部署的重要位置，越南也才真正成為美國圍堵戰略中不可或缺的重要關鍵因素。冷戰及圍堵是美國涉入越戰的主要因素，因為美國唯恐北越共產黨政權占據南越後，會在中南半島發展「越南擴張主義」（Vietnamese Expansionsim），[22]尤其是對鄰國，包括了對寮國和柬埔寨產生威脅。美國擔心一個統一的越南，會在胡志明的領導之下，進而控制整個中南半島，且由於當時美國的冷戰政策是以反共為主軸，而胡志明的共產主義身分，更是讓美國憂心，一旦越南統一，恐將引發骨牌效應（Domino Theory），赤色東南亞，艾森豪說：「你豎起一排骨牌，推倒第一塊，其它很快就會倒下，直到最後一塊，因此，一旦開始瓦解，就會產生最深遠的影響」。[23]而這又會危及美國在冷戰中的優勢，因此唯有遏止北越的行動，才能避免骨牌效應在東南亞發生。在艾森豪執政後，承襲杜魯門政府的政策繼續對共黨實行「圍堵」政策。[24]艾森豪認為其所提出的「骨牌效應」就是赤化的連鎖反應，由於中南半島是美國圍堵政策中必不可少的部分，是冷戰中至關重要的堡壘，如果越南落入共產黨的手中，將會威脅到寮國與柬埔寨；但如果這兩國淪陷，

---

[21] 陳克誠，《尼克森總統、媒體與民意—以「越戰越南化」政策為例》（台北：中國文化大學美國研究所，1991年），頁64。

[22] "Ho Chi Ming:Asian Tito," Pentagon-Papers-Part-I, C-6-7.

[23] Dwight D. Eisenhower, 1954. "A Letter to Ngo Dinh Diem," in for the record: A Documentary History of America, Vol.2: *From Reconstruction through Contemporary Times*, pp382-84.

[24] George F. Kennan, *American Diplomacy: 1900-1950* (Chicago: University of Chicago press, 1951), pp.107-128.

共產黨將以此作為基地攻擊泰國；泰國如果在此情況下淪陷，則又將成為共產黨攻擊馬來西亞的基地。[25]骨牌效應理論的提出，成為美國逐步插手越南事務的理論依據。

而到了1954年6月，法國政府軍與北越在奠邊府激戰，法軍落敗，其後因日內瓦協定（Geneva Accords）的生效，使得法國勢力退出越南，結束法國與越南近百年的殖民關係。[26]而在日內瓦協定後，為避免越南赤化進而引發的骨牌效應，危及東亞周邊國家及世界的穩定，因此美國決定取而代之接替法軍加入越南戰場，也由於美國政府的介入，使得原訂在1956年預計舉辦的全國性大選無限期的被推遲，全國大選的流產不僅改變北越政府的對南越政策，對於南越的局勢增添了不可預知的變數。日內瓦協定讓越南呈現分裂的狀態，也讓美國從而取代法國在中南半島上的角色，直接參與越南事務，至此，美國開始了與北越之間的對抗，原本在日內瓦協定中獲得的成果也化為泡影。

一個國家的外交政策，主要在反映其國家利益，同樣的，美國的外交政策主要反映其國家的國家利益，因此，二戰後美國的外交政策主要圍繞在國家安全、商業利益及世界秩序上。[27]由於韓戰爆發，使得美國政府意識需把越南拉入自由民主國家陣營中，並且這符合美國的國家利益。但美國何以對於越南的態度有所轉變，可歸納成以下幾點因素：

[25] George H. Quester，國防部史政編譯室譯，《國際體系的攻擊與防禦》（台北：國防部史政編譯室，2004年），頁239。
[26] Robert D. Schulzinger, *A Time War: The United States and Vitenam, 1941-1975*, P.118.
[27] Robert D. Schulzinger, *A Time War: The United States and Vietnam, 1941-1975,* p.80.

（一）對共產主義的擴張疑慮

　　二次世界大戰後，共產主義勢力急遽擴張，尤其是蘇聯在東歐的勢力以及蘇聯本身強大的軍力，這使美國倍感威脅，又蘇聯在全球各地的勢力擴張也讓美國感到憂慮。因此當法國戰敗簽訂日內瓦協定時，美國不得不擔心中南半島極可能赤化，且一旦越南失守則中南半島甚至整個東南亞都可能相繼赤化，這將嚴重危害到美國在東亞的利益範圍。因而在1954年時，美國拒絕簽訂日內瓦協定，並另擬一份對中南半島的政策，目的就是為了日後取代法國，直接插手中南半島事務。

　　美國因身處冷戰情境，當時主要政策目標著眼於中南半島的戰略價值，以致於一心一意只想鞏固中南半島，並未察覺越南政權內部政治情勢變化，以及北越以民主與宗教為訴求，[28]挑起越南人的矛盾情節，造成了日後美國在越戰中的苦戰局勢。而後，到了1961年時，發生了豬玀灣事件，導致了後來的古巴飛彈危機，又蘇聯在柏林設置圍牆及赫魯雪夫數度發表將埋葬民主世界的言論，使得美國政府亟思反制之道。美國在遭逢這些危機下，深信中國與蘇聯是煽動越南動亂的根源，且一旦中南半島陷落，東南亞其他地區也將相繼陷落。[29]

---

[28] 1963年時，在南越發生了佛教徒自焚事件，由於當時南越的領導者吳廷琰信奉的是基督教，因而不允許當地佛教徒在浴佛節懸掛旗幟，導致佛教徒抗爭而引發衝突，有一名佛教徒因此自焚表達抗議，但南越政府卻置之不理。但原本越南事務並不被美國社會或國際社會所關注及重視，但在佛教徒自焚事件後，越南問題開始受到重視。

[29] 沈明室，〈越戰的再檢視——原因、戰略及思考〉，《台灣國際研究季刊》，第10卷第2期，2014年夏季號，頁133-134。

（二）中南半島的戰略地位與經濟價值

　　中南半島在東亞具有重要的戰略與經濟地位，美國考量到如果
共產勢力控制了中南半島，將威脅到佔全世界生產量70%的天然橡
膠及50%的錫，如此一來共產集團及握有生產的控制權，勢必將形
成寡占市場而不利於世界各國。美國企圖保障其自身的全球貿易利
益，絕不允許共產勢力影響到美國的國家利益。[30]

（三）對中國的防範

　　在中國的赤化及中共投身韓戰後，讓美國強烈感受到其在亞洲
勢力受到嚴重挑戰。如果美國戰爭的對象，單純只是越南，那麼戰
爭的時間可能會拉長一些，但不至於如同法國般的挫敗。不管是艾
森豪或是甘迺迪政府，其對越南問題的態度相當一致，他們認為，
共產集團所追求的是擴張的外交政策，且中國共產黨的存在，反映
出蘇聯征服世界的目標沒有改變，且下一個目標正是東南亞。[31]因
此美國認為若中蘇同時介入越戰，恐將聯手席捲亞洲，又根據骨牌
理論，美國擔心越南若是失守，就會如同東歐一樣，中南半島甚至
整個東南亞都會相繼赤化，如此一來美國的安全將會受到威脅，這
也讓美國在戰略選擇時，投鼠忌器，在越戰中始終無法獲得明確的
戰果。[32]

---

[30] 根據畢爾德（Charles Beard）在《國家利益觀念》（The Idea of National Interest）一書中，以經濟觀點來描述美國歷史的利益，他認為美國基本的國家利益是指經濟利益。

[31] "The Kennedy Administration: Summary," Pentagon-Paper-Part-V-A-IC, US, National Archives and Records Administration, 5890516,C; "The Eisenhower Administration: Summary," Pentagon-Paper-Part-V-A-IB, US, National Archives and Records Administration, 5890515,B.

[32] 沈明室，〈越戰的再檢視──原因、戰略及思考〉，《台灣國際研究季

　　且在中國共產黨控制了中國後，美國必須利用越南做一個封鎖線的主要銜接站，藉以包夾中共的勢力。[33]越南地處東南亞的心臟地帶，是銜接中共出入東南亞的通道，北越更是緊臨南中國，剛好可以成為中國南進的入口，美國藉由介入越南事務以防止共產黨勢力擴大。美國駐越大使史洛奇（Henry Lodge）認為：「能控制或影響越南，向東即能支配菲律賓及台灣的前途；向西則可掌握泰國及緬甸的巨大米倉，向南則可掠取馬來西亞及印尼的錫、橡膠、石油。」

　　此外，蘇聯與中國介入越戰，讓美國認為越戰不再單純只是越南人脫離法國爭取獨立的戰爭，而是一場民主與共產陣營間的戰爭，如果共產主義在越南獲得勝利，將使得中南半島劃歸為中國的勢力範圍，恐危及美國在遠東的地位，由此可知，越南關係著美國在東南亞的利益，越南所處的戰略位置又牽動了東南亞局勢的發展。因此，美國改變了對越南的態度，積極的參與越南事務。

（四）維持美國的威望

　　在越南與法國戰爭期間，基於美國的國家利益與戰略考量，因而協助支援法國，待法國戰敗黯然退出越南後，美國改變其政策，扶植南越本土政權進行戰爭，但隨著戰爭情勢的演變，美國最後直接主導對北越的戰爭。但在美國介入越南戰爭多年後，由於戰事膠著遲遲未能獲得意想的戰果，美國的威望開始受到影響，美國是否繼續支持戰事成為民主同盟國家的關注焦點。在1965年時，美國國防部長麥納馬拉（Robert S. Mcmanara）所提出的備忘錄中即承認「美國在越南的目的有70%是為了避免丟臉的失敗，有20%是為

刊》，第10卷第2期，2014年夏季號，頁134。
33　Cecil B. Currey，朱立熙譯，《勝利，不惜一切代價：二十世紀軍事奇才武元甲傳》（台北：城邦文化事業股份有限公司，1999年），頁275。

了南越及其他地區不落入中國手中，10%是為了讓越南人民有比較好、較自在的生活方式。」[34]

在這樣的過程中，不難發現，美國從最早的為維持國際威望而積極地介入戰事，到戰爭後期，戰爭目標越來越不可能達成時，僅能退而求其次，只能把目標放在如何在戰爭中全身而退。也正因為美國欲維持其民主陣營領導地位的形象，因此在這場戰爭中是不容許吞下敗果，在這樣的思維下，促使美國不斷地挹注資源到越戰中，並將贏得越南戰爭當成是重要的戰略目標。

第三節　越戰對美國東亞政策的影響

美國的亞洲政策一直不脫離一個準則，就是以美國國家利益考量，即在國家利益的前提之下，隨著客觀形式的變化而不斷的調整其國家的政策與方針，從而制訂規劃出一套最符合美國國家利益的外交政策，本節將探討越戰對美國的國家利益發生何種變化，使得美國必須調整其政策方針，而美國的台灣政策又因此而有何轉變。

（一）影響美國東亞政策的國際因素

自1960年代初期以來，不管是共黨陣營內部產生變化，或是美蘇戰略情勢的升降，及中共存在的事實，均促使美國必須重新評估其東亞政策，進而牽動美國的對台政策。本段主要是分析討論幾個在越戰時期，其行動會影響美國政策的國家行為體，這些國家對於美國介入越南戰爭的態度與反應，無疑直接或間接影響了美國東亞政策的轉變。

---

[34] 沈明室，〈越戰的再檢視—原因、戰略及思考〉，頁134。

（A）蘇聯的影響因素

　　1960年代末期，不管在經濟或軍事的發展上，美蘇的國力發展，開始產生變化，在經濟上，根據蘇聯的估算，1950年時蘇聯的國民收入和工業產值，相當於美國的30%左右，到了1960年則相當於美國的65%，到了1970年時，又分別上昇到80%；[35]在軍事上，美蘇兩國形成了某種程度的均勢，在飛彈的發展上，雖然美國始終保持了一個穩定的數量限制，從1965年至1969年，美國洲際飛彈從854枚增加到1054枚，但蘇聯所擁有的飛彈數量，直至1969年，從270枚迅速增加到1050枚，[36]已經到達了可以與美國相互抗衡的實力，蘇聯不但證明了自己已具備了「第二擊」的能力，此外亦增加了核子潛艇的數量以及發展遠洋海軍的實力，這讓美國意識到，蘇聯軍事實力的增加讓其國家安全利益蒙受威脅。除此之外，1968年美國正忙於春節攻勢之際，蘇聯在此時也忙於出兵捷克。捷克自1948年以來處於蘇聯的附庸地位，在共產政權的統治之下，人民對於自由的追求與改革的聲浪日益劇增，因此在1968年時，有了名為「布拉格之春」（Prague Spring）的改革開放行動，但最後在蘇聯與華沙公約國軍隊進入捷克，鎮壓反抗蘇聯勢力，布拉格之春也宣告終結。[37]儘管布里茲涅夫（Leonid Brezhnev）宣稱遵循「和平共處」

[35] 何春超，《國際關係史（1945-1980）》（北京：法律出版社，1997年），頁298。
[36] 資中筠，《戰後美國外交史（下冊）》（北京：世界知識出版社，1994年），頁598。
[37] 在「布拉格之春」的行動中，蘇聯以武力壓制了捷克的民主化運動，提出，「一國的社會主義危機也是社會主義陣營全體的危機，其他國家不能對此毫不關心，為了保護全體的利益，可以超越一國的主權。」的「有限主權論」。詳見《維基百科》，http://www.google.com.tw/url?sa=t&rct=j&q=%E5%B8%83%E6%8B%89%E6%A0%BC%E4%B9%8B%E6%98%A5

的原則，但實際上，布里茲涅夫更是提倡「加強社會主義集團間的團結」，並以加強對帝國主義的鬥爭為號召。[38]簡言之，蘇聯在此時期仍不斷的儲備及發展自己的軍事、經濟實力，為其成為世界霸權預做準備。

（B）歐洲各國的影響因素

　　1960年代開始，美蘇在歐洲的爭奪態勢開始發生變化，在此一時期，美國的霸權地位開始受到挑戰，不管在經濟上或軍事上，相對於過去對蘇聯的絕對優勢正逐漸消失，在實力此消彼長導致雙方激烈競爭的過程中，雙方又同時尋求彼此的妥協，原因無他，美蘇雙方為了維持在此地區的既得利益，因此無不想維持現狀。但對歐洲國家來說，在美蘇對抗的架構下，美蘇的戰略考量均以他們的國家利益為出發點，歐洲各國們無法在此種對抗架構下，達成他們所欲的戰略目標，因此，他們開始做出不同的政策選擇，舉例來說，1964年法國首先承認中共的國家主權，隨即與中共建立正式外交關係，又在1966年退出北約組織，但仍保有其北約政治成員的身分，美國擔心西歐各國會群起效尤，如此一來，美國在歐洲建立起的圍堵陣線恐將瓦解。此外，在經歷第三次柏林危機後的聯邦德國，清楚認知道西方盟國不可能為了德國的利益或是德國統一提出任何實質的行動幫助，因此一改長期向西方一邊倒的外交政策，提出了新東方政策。[39]再加上前述所提及的，美蘇兩強爭奪歐洲所表現出的

---

[38] 關素質，〈蘇俄當前的外交政策〉，《問題與研究》，第10卷，第1期，1971年，頁27。

[39] 有關新東方政策的相關內容，詳請參閱：韓陽，〈試析"新東方政策"的出台背景〉，《法治與社會》，第12期，2007年，頁797-798；張才經、吳友法，〈德國"新東方政策"與歐洲一體化研究〉，《武漢大學學報（人文科學版）》，Vol.62. No.1,2009年1月，頁102-108；

霸權形象與利己主義，使得東西歐國家感受到彼此間類似的處境以及泛歐國家們合作的重要性，歐洲的政治格局至此出現了新的面貌，從1960年代中期開始，歐洲國家普遍採取靈活的外交政策。[40]另外，越戰一再拖延又得不到有效的戰果，更是飽受歐洲國家輿論的批評，其中英法主張只有美軍撤離才能解決越南問題。

（C）日本的影響因素

從1960年代起，日本的經濟高度增長，成為資本主義世界中僅次於美國的經濟大國，從1965年開始，日本對美國貿易由逆差轉為順差，1970年時順差為12.8億美元，1971年時則倍增為25億美元。[41]隨著日本經濟力上升的同時，日本內部開始出現與美國不同的越戰觀點，1965年美軍轟炸北越行動後，日本出現繼1960年安保鬥爭以來最大規模的抗議示威運動，由於受到國內輿論壓力的影響，日本政府向美提出暫時停止對北越進行轟炸的要求。[42]而日本內部何以產生如此大的反彈，主要可歸結成以下幾點：1.由於越戰情勢升高，恐將使日本被迫捲入戰爭的恐懼感；對於日本人來說，美國轟炸北越及出兵東南亞將會導致一場新的戰爭，一旦美國轟炸北越，將促使中國站在北越這一邊，而中國可能會因此攻擊美國的駐日基地，進而將日本捲入戰爭；[43]2.二次世界大戰後，日本國內掀起一股和平主義思潮，部分日本民眾認為，和平憲法保障了日本

---

[40] 韓陽，〈試析"新東方政策"的出台背景〉，《法治與社會》，第12期，2007年，頁797。

[41] 李鴻美，〈試論越南戰爭對日本的影響〉，《商丘師範學院院報》，Vol.28. No.10,2012年10月，頁91。

[42] *Foreign Relations of the United States, Vol.XXIX, Part 2, Japan* (Washington: United States Government Printing Office, 2006), p.86.

[43] Thomas R. H. Haven, *Fire across the Sea: The Vietnam War and Japan*, 1965-1975 (Princeton: Princeton University Press, 1987),p.34.

戰後的安全，但駐日美軍基地卻又對日本的國家安全帶來威脅；
3.對於遭受轟炸的北越平民的同情心，由於日本媒體對於越戰的報導與宣傳，讓民眾普遍感受到戰爭的悲慘與無情，並對美國的越南政策產生反感。[44]

　　此外，在越戰期間，由於美國利用停駐於沖繩的B-52轟炸機，轟炸越南，這使得日本民眾越發反彈，並且促發了沖繩返還的聲浪，到了1969年，參加日美京都會議的泰勒（Maxwell D. Taylor）將軍提出了「美日關係到了必須作出重大調整的時刻了，沖繩問題必須儘快解決，否則日本及沖繩的反美情緒會繼續增長，遊行示威規模會越來越大，這將影響美軍基地的使用，在美日關係惡化的狀況下，將會使美國在日本與沖繩的基地陷於癱瘓狀態。」[45]而一直到了1972年，美國將沖繩的行政權正式歸還日本。

　　在美國深陷越戰泥淖，經濟力量下滑的同時，美國深切感受在經歷韓戰與越戰的日本已然躍升亞洲區域大國，美國的東亞戰略佈局及政策推行，似乎必須依賴日本支持才能達成，尼克森時期的美日兩國關係已起了政治和心理上的變化，尼克森認為美日關係已經有了轉換，已經從二戰後的從屬關係晉升成對等夥伴關係。[46]

（D）中共的影響因素

　　在二次大戰後，中共並沒在美國的圍堵政策下削弱了他的發展，反而日益茁壯，並發展了核子武器，中共在1964年10月，進行

[44] 李鴻美，〈試論越南戰爭對日本的影響〉，《商丘師範學院院報》，Vol.28. No.10,2012年10月，頁92-93。

[45] Digital National Security Archive—The documents that made U. S. policy, Japan and the U. S. : Diplomatic, Security, and Economic Relations, 1960-1976, p.1045.

[46] 黎家松，《中華人民共和國外交大事記（第二卷）》（北京：世界知識出版社，2001年），頁337。

首次原子試爆進一步提升其在第三世界國家的地位，也因為中共的核子試爆成功，中蘇關係更陷入一種緊張狀態。[47]前述提到，1960年代末期，蘇聯國家實力提升，與美國間的權力競逐日益白熱化，但在這期間，中蘇因珍寶島的歸屬問題，[48]雙邊關係日益惡化，這無疑給了美國扭轉局勢的機會。因此，在尼克森上台後，尼克森開始調整對中對台政策，並開始將發展與中國的戰略關係置於美台關係之上，季辛吉（Henry Kissinger）秘訪中國後，開啟了美中接觸的大門後，尼克森於1972年2月21日訪中，並針對台灣問題發表幾點聲明：1.在台灣海峽兩邊的所有中國人都認為只有一個中國，台灣是中國的一部分。美國政府對這一立場不提出異議；2.重申美國對由中國人自己和平解決台灣問題的關心。3.確認從台灣撤出全部美國武裝力量和軍事設施的最終目標。在此期間，它將隨著這個地區緊張局勢的緩和逐步減少它在台灣的武裝力量和軍事設施。[49]美中關係的轉變，也成為後來影響美國對台政策的最關鍵因素。

（二）影響美國東亞政策的國內因素

越戰中後期，美國政府開始改變其越南政策，一方面由於國際情勢的轉變；另一方面則是因為美國國內面臨了自經濟大蕭條以來的經濟衰退，以及戰爭曠日費時，民心思變，反戰聲浪高漲，這些問題迫使美國政府需把注意力由越南戰場拉回到安定內部，本段將

[47] Gordon H. Chang, *Friends and Enemies: The United States, China, and The Soviet Union, 1948-1972* (Stanford, Calif. : Stanford University Press, 1990), pp.250, 267.

[48] 珍寶島事件是指在1969年中共與蘇聯因珍寶島歸屬問題而在珍寶島上發生的武裝衝突事件。這個事件導致了中蘇關係的惡化甚至破裂，直至1980年代後期，戈巴契夫為和緩中蘇關係，才確認珍寶島為中國領土。

[49] 〈中華人民共和國和美利堅合眾國聯合公報〉，資料詳參美國在台協會官網，〈http://www.ait.org.tw/zh/us-joint-communique-1972.html〉。

藉由討論美國當時國內的情狀，來了解美國國內因素是如何影響到後來的越南政策。

（A）國內經濟問題

　　由於越戰已經耗費了許多時間與金錢，造成美國經濟的衰落，1960年代末到1970年代初期，美國的全球政治、經濟霸權地位均受到挑戰。1948年時，美國在資本主義世界的工業總產值的比重是54.6%，到了1970年下降為37.8%；另外，在世界出口貿易中的比重也從32%下降為15.2%。1950年時，美國擁有資本主義世界黃金儲備的49.6%，但到了1970年代，只剩下15.5%。[50]而1960年代中期，美國因擴大越南戰爭導致國家的財政赤字逐年增加，黃金儲備減少，為了填補越南戰爭的龐大軍事費用，政府在提高稅收仍無法彌補財政赤字的情況下，只好發行公債來彌補虧空，由於政府的債務迅速增加，這造成通貨膨脹居高不下，在此期間，美元危機頻頻爆發，1968年美國財政赤字已高達了605億美元，1969年到1970年間，美國歷經了五次經濟危機，1971年1月美國的失業率已達1961年來的最高峰，[51]而受到長期的經濟危機影響，1970年代初期以美元為中心的布列頓森林體系也隨之崩解。[52]

（B）反戰意識高漲

　　越戰的爭論在1960年代為美國帶來巨大的變化，自越戰逐漸

[50] 馮特君，《當代世界政治經濟與國際關係》（北京：中國人民大學出版社，1992年），頁76。
[51] 呂桂霞，《遏制與對抗：越南戰爭期間的中美關係（1961-1973）》（北京：社會科學文獻出版社，2007年），頁266。
[52] 祿德安，〈冷戰的緩解與越南戰爭的結束（1969-1973）〉，《河南師範大學學報》，第30卷第6期，2003年，頁129。

升高以來，從大學、國會、行政部門、民主黨、軍隊、勞工組織、
宗教團體和大眾傳播媒體，都受到廣泛的影響，美國涉入越戰初
期，大部分的人民信任其領導者能做出最佳的選擇，公眾在高度關
切下藉著選舉掌握住最大的行政組織。不過隨著越戰情勢的發展以
及戰爭所造成的殘酷現實，這使得美國的新聞媒體對越戰的態度發
生轉變，新聞媒體開始將報導焦點聚焦於戰事的本身以及其結果，
此外，記者揭露越戰不同於政府宣傳的面向，促使了公眾對於越戰
的看法的轉變，如1966年12月《紐約時報》記者哈里森・索爾茲伯
里（Harrison E. Salisbury）於河內發出系列報導，報導中揭載了與
政府宣稱的轟炸計畫獲得成功的說法相反的報導，美國政府並未針
對軍事目標而轟炸，且美軍空襲行動並未能影響到北越的運輸與軍
事能力。此後，美國的新聞媒體對於越戰的報導更加的全面，藉由
電視的越戰專題報導、紀錄片、新聞綜述等等，反應戰爭的殘酷與
越南人民的處境。[53]例如在1968年的春節攻勢，透過電視畫面直接
傳遞了美國大使館遭受攻擊的畫面，這使得過去深信政府說詞的民
眾，開始懷疑政府過去對於越南情勢的描述，又媒體大量的使用越
共及美軍屍體散佈大使館的照片做為報紙封面，[54]更是增加了一般民
眾對於戰爭的厭惡。值得注意的是，在春節攻勢中，由越南傳來的
圖片也好，社論和廣播評論，均顯示出，美軍在春節攻勢中失敗，
但從歷史學家的角度來看，北越不管是在政治上或軍事上，才是這
次戰役的最大輸家。[55]在這樣的媒體報導效應之下，使得美國人民逐

---

[53] 資中筠，《戰後美國外交史從杜魯門到里根》（北京：世界知識出版社，
1994年），頁573。

[54] Kathleen J. turner, Lyndon Johnson's Dual War (Chicago: The University of Chicago
Press, 1985), p.218.

[55] 王明雄，《越戰時期大眾傳播媒體對於美國外交政策的影響》（台北：淡
江大學美國研究所碩士論文，1987年），頁97。

漸轉向為厭惡戰爭，社會各方均期盼能加速終止作戰行動。[56]而在春節攻勢後，美國政府的政策在國內快速失去支持基礎，媒體對於政府是否有能力解決越戰問題抱持著懷疑的態度，這也使得原本支持越戰的美國民眾亦不願意再相信政府，反戰的輿論達到了高峰，此時的民意調查顯示，美國民眾支持越越戰的人數與1967年相比，已經減少許多，在1968年3月時，已經有49%的人認為越戰是個錯誤，詹森的支持度也從48%下滑到36%；在1967年秋季時有50%的人認為美國在越戰中有所進展，僅有8%的人認為美國將會失敗，但到了1968年2月，只剩下33%的人認為越戰有所進展，而有38%的人認為越戰陷入僵局，此時認為美國將會失敗的人數已經上升到23%。[57]而反戰的聲浪也迫使美國必須盡快的在越南撤兵，以撫平民怨。[58]

　　從這裡可以看出，戰爭到了這個階段，美國國內進行的反戰運動，對美國來說，是戰略上的失敗；但對北越而言，則是戰略上的成功。美國的失敗在於美國政府無法取得民眾對於他們在越戰中行動的認同，在國家內部無法取得共識的狀況下，這場戰爭最終是崩解於國家內部意志的崩壞，在1973年的巴黎和平協約中，美國決定退出南越，接受其在南越中行動的挫敗。[59]在國內，對於政府信任衰落；在世界，則有國際地位下滑的趨勢，美國國內又再度興起了孤立主義的聲浪。[60]

---

[56] Robert D. Schulzinger, *A Time War: The United States and Vitenam, 1941-1975,* p.215.
[57] David F. Schmitz. The Tet Offensive: Politics, War, and Public Opinion (New York: Rowman and Littlefield Publishers, 2005), p.112.
[58] 黃榮護，《越戰對美國外交政策的影響》（台北：國立政治大學外交研究所碩士論文，1986年），頁48。
[59] 赤木完爾、今野茂充編著，《越略史としてのアジア冷越》（東京：慶應義塾大學出版社，2013年），頁209。
[60] 此時興起的孤立主義，被稱為新孤立主義，強調的重點在於：1.減少美國

（C）國會的壓力

　　隨著東亞形勢的發展，越戰的局勢日漸有利於北越的方向發展，加上中國與蘇聯的支持，北越戰勝之勢，日趨明顯。而國會內反戰的情緒升高主要來自於春節攻勢的影響，但早在春節攻勢前，越戰的形勢已使詹森政府的官員感到贏得戰爭的機會很渺茫。美國政府內部對於越戰政策，開始產生分歧的意見，一些曾經積極策劃支持越南戰爭的官員，逐漸改變其立場及態度，建議詹森降低戰爭的層級，而春節攻勢後，過去支持詹森政策的美國國會也開始有了不同的立場與態度，1968年3月10日《紐約時報》中揭露了駐越美軍最高指揮官威廉‧魏斯摩蘭（William C. Westmoreland）提出增兵20萬人，且政府正在考慮此提議時，這項消息在國會內引發強烈質疑，且國會於同年3月中旬通過決議要重新審查越南政策。[61]

　　美國政府與國會在越戰政策上的分歧，在詹森時期來到了最高峰。例如在1966年由參議院外交關係委員會主席詹姆斯‧威廉‧傅爾布萊特（James William Fulbright）主導的一系列關於越戰的傅爾布萊特聽證會中，[62]顯示出國會已分裂成支持與反對詹森越南政策，此次的聽證會亦宣示了，針對美國的越戰政策，國會不再與詹森政府採取一致的立場與態度。而在國會中，除了傅爾布萊特反戰立場鮮明外，長期擔任民主黨參議院領袖的曼斯菲爾德（Mike

---

在海外承擔的義務；2.放棄美國自二戰以來在世界上的干涉主義；3.將注意力由國外轉自國內，以使美國對外關係與其國力相適應。

[61] 資中筠，《戰後美國外交史從杜魯門到里根》，頁579。

[62] 從1966年1月開始，在外交關係委員會主席詹姆斯‧威廉‧傅爾布萊特（James William Fulbright）的主持下，參議院外交委員會舉行了一系列向全國轉播的越戰問題聽證會，在這過程中，不僅參與制定詹森越南政策的政府官員要求就美國參與越戰的過程進行作證，其中也有許多反戰人士參加，分析與批判美國當局的越戰政策。

Mansfield），在1962年走訪越南後，建言甘迺迪政府未來應極力避免涉入越南事務，他是當時第一個與美國政府在越南政策上意見相左的政府官員，在詹森政府時期，更是堅持其反越戰立場，進行多項的遊說行動，反對政府在北越日漸升高的轟炸行動，[63]他認為在越南費力清剿越共獲得勝利之後，終究使得美國陷入整個東南亞，最後勢必會與中國發生衝突，[64]「我們在一個錯誤的地方，從事一場錯誤的戰爭。」[65]到了尼克森政府時期，國會對於執政當局的壓力，更是日益的增加，國會不但要求尼克森政府提出確切的撤軍進度表，且提出反戰議案，此外，國會打算藉由削減國防預算做為限制美國政府捲入國外戰爭的手段。[66]

（三）尼克森主義

在說明尼克森主義前，不得不先提詹森時期的越南政策。日內瓦協定後，美國取代法國原本在越南的勢力，並涉足北越、南越事務。如前所述，在歷經韓戰後，為防止共產勢力擴張至中南半島，美國在歷經艾森豪、甘迺迪兩任總統到了詹森時，對於涉入越南事務到達了頂峰。1966年時，詹森不斷下令增加越南美軍之際，發表了他的「亞洲主義」，他在當時向美國及全世界宣布了「美國是太平洋國家」，他提到「亞洲一旦有了永恆的和平，全體人類均將蒙受利益。亞洲和平一天不能獲得，我們在世界任何地區的成就，也

---

[63] Andrew J. Bacevich, *Washington Rules: America's Path to Permanent War* (New York: Metropolitan Books, 2010), p.103.

[64] Robert D. Schulzinger著，席代岳譯，《鏖鬥的年代-1941至1975年間的美越關係》（台北：麥田出版社，2001年），頁172。

[65] Henry A. Kissinger，顧淑馨、林添貴譯，《季辛吉大外交（下）》（台北：智庫文化，1998年），頁620。

[66] 呂桂霞，《遏制與對抗：越南戰爭期間的中美關係（1961-1973）》，頁270-271。

就一天不能確保」，[67]其聲明顯示出，亞洲對美國戰略地位之重要性。因此，當時詹森的「亞洲主義」包括了以軍事防衛亞洲以避免亞洲國家受到共產勢力入侵，且準備數十億美元來促進亞洲區域建設，實行「亞洲馬歇爾計畫」，其中有「湄公河發展計畫」（又稱為「亞洲的田納西計畫」）。[68]

在詹森的發展藍圖中，美國的軍事力量，對亞洲來說，將是一道防波堤，在這個防波堤的保護之下，亞洲國家可以如同二戰後的歐洲國家般，建立起自己的區域體系及經濟發展。[69]從詹森的「亞洲主義」可知道，美國試圖在亞洲推行美國價值並且企圖將這些新興國家拉入民主國家陣營，但從越南戰爭的結果看來，在不瞭解越南的文化，且片面認定越南國內都渴望且有意為民主與自由而戰，完全錯估了越南國內的政治勢力，因此美國非但沒有因優勢武力而迅速的獲得戰果，反而深陷越戰，從原本自信滿滿可以贏得這場戰爭，到開始思索，如何光榮的撤出越南戰場。

而尼克森在擔任總統之前，針對越南問題，其主張對共產黨不能退讓，且認為需利用「以戰止戰」的方式來結束越戰，要讓北越相信美國會不計一切代價來結束越戰。但隨著越戰的嚴重消耗與曠日廢時，使得美國越來越對戰事感到厭倦、國內的反戰聲浪逐漸增高，尼克森對於越戰的想法也開始有所不同，1967年，尼克森在外交季刊上發表了「越戰結束後的亞洲」（Asia After Vietnam），文中他提到：「這個戰爭迫使美國內部導致出深刻的緊張與分裂，不僅在軍事與經濟方面，也存在於政治和社會方面。」[70]當時美國國

---

[67] 袁文靖，《越南戰爭史》（台北：國際現勢周刊社，1977年），頁146-147。
[68] 袁文靖，《越南戰爭史》，頁147。
[69] 袁文靖，《越南戰爭史》，頁147。
[70] Richard M. Nixon, "Asia After Vietnam", *Foreign Affairs*, Vol.46, No.1 , October, 1967, pp.113-114.

內問題及其他國際問題已讓美國疲於應付的狀況下，南越對於美國的重要性已經逐漸下降。在1968年時，華盛頓方面認為越戰使得美國無法兼顧更重要的問題，這不僅減弱與西方盟國之間的承諾，亦無法改善與蘇聯的關係，更間接促成1967年6月的中東戰爭。更重要的是，越南的進展始終沒有達成遏止共黨滲透的目標，及降低中共的威脅，[71]這使得美國政府不得不重新思考其越南政策。

在尼克森上任後，他表示若不盡快的解決越南問題，將會對美國帶來嚴重的衝擊，而且他並不希望落入如同詹森一樣的困境。1969年尼克森對白宮幕僚長哈德曼（H.R. Haldeman）表示：「我要結束越戰，且越快越好。」[72]但值得注意的是，尼克森並沒有在就任之初即宣布撤兵越南，而是到了1969年6月之後才陸續自越南撤兵，這顯示尼克森對於越南戰爭仍有顧慮。美國已經在越南問題上投注了大量的人力與物力，幾乎連國家的信譽、威望也一併投入了，他擔憂美國要是倉皇的撤離越南，這樣恐將影響到美國的國際形象，隨著戰事吃緊及國家實力不如往昔，美國的政策重心已由擺脫越南轉變成如何從越南「光榮撤退」。[73]此外，美國更擔心的是，撤兵越南將使得全世界共產黨受到鼓舞，並引發更大的擴張潮，這也將使得美國在亞洲的盟友受到嚴重打擊，尤其是日本與印度，美國亦擔心在亞洲的親美勢力將轉向親共。

到了1969年，尼克森在關島發表了一重要聲明，稱之為「關島主義」（Guamism）或「尼克森主義」（Nixonism），此聲明成

---

[71] Robert D. Schulzinger, *A Time War: The United States and Vietnam, 1941-1975*, pp.274-276.

[72] H. R. Haldeman & Joseph Dimona, *The Ends of Power* (New York: Dell,1978), p.81.

[73] 張良任，《尼克森政府的越南政策》（台北：台灣商務印書股份有限公司，1983年），頁18。

為尼克森時期實行亞太政策的重要基礎。其內容主要延續尼克森在
1967年時於《外交季刊》發表「越戰結束之後的亞洲」一文的內容
基調，強調其他國家必須認識到，美國將來作為世界警察的作用可
能是有限的，因此在向美國提出援助計畫要求之前，必須由地區國
家自己做出集體努力來遏止威脅。文中強調未來美國與亞洲之間的
模式必須是美國支持亞洲的主動性，幫助盟友建立起一個保護他們
自己未來安全的亞洲主義體系。[74]尼克森主義的內容如下：（1）
美國將繼續遵守對亞洲國家條約的承諾，但將不會再增加新的承
諾；（2）各國內部的安全問題，除非涉及到大國的核武威脅，否
則美國將不鼓勵並且希望亞洲國家能自行負擔起責任；（3）美國
對亞洲國家的支援，將已經濟為主。[75]尼克森主義體現了美國與其
他國家地區間，外交政策轉化的一個轉折點。[76]

　　由於美國不能再維持全球性的承諾，也不能再把美國偏好的辦
法強加於他國，美國的角色應該是致力於建立能激發其他國家主動
參與、負責的和平架構。[77]雖然國際體系中，軍事上依舊是兩極化
的世界，但是政治上卻是朝著多元化的發展。[78]因此季辛吉構思了
和平架構（Structure of Peace）：（1）夥伴關係：將地面戰爭與反

[74]　Richard M. Nixon, "Asia After Vietnam ", *Foreign Affairs*, Vol.46, No.1,October, 1967, pp.111-125.

[75]　Henry A. Kissinger, "The Proess of Détente", *American Foreign Policy* (New York: Norton, 1977), pp.154-175.

[76]　喬一名，《美國尼克森總統對越戰政策（1969-1972）》（台北：國立政治大學東亞研究所碩士論文，1973年），頁112。

[77]　張良任，《尼克森政府的越南政策》（台北：台灣商務印書股份有限公司，1983年），頁19。

[78]　Henry A. Kissinger, "Central Issues in American Foreign Policy" Agenda for *the Nation: Papers on Domestic and Foreign Policy Issues* (Washington: Brookings Institution Press, 1968), p.602.

滲透的責任交給美國的盟邦負責；（2）實力地位：外交需以實力作為後盾，尤其是在蘇聯戰略武器方面與美國已成勢均力敵之際；（3）願意談判，以談判代替對抗，尤其以談判解決越南問題，並達成與蘇聯及中共和解。[79]

（四）調整後的美國東亞戰略

美國之所以會涉及越南事務，主要是基於冷戰時期的圍堵以及骨牌理論，而圍堵的對象由原本的蘇聯轉換到中共，這個思維從杜魯門總統一直到詹森總統都未曾改變及遭到質疑。為了固守自由的南越，美國甚至不惜出兵作戰。但長期下來，共黨的攻勢並未受到美國擴大越戰而停止，反倒是美國深陷越南的泥淖。與此同時，國際情勢出現了改變，蘇聯勢力的擴大、共黨陣營的分裂、西歐與東歐間的對峙逐漸和緩以及國內財政壓力，使尼克森政府意識到自己的軍事實力不如冷戰初期，因此改變了全球戰略的布局。

在1969年以前，依據美國的軍力可以同時負擔歐亞戰爭，並保留部分的軍力應付區域性較小的衝突，採取「兩個半戰爭」（two and half wars）的戰略。尼克森政府認為，美中關係的緩和將有助於美國制衡蘇聯在亞洲勢力的擴張，毋須同時應付歐亞戰爭，而改採「一個半戰爭」（one and a half wars）的戰略。[80]雖然美國並未放棄亞洲，但相較於歐洲及中東的情勢而言，亞洲的戰略位置逐漸成為次要，因此在尼克森時期的亞太戰略，是以亞太戰略為架構而設計的對越政策，在實質內涵上主要是為了要擺脫與亞洲盟國的

---

[79] 張良任，《尼克森政府的越南政策》，頁19。
[80] Earl C. Ravenal, *Peace with China? U. S. decisions for Asia* (New York: Liveright, 1971), p.28. 周煦，〈1980年代的西太平洋安全〉，《亞洲戰略研究》（台北：聯鳴文化有限公司，1981年），頁47-48。

關係，在政治上的承諾也是如此，即所謂的戰略性擺脫（Strategic Disengagement）。[81]尼克森認為越戰本身並不重要，重要的是它代表著美蘇之間的鬥爭，牽涉到美國承諾之可信性，在理論上支持南越，實際上卻不必做到。[82]

（五）越戰對美國台灣政策的作為及轉變

（A）休息復原計畫（Rest and Recuperation Program）

就歷史發展來看，台灣與越南的關係並不深，但二次世界大戰後，冷戰結構卻將它們緊密的連結在一起，主要是以美國的軍事及經濟力量為首，對於亞洲的共產勢力進行圍堵。從1950年 6月25日，韓戰爆發後，台灣成為美國在東亞地區的中繼站。1954年12月2日，簽訂「中美共同防禦條約」後，台灣從而納入兩極對抗的冷戰結構中，成為美國在西太平洋協防的國家之一，台灣更被麥克阿瑟稱為「永不沈沒的航空母艦」，這顯示，二戰後，台灣在東亞地區所處的位置，具要重要的戰略意涵。而到了1960年代中期以後，由於中南半島的情勢日益險峻，美軍正式加入越南戰場，至此，台灣與南越開始建立起緊密的戰略關係，雖然整個戰爭過程中，台灣並未正式出兵參加越南戰爭，但從政治、軍事、經濟到社會，兩者間的關係十分緊密。[83]

從1965年11月起，因美國積極介入越戰，且隨著越戰形勢的緊張，台灣成為美軍的後勤基地之一，除了在軍事上的補給位置日益重要，提供實際軍事物資的補給、軍事配備的維修之外，並配合美

[81] 張彝良，《國際關係》（台北：台灣商務印書館，1976年），頁47。
[82] 張良任，《尼克森政府的越南政策》，頁18。
[83] 秦風編著，〈在朝鮮戰爭與越南戰爭中的台灣〉，《歷史與內幕》，2008年12月，頁21。

軍所制定的休息復原計畫，台灣成為提供美軍心靈補給和身體慰藉的休息地，與此同時，美國亦運用台灣日漸成熟的輕工業技術，實現對南越經濟及物質的援助。

在《台灣觀光事業調查報告書》對休息復原計畫的描述：

> 美國國防部指定台灣為駐越美軍渡假地區之一。美軍來台渡假計畫係於1965年11月25日制定，迄今已實施兩年零三個月。太平洋區域其他之美軍渡假地區由美國軍方指定者，計有曼谷、香港、新加坡、檳榔嶼、馬尼拉、吉隆坡、澳洲及夏威夷等地。[84]

根據上述文字可知，休息復原計畫是由美國國防部指定，主要是提供駐越美軍休憩所用。有鑑於日本在韓戰之後因為鄰近韓國，而得以成為美軍的後方補給基地，而美軍所到之處所挾帶的人潮，帶動日本的經濟發展，因此國民黨政府對於美國的休息復原計畫，採取積極配合的態度，配合美軍休息復原計畫除了有助於台灣發展觀光事業外，對於國民政府而言，更重要的是休息復原計畫所內含的政治、軍事意義，根據1962年行政院長陳誠在訪越後的心得報告中提到：

> 「據我駐越大使報告，駐越美軍訂有戰地官兵休假制度，作戰告一階段，官兵可輪流到鄰近國家休假，我已爭取他們分批到台灣休假消費，增加我方收入。……我情報單位並可藉此機會選擇訪問對象，蒐集情報，吸收作戰經驗。」[85]

---

[84] 交通部，《台灣觀光事業調查報告書》（台北：交通部觀光事業委員會，1968年10月），頁185。

[85] 《塵封的作戰計畫》，〈黃世忠將軍訪問紀錄〉，台北：國防部史政編譯

休息復原計畫對國民黨政府來說，不但是一個發展觀光經濟的機會，且藉由觀光發展，得以促成「自由中國」社會安定、經濟繁榮，並達成三個目標：（1）轉移社會風氣，培養國民體格。（2）協助經濟建設，促進學術研究。（3）發揚文化宣傳，溝通中外認識。[86]觀光事業在自由世界的發展，和當時中共所統治的中國形成強烈對比，國民黨政府認為在此時發展觀光事業，具有「反共」的意涵，此外，更重要的是，把台灣當做美軍的後勤補給基地，對於國民黨政府而言，不啻為蒐集軍事情報的最佳時機。

（B）軍事援助團的派遣

在越戰期間，雖然台灣是美國重要的運輸補給基地之一，但在戰爭的實際參與上，因美國對中共有所顧忌，若冒然同意中華民國軍隊加入越南戰場，恐怕反而升高戰爭的層級、無限度的擴大戰爭規模，而原本美國對越戰的定位就是有限的「局部戰爭」，因此美國在越戰期間極力避免各種會導致衝突升高的行動。而談到各國在越南的駐軍狀況，早在美國正是介入越戰前，即有派遣軍事顧問團的前例，到了1962年時，美國更是提升其在越南的駐軍層級，設置駐越軍事援助司令部（Military Assistance Command Vietnam, MACV），把所有越南共和軍及美國駐越部隊納入其作戰管制；到了1964年，韓國派遣了工兵營和步兵營支援越南，到了1965年約有54,000人派駐於越南、澳洲也派遣皇家特勤團（Royal Australian Regiment, RAR），約4500人、菲律賓及泰國則是各派2000人。而中華民國軍隊原本亦有派兵計畫，但礙於前述所說，美國因顧忌

室，2005年12月，頁264。

[86] 《財團法人台灣觀光協會成立三十週年紀念特刊》（台北：財團法人台灣觀光協會，1986年11月），頁30。

中共，因此，中華民國是以派遣政治作戰顧問團、醫療隊、農耕隊、建設團等的形式，來支援越南戰爭。[87]1966年時，美國特成立「自由世界軍事援助委員會」來有效整合運用投注到越南支援的兵力。[88]

而中華民國駐越軍援團在越南的主要任務，主要是負責協助越南共和軍建立政戰制度、協助越南共和軍訓練戰幹部及推動全面的政戰業務及編纂各項政戰法規與書籍等等，並未實際參與作戰。直至1973年1月的巴黎和平協定，根據協定，各國軍隊及軍事人員必須撤出越南，中華民國的軍援團據此也在同年的3月12日撤離越南。隨著美國對於越戰的政策轉為「越戰越南化」後，明確的向越南共和國表示，其後的國家安全及發展得靠自身維護，美國不再涉入。而在這樣的背景下，當時的越南共和國總統阮文紹向蔣介石表明，希望能夠借助中華民國的力量，繼續對抗北越，而蔣介石基於共同的反共立場，幾經協調後，改以派遣「駐越建設團」的方式，再次援助南越，但由於長久以來南越的安全是仰賴美軍所維持，沒有了美軍與各國的軍事援助，加上北越未能遵守停火協定，越南再度陷入內戰，到了1975年，中華民國的援越建設團正式撤離南越，結束援越工作。

---

[87] 詳細內容請參見中央研究院近代史研究所檔案館，《各國派兵援越卷》，檔案標號：080.3/0001；中央研究院近代史研究所檔案館，《我國派兵援越卷》，檔案標號：080.3/0002。

[88] 詳細內容請參見中央研究院近代史研究所檔案館，《自由世界各國援越抗共卷》，檔案標號：013.2/89001；中央研究院近代史研究所檔案館，《美國洽請自由世界各國援越抗共卷》，檔案標號：080/0001-2。

（C）西南五省計畫

　　將時間拉回到1964年8月的「東京灣事件」（Event of Tonkin Gulf）[89]和1965年2月的「滾雷行動」（Rolling Thunder），這兩個事件使得越南的形勢日趨緊張，美國在越南亦投入越來越多的兵力，越南不僅成為影響美國外交政策乃至國內政治的重要因素，也成為全球關注的焦點。越南處於中國西南邊陲，越南的形勢變化將直接影響、制約著中國的安全環境。藉由這個機會，蔣介石看到了反攻大陸的機會，且試圖將反攻大陸與越南戰爭掛勾，以反攻大陸援應和輔助美國在越南的戰事，進而使反攻大陸的行動成為美國在亞太地區戰局的一部分。

　　實際上，由於美國的資源有限，又必須將軍事力量的主要部分放置於歐洲，東南亞和越南的戰事對美來說，兵力始終是捉襟見肘，因而美國決策階層內部一直有主張在東南亞戰事中使用國民黨部隊的想法。[90]在1963年1月，參謀首長聯席會議中即曾提出一項議案，建議東南亞可以投入三個師的國民黨軍隊。1963年5月23

---

[89] 1964年8月2日及4日分別發生了美國軍艦在越南東京灣巡邏時，遭受到北越海軍魚雷快艇的攻擊，此事件促成了東京灣決議的通過，該法案目的在於增進國際和平與東南亞的安全，東京灣決議案授權詹森，得以運用適當武力擊退任何對美軍的惡意攻擊，此外，當接受到東南亞國家的請求後，國會也授權採用諸般措施，包括使用武裝部隊協助這些國家對抗共黨。

[90] 美國早在韓戰爆發初期就有在韓國使用國民黨的部隊的想法，美國認為國民黨的軍隊具有實際與共產黨人作戰的經驗，而且在戰後美軍兵力不足、裝備國民黨軍隊的成本遠低於裝備美軍以及中華民國具有聯合國安理會常任理事國的身分，允許國民黨軍隊參戰也能塑造聯合國大團結意義的情形下，國務卿艾奇遜一度考慮使用國民黨軍隊。但杜魯門總統以政治上的考量予以否決，因為杜魯門總統不願意造成美國支持國民黨政府的印象以及不願刺激中共，所以美國考慮在東亞的局部戰爭中使用國民黨軍隊已經不是初次的想法。

日，參謀首長聯席會議制定了一份備忘錄，裡面評估了台灣海峽與東南亞的安全形勢。這份備忘錄提到：不贊成縮減國民黨軍隊的規模，因為「國民黨軍隊是一支可以支持美國實現其遠東戰略目標和滿足其應急性軍事需要的戰略預防力量。」[91]

　　但美國的戰略重心終究是歐洲，因此美國是將越南戰爭定位於有限的「局部戰爭」。如果允許國民黨軍隊進入越南，則恐會嚴重刺激中共，這樣將可能導致中國派兵大舉進入越南，越南戰爭的戰爭層次恐將升高到難以控制的局面；而如果允許國民黨軍隊在華南登陸實施反攻，則美國除應付越南戰場之外必然會被捲入對華南沿海的戰事，將使美國的戰線拉長、分散資源，如此一來，更加難以取勝，美國在亞太的安全目標的有限性使其無法支持國民黨援應越南戰爭的任何行動。據此，國務院堅決反對國民黨軍隊及其軍事行動與越南戰局掛勾，在1963年8月1日，魯斯克（Dean Rusk）就指出：「在遠東地區，國民黨軍隊確實可以做為一支戰略預備力量幫助美國實現遏制中國侵略的目標，但不贊成在東南亞直接使用國民黨軍隊，因為國民黨軍隊將可能會影響到中國對美國的意圖評估。」[92]其後，不僅國務院，軍方如麥納馬拉（Robert S. MaNamara）和參謀首長聯席會議也反對國民黨策進越南戰爭的反攻行動或者是直接進入越南戰場。由於美國明確的戰略目標，使得蔣介石的計畫從一開始就注定了失敗。

　　不過台灣還是積極的尋找機會，試圖參加越南戰爭，進而使美

---

[91] "Foreign Relations of the United States, 1961-1963, Vol. XXII, China; Korea; Japan, Document 182", released by the Office of the Historian Documents, http://history.state.gov/historicaldocuments/frus1961-63v22/d182.

[92] "Foreign Relations of the United States, 1961-1963, Vol. XXII, China; Korea; Japan, Document 182", released by the Office of the Historian Documents, http://history.state.gov/historicaldocuments/frus1961-63v22/d182.

國在越南戰爭中捲入國共衝突，且借助越南戰爭來實現反攻大陸的目標。1964年4月5日蔣介石在回答墨西哥記者提問時表示：美國如果退出東南亞，世界局勢將不可想像，且唯有國軍反攻大陸，世界大戰始可避免，蔣介石將東南亞局勢與反攻大陸聯結在一起，有其戰略目的。[93]1964年8月26日，美國駐台北大使賴特（Jerauld Wright）致信於遠東事務助理國務卿哈里曼（William A. Harriman），評估國民黨當前反攻規劃活動之特點。賴特感覺到過去一年國民黨對於反攻大陸的立場已經發生了引人注目的變化，與過去大張旗鼓的態度不同，國民黨現在在這個問題上明顯保持沉默。但是賴特也指出在過去六個月當中，一方面國民黨對於反攻大陸的計畫似乎已經懈怠，另一方面他們對於東南亞的形勢，尤其是寮國與越南的形勢產生了不斷增長的興趣。賴特認為：「東南亞日趨惡化的形勢使蔣介石看到了通過南部路線而不是兩棲登陸作戰進入中國的可能性。」[94]遠東事務助理國務卿威廉·邦迪（William P. Bundy）致信賴特，表示同意其看法，認為國民黨的反攻活動重心已經移轉了。但邦迪也指出：「很顯然國民黨在東南亞的目標與我們自己的目標有廣泛的差異……因此我們必須密切注視事態的進一步發展。」[95]

1964年底，蔣介石意欲參加越南戰爭的心情越來越急迫，1964年11月23日，蔣介石致信賴特，要求其轉告詹森：「中共正在東南亞進行一場拖延時日的消耗戰，希望美國能迅速制訂出贏得越南戰

---

[93] 李松林等著，《中國國民黨在台灣40年紀事》（北京：解放軍出版社，1990年），頁133。

[94] "Foreign Relations of the United States, 1964-1968, Vol.XXX: China, Document 44", released by the Office of the Historian Documents, http://history.state.gov/historicaldocuments/frus1964-68v30/d44.

[95] "Foreign Relations of the United States, 1964-1968, Vol.XXX: China, Document 45", released by the Office of the Historian Documents, http://history.state.gov/historicaldocuments/frus1964-68v30/d45.

爭的戰略，並發揮領導作用，讓亞洲國家人民相互協調，趁時機尚
在，依靠自己的力量推翻中共，比如武裝國民黨，放手讓國民黨行
動，蔣介石要求美方迅速答覆。」[96]但美方並未迅速回應。

　　因而蔣介石等人將眼光放在中國大陸鄰近東南亞的西南與東南
地區。1964年4月16日蔣介石在會見來訪的魯斯克時一方面表示：
「為了在大陸發動大規模的反共運動，國民黨需要美國的支持與援
助……而美國提供的援助不會使美國承擔任何風險。」另一方面指
出：「比較容易製造機會的地方應該是鄰近寮國、越南、緬甸、泰
國和印度的西南各省，因為這裡離蘇聯太遠，蘇聯對這些地區並沒
有興趣，因此也不會介入。」另蔣介石強調，只有國民黨的武裝部
隊才可以消滅中共。[97]蔣介石在考慮派兵介入越南戰爭的同時，其
目光也已經放在大陸西南地區，但美國決策階層對於國民黨軍隊參
加越南戰爭一事並不熱衷。

　　1965年3月美軍派出海軍陸戰隊在南越峴港登陸後，越南的戰
事從「特種戰爭」升級為「局部戰爭」，使得美國更加感到越南人
力匱乏。因而中情局積極主張將國民黨軍引入越南戰場。1965年12
月6日中情局常務情報主任克萊恩（Ray S. Cline）向中情局主任麥
柯恩（John Alex McCone）建議，考慮利用國民黨軍隊以推進越南
戰局。克萊恩對國民黨軍的評價極高，他認為國民黨軍訓練有素，
裝備良好，且戰鬥意志強烈，一再要求對華南海岸發動大規模襲擊
以切斷通向越南的後勤供應線，並願意在美國的要求下派出大量地

[96] "Foreign Relations of the United States, 1964-1968, Vol.XXX: China, Document 60", released by the Office of the Historian Documents, http://history.state.gov/historicaldocuments/frus1964-68v30/d60.
[97] "Foreign Relations of the United States, 1964-1968, Vol.XXX: China, Document 26", released by the Office of the Historian Documents, http://history.state.gov/historicaldocuments/frus1964-68v30/d26.

面部隊參加越戰。但美國之所以不想使用國民黨軍隊的原因在於擔憂使用了國民黨軍反而挑起中國對越南的干涉，但當時的情況是中共軍隊已經出現在越南，「因而我們再將事情想的如此微妙就顯得不合時宜了。無論如何，我們應該好好嚴肅認真想一想何時且怎樣運用國民黨軍隊。」他建議應先與國民黨制訂聯合規劃，考慮國民黨軍隊在華南沿海登陸的計畫，因為這樣可以分散並恐嚇中共軍隊，況且「除美國核力量以外，這是我們能夠阻止中共直接大規模進入越南的最重要的遏制性力量」；其次，考慮接受一萬人的國民黨特種部隊進入越南參加搜索與破壞行動（Search and Destroy Operation）；再者，中共軍隊在北越人數超過5000人，若中共戰鬥部隊與美軍在越南發生接觸，或中共戰鬥部隊與美軍的友軍在寮國或泰國發生接觸，則應考慮以美海空軍支持國民黨軍隊在華南沿海登陸。[98]

由於國民黨參加越南戰爭的目的在於前進大陸的西南地區，因此其設想了一套圍繞進攻西南以應援越南戰爭的作戰計畫，[99]蔣經國訪美時，將這套計畫告知美國，希望獲得美國的支持，1965年9月22日，蔣經國在五角大廈拜會了美國防部長麥納馬拉，蔣經國向麥納馬拉分析了亞太形勢。他認為對中國共產黨來說有三個戰略方向是非常重要的，就是朝鮮半島、台灣海峽和東南亞，現在台灣海峽和朝鮮半島都得到了有效的保衛，中共則將其注意力轉向南方，為了南方擴展勢力，中共注意到兩個地方，一是越南另一則為印度，在中共看來，美國的勢力並無法有效達到這兩個地方，而中共

---

[98] "Foreign Relations of the United States, 1964-1968, Vol.XXX: China, Document 113", released by the Office of the Historian Documents,http://history.state.gov/historicaldocuments/frus1964-68v30/d113.
[99] 稱為大火炬5計畫。

的目的則在於分散美國的資源，使美國的力量就好比十指分開那樣分散。分析亞太地區宏觀的背景後，蔣經國向麥納馬拉闡述了國民黨進攻西南五省的反攻計畫。

　　蔣經國認為中共在朝鮮半島和台灣海峽無法發展而將勢力轉向東南亞，因此中國西南五省（廣東、廣西、雲南、貴州、四川），有著重要的戰略地位，因為其地形構成了中國本土與東南亞之間的天然屏障。此外他表示，在過去俄國人的勢力從未到達這五省，且中共對這五省的控制最弱，這五省的反共情緒也最為強烈，此外蔣介石在這五省獲得的支持也最高。因而蔣經國提出了國民黨打算反攻這西南五省的計畫，這不但是為了國民黨的重返大陸，也是為了支援美國在越南的戰事。此外，蔣經國更向麥納馬拉轉述蔣介石的話：「國民黨軍隊做好準備隨時支持自由世界在亞洲的利益。若美國需要國民黨軍隊就要預先通知，以使我們做好準備。」[100]此外，蔣經國亦強調美國不必捲入反攻大陸的軍事行動，也不贊成將美國的核子武器用於反攻，但國民黨的反攻需要美國的後勤支持以及海空掩護與支持。

　　麥納馬拉詢問蔣經國：「奪取西南五省的行動看起來像是豬玀灣登陸的計畫，需要依賴當地人民大規模的起義反對共產黨，有什麼證據表明西南五省的人民會起義反對共產黨呢？」蔣經國回覆說：「西南五省有四最：這五省的人民對共產黨的抵抗最強烈；對共產黨的仇恨最強烈；共產黨在這裡的部署最薄弱；蔣介石在這五省受歡迎的程度最高。」但麥納馬拉對於蔣經國的說明並不感到興奮，他僅向蔣經國表示，美台應該聯合研究奪取西南五省的反攻計

---

[100] "Foreign Relations of the United States, 1964-1968, Vol.XXX: China, Document 104", released by the Office of the Historian Documents, http://history.state.gov/historicaldocuments/frus1964-68v30/d104.

畫，特別是研究關於這五省人民支持國民黨的情報。現在還不能對台灣承諾提供軍隊，但美國很願意參與聯合研究活動。[101]

　　國民黨這項進攻西南五省的計畫就是代號為「大火炬5」的反攻計畫。蔣經國在1965年時9月第一次向美國方面透露這一計畫，而麥納馬拉未置可否，僅表示願意研議此事，實際上美方依舊是採取一種拖延戰術。為了穩定整個局勢，蔣經國與麥納馬拉在1965年9月發表的聯合聲明中說明：「中美兩國國防部長就亞洲局勢，包括越南局勢舉行會商。中華民國曾建議對越南提供更多的援助，但未提到對中華民國軍隊的可能使用。」[102]從這一聲明中可以了解到，美國其實並未回應是否認同國民黨的計畫，其後，為了催促美國盡早表態，蔣介石等人不斷的進行交涉。

　　1965年12月29日，蔣經國和蔣介石在台北會見了參謀長聯席會議主席厄爾‧韋勒（Earle Wheeler）將軍及美軍台灣防衛司令部司令威廉‧金特納（William Gentner）上將，再次宣傳其新的反攻計畫。蔣介石在會談中首先向韋勒強調：美軍不進入北越是沒有意義的，北越僅僅是中共的傀儡，「中共才是你們美國人的敵人，如果想在越南實現持久的安定，決不能不觸動中共……你們已經在與中共進行代理人戰爭了……現在必須制定基本的計畫處理中共的問題了，但卻缺乏這樣的計畫。」[103]此外，蔣介石並提到先前蔣經國赴美時針對進攻西南五省計畫進行說明，但卻未獲得美國的回應，韋

---

[101] "Foreign Relations of the United States, 1964-1968, Vol.XXX: China, Document 104", released by the Office of the Historian Documents, http://history.state.gov/historicaldocuments/frus1964-68v30/d104.

[102] 《蔣經國先生全集》（第七冊）（台北：行政院新聞局，1991年），頁294。

[103] "Foreign Relations of the United States, 1964-1968, Vol.XXX: China, Document 115", released by the Office of the Historian Documents, http://history.state.gov/historicaldocuments/frus1964-68v30/d115.

勒對此表示，國民黨進攻西南五省的計畫，將對各方面提出很高的
要求，對於海空軍支持的要求也是很大的。對於這樣的回應，蔣介
石回應到：「如果不解決中共問題，你們美國人將不可能徹底解決
越南問題。同時為了解決越南問題，你們應該考慮使用更多當地的
軍隊而不必派遣美軍進入北越或泰國，你們應該考慮使用國民黨的
軍隊，而使用國民黨軍隊最好的方式就是奪取西南五省的計畫，此
計畫並不需要使用美國地面部隊，只需使用國民黨地面部隊就可以
有效削弱中共對東南亞一些麻煩地區的支持。」蔣介石還強調西南
五省人民對他的支持，只要美國願意拿出投入南越軍事力量的十分
之一來支持國民黨軍隊登陸大陸就可以解決東南亞的問題。相較於
蔣介石的急迫，韋勒如同麥納馬拉一般向蔣介石說明，目前中美雙
方已經在進行關於反攻大陸的規劃活動，但實際上他對於國民黨進
攻西南五省的計畫並沒有明確的表態。[104]

　　在蔣介石與蔣經國大力宣傳進攻西南五省的大火炬5計畫的同
時，美國的決策階層也在仔細評估這個計畫的可行性，1965年11月
16日，參謀長聯席會議向國防部長麥納馬拉提交了備忘錄，仔細分
析評估了國民黨進攻西南五省的計畫，這份備忘錄指出：「國民黨
的提議依賴美國大規模的海空與後勤支援，以及一旦登陸成功就出
現大規模的反共起義與叛亂。國民黨提議由美國的空軍和海軍實施
掩護，但不從海空攻擊大陸上的目標，這在軍事上是不現實的……
不合理的。此外，現有的情報，並沒有證據顯示西南五省的人民會
支持國民黨的進攻，因而成功的實施國民黨的設想可能性是不存在
的」。此外，這份備忘錄最後認定國民黨關於反攻大陸的設想取得

---

[104] "Foreign Relations of the United States, 1964-1968, Vol.XXX: China, Document 115", released by the Office of the Historian Documents, http://history.state.gov/historicaldocuments/frus1964-68v30/d115.

成功的可能性顯然是不存在的，「美國不應致力於開展關於反攻問題的綜合雙邊研究……不應使美國承諾承擔任何規劃、鼓勵或支持國民黨反攻大陸的義務。」[105]美國的決策階層完全否決了大火炬5計畫的可行性。

到了1965年12月時，參謀長聯席會議主席韋勒正式的回應了蔣介石，韋勒認為國民黨關於奪取西南五省的陳述實際上只是形式上的，並無實質性的分析與論證。在這種情況下，國民黨尋求美國支持的方式來反攻大陸是不可能的，同時韋勒還認為，可以「與蔣介石就亞洲問題的各方面頻頻協商，但對蔣介石不應作出比對其他亞洲領導人更多的承諾。」[106]美國軍方和國務院等機構經過仔細的分析與評議後，不像過去甘迺迪時期那樣的拖延，這次美國的決策階層很快就作出評斷，回絕了國民黨要求美國支援的請求。

1966年1月28日時，魯克斯電告美駐台大使館，要求以書面形式向蔣介石轉達美國對反攻計畫的觀點：[107]

美國最高軍事當局已經盡其最大努力研究1965年9月蔣經國向國防部長麥納馬拉傳遞的關於奪取西南五省的反攻設想……美國政府非常重視國民黨的觀點且認為美台雙方最高層之間交換觀點很有必要，因而對這一設想進行了最嚴肅的

[105] "Foreign Relations of the United States, 1964-1968, Vol.XXX: China, Document 110", released by the Office of the Historian Documents, http://history.state.gov/historicaldocuments/frus1964-68v30/d110.

[106] "Foreign Relations of the United States, 1964-1968, Vol.XXX: China, Document 115", released by the Office of the Historian Documents,http://history.state.gov/historicaldocuments/frus1964-68v30/d115.

[107] *"Foreign Relations of the United States, 1964-1968*, Vol.XXX: China, Document 120", released by the Office of the Historian Documents, 〈http://history.state.gov/historicaldocuments/frus1964-68v30/d120〉.

考慮；其次，我們認為儘管這一設想有一些可行之處，但還是有兩項致命性的缺陷：（1）這一計畫要求美國承諾保護進攻的國民黨軍隊，幫助其抵禦中共的海空打擊，但同時不對中共支持其海空打擊的基地進行空襲。這樣的想法在軍事上並不可行，且這樣會引發美國與中共之間的戰爭，而美國並未對此作好準備；（2）目前在美國掌握的情報中，並無證據表明西南五省的人民或者其中的大部分是支持國民黨的反攻。沒有大陸人民的支持以及相伴隨的軍隊叛逃，這樣的反攻計畫實質上是不可行的。因此執行大火炬計畫的可能性並不存在。再次，我們將繼續推進我們已經同意實施的情報評估與交流的項目。這些評估與交流活動包括研究西南五省以及中國大陸其他地方的反政府力量，我們相信這樣的交流活動已經開始並且兩國政府間的交流已經取得成效。

國民政府煞費苦心制定的進攻西南五省計畫就這樣無疾而終。
在兩極對抗的冷戰格局中，美國在東亞地區一直努力的維持均勢的現狀，避免分散更多的資源，確保美國能在歐洲實現其安全目標與利益。而國民黨政權則力圖打破東亞地區的均勢現狀，以重返大陸，恢復統治。但美國最終是考慮其國家利益，以及其全球戰略布局，美國自台灣退縮深受越戰的影響。史丹佛大學教授馬克（Mark Mancall）曾說：「我們不再是15、20年前的大國了，如果越戰沒有給予我們其他教訓，至少已教我們一點，美國不再是遠東的主要大國」。「我們無法解決台灣問題，並非因為中國或日本的棘手，而是來自於我們自己的無力解決。」[108]這顯示了越戰的挫敗

---

[108] Jerome Alan Cohen, *Edward Friedman and others, Taiwan and American Policy: The Dilemma in U.S.-China Relations* (N.Y.: Praeger, 1971), pp.149-150.

嚴重的打擊了美國的自信，而國民黨想藉由越戰進行反攻大陸的計畫也終告失敗。

 ## 第四節　東亞冷戰體系的鬆動

　　美國原本為避免越南赤化，不惜代價、義無反顧的加入越戰，卻在越戰中遭遇極大挫敗，不僅未能贏得越南戰爭，反而使得美國國力大傷；但在中蘇路線的分歧之下，卻意外的促成了美中關係和解，這使得東亞原本緊密對抗的關係，產生了變化，而此為推動東亞冷戰體系變動的重要因素。

（一）越戰受到冷戰的影響

　　越戰是冷戰中一場重要的熱戰，越南戰爭和冷戰國際格局之間存在一種互動關係：它既是推動冷戰格局變動的重要因素，另一方面也受到冷戰國際格局的約制。美國在冷戰時期將世界複雜的衝突與矛盾納入兩大陣營對抗的結構內加以考慮，在這種情況下，越南戰爭可視為是共產主義的擴張與滲透，且韓戰的挫敗使得美國更加謹慎，為防止共產主義勢力在中南半島擴張，美國不惜參與越戰。

　　但在美蘇兩極對抗格局沒有發生重大變化之下，兩國的核武力量也維持在一個均衡的狀態下，美國又必須避免越南戰爭破壞這個平衡，引發美蘇之間的直接衝突。此外，由於韓戰的教訓以及中國共產黨抗美援越的立場，必須避免刺激中國加入戰爭，加上受到中蘇的牽制，美國不得不對戰爭的範圍、方式、規模和強度進行主動控制，核心的控制就是採取逐步升高的戰略及始終未將地面戰爭擴大至北越。這就使越南戰爭看起來好像是場有限戰爭，美國的軍力因冷戰的制約而無法在越南自由的行動，但另一方面來說，越南

對美的抵抗卻因為冷戰的政治情勢而獲得了巨大的境外支持，以至於越戰成了曠日廢時的持久戰爭。1960年代末期到1970年代初期，隨著美國的勢力漸漸的式微和中蘇間關係持續的惡化，尼克森政府開始在全球各區域做適度的力量收縮，且努力的營造出一種美國主導下的美中蘇三邊關係，這種變動也使得越南不再是骨牌理論中的第一塊骨牌，而成為美國戰略上的負擔，美國因而轉為採取脫身政策，越戰的發展歷程可說都受到冷戰兩極體系的強力制約，一場在第三世界地區進行的局部戰爭影響了整個冷戰兩極體系的發展。[109]

（二）越戰對兩極體系的影響

美國深陷越戰同時，國際關係也發生了重大變化，曠日廢時的持久戰爭使得美國的力量和意志受到雙重削弱，進而使得二次大戰之後形成了美蘇兩強爭霸的攻守態勢產生了轉變；由戰後初期美蘇在東南亞的競逐轉變為後期美國以防守為主的戰略態勢。就結構現實主義的角度來看，體系結構在此時間點發生了轉化，原本在緊密的兩極體系下，結構內呈現高度的緊張狀態，但由於參加越戰過度耗損美國的能量，美國無力再像戰後初期般在世界各地炫示其國家實力，又蘇聯積極發展其經濟，造成美蘇間實力的消長，破壞了原本美蘇間的平衡；以及原本與蘇聯同一陣線的中國，由於發展路線的分歧，中蘇關係的惡化，使得中國成為越戰中既非美陣營也非蘇陣營的第三股勢力，另外，加上西歐和日本全面的復甦，使得國際體系中原本緊密對抗的兩極開始鬆動轉為鬆散的兩極。

1964年蘇聯在布里茲涅夫上台後，在經濟上全力追趕，企圖縮小與美國之間的差距，蘇聯的工業產值，1950年代為美國的30%，

---

[109] 鄭紅洲、李玉蘭，「越南戰爭的經驗教訓、特點及影響」，《軍事歷史》，第6期（2004年），頁33。

1960年代為美國的65%，1970年代則為80%；此外，在越南政策上也有所調整，原本蘇聯只是在外交上道義性聲明以及給予少量的援助（不插手政策）改為對北越大量援助（直接插手的南下戰略）。1965年2月，蘇聯總理柯錫金（Aleksey N. Kosygin）率龐大的代表團訪越，大幅增加對越援助。7月蘇越簽訂《關於對越南發展國民經濟和加強防禦能力方面提供援助的協定》，之後雙方又陸續簽訂了多項有關軍事、經濟援助和貿易方面的協定。1965年蘇聯對北越的軍事援助約為5億美元，1968年增至10億美元。從1965年到1973年，蘇聯向北越提供價值10億盧布的經濟援助（不包括東歐國家3億盧布的援助）和20多億美元的軍事援助。雙方貿易額由1965年之前的年平均1億美元增至5億美元。[110]

在越戰的直接影響下，尼克森主義中止了美國自二戰結束以來20多年的過度擴張，1970年代開始收縮。在對外政策上，尼克森在70年代提出了美國、蘇聯、日本、西歐、中國的五大力量中心說，並且主動改善美中關係。1960年代起，由於中蘇路線日趨分歧，到了1969年的珍寶島事件，更使得中蘇關係發生變化，雖然在越戰中，蘇聯提供北越大量的援助，但美方也意識到，中國是支持北越對抗美國的重要外部力量之一，中國與北越及南越臨時政府都有著密切的關係。因此，美國趁此機會，改變其以往孤立中國的圍堵政策，美國認為，中蘇的分裂將有助於其國家的全球戰布局，使原本的兩個半戰爭可以縮減成一個半戰爭，且美國深陷越南戰場，若美中關係的改善，則可藉助中國的力量來解決越戰問題，尼克森當時認為，解決越南問題的關鍵不在河內而是在北京和莫斯科。[111]因此

---

[110] 馬普強主編，《當代東南亞國際關係》（北京：世界知識出版社，2000年），頁183。
[111] 《尼克森回憶錄》（上）（北京：商務印書館，1978年），頁384。

當時尼克森寄望中國，希望中國減少對越南的物質援助，並希望中國可以說服越南在談判中妥協，以使美國早日在得以在越南戰爭中脫身，60年代末期美中關係的改善，無疑是為了想聯合中國以對付蘇聯，營造出美中蘇三角關係，且在解決越南問題上，中國亦扮演著重要的關鍵性角色。

美國的對外政策的收縮，無疑給了蘇聯擴張的機會，因此蘇聯除了在中南半島地區支持越南地區勢力的擴張外，更在中東、非洲和拉美到處介入，美蘇的攻守態勢發生了轉換，越南戰爭使得美中兩國再次感受到，雙方無法從戰爭中獲得利益，唯有緩解與合作才是利於雙方的做法，因而美中兩國的關係從越南戰爭後期開始逐漸改善，這無疑的對1970年代後的國際政治結構產生了關鍵性的影響。

（三）越戰對東亞情勢的影響

1975年4月30日，南越政府新任總統楊文明將軍在上任不到48小時內，向北越無條件投降，30年來的越南戰爭宣告結束，美國介入19年的越南政策也宣告結束，美國總統福特（Gerald Ford）指這是「結束了美國人經驗的一章」，前美國駐越南司令魏斯摩蘭（William Westmoreland）將軍說：「越南宣告投降，美國讓一個盟國覆敗，是美國光榮史上中最悲慘的一章」。福特要求美國人民忘記越南，不要再為越南問題相互指責。

越南的易手不僅影響整個遠東地區的形勢，更深的影響了美國，南越政權瓦解後，遠東國家莫不開始重新為自己未來的前途作打算，他們認為美國對於盟邦的承諾並不可信任，並認為自己的安全將受到莫大威脅。南韓總統朴正熙要韓國人民自立自強維護自己的生存，總理金鍾泌說，越南的結局不是一件局部性的事件，而是對整個自由世界的一項警告；菲律賓和泰國更是顯得戰戰兢兢，他

們意圖向共產黨示好，免於赤化的可能；而菲律賓則樂見南越向共產黨投降。菲律賓外長羅慕洛說：「我們樂見這種安排，避免喪失更多的性命，我們樂意看到此一悲劇的結束」。菲律賓總統馬可仕更表示將重新考慮與美國同盟關係，並說將要收回美國在菲律賓的基地。[112]

　　泰國政府亦抱持的相同的態度，他們希望南越政府的投降，可導致中南半島及東南亞其他地區的和平，自從南越向共軍投降後，泰國政府感到寢食難安，不斷向共黨示好，泰國要求美國在兩年內撤出於泰國的25000名軍隊及350架飛機。在越戰時期，泰國是美國攻擊越共的最大基地，泰國在越戰時期亦出兵12000人協助美軍在越南作戰。越南赤化後，泰國力求爭取越共的諒解，新加坡和印尼同樣表示東南亞的局勢堪慮，新加坡代理總理吳慶瑞在南越向共黨投降後說，中南半島的軍事失敗，東南亞國家對當地叛亂軍的壓力將日益增加；印尼方面也認為中南半島情勢轉變，將使印尼內部共黨勢力更加地增長。[113]

　　引用當時西雅圖時報的說法：「骨牌理論，其正確性正面對立即的考驗。在東南亞有些『骨牌』可能動搖，像泰國、菲律賓這些國家將採取較中立的立場，但沒有理由揣測，在世界其它地區的骨牌也將倒下。」[114]原本美國介入越南就是為了防止赤化，可惜這個目標非但沒有達成，美國狼狽撤出越南，還使得越南周邊國家陷入惶惶不安的情狀，原本沒有赤化可能的國家，也隱隱有發生危機的可能性，而這些均是美國涉入越南戰爭所史料未及的後果。

---

[112] 袁文靖，《越南戰爭史》，頁581-582。
[113] 袁文靖，《越南戰爭史》，頁582-583。
[114] 袁文靖，《越南戰爭史》，頁584。

📖 第五節　小結：越戰加速了體系變遷與國家外交政策的轉型

　　綜上所述可知，原本緊密的兩極對抗，在歷經越戰後，起了關鍵性的變化，美國長期的陷於越戰之中，耗損了極大的人力與財力，但最終的結果卻是黯然的退出越南戰場，美國意識到國力已大不如前，此外，美蘇實力差距的縮小，使得美國開始重新思考其全球的安全戰略，當然，美國同時也重新檢視了他在東亞地區的政策；尼克森主張把美國世界警察的責任劃撥給各國，由區域國家分擔維護自己國家安全的責任。他認為東亞國家的安全，不應該依賴別人而成為負擔，美國在東亞地區仍然會扮演重要的角色，但有範圍限制：亦即美國仍將恪守與盟國的條約義務，但不指揮亞洲國家行事；在安全問題上，美國將期望並鼓勵逐漸由亞洲國家本身來處理與負責自身之安全問題，美國往後將避免陷入如越戰般的泥淖。[115]過去的圍堵政策顯然無法達到安全目標，轉而對中國採取溝通，展開權力平衡外交，改善美國與中國間的關係，1971年時，美國的乒乓球代表團訪中國，到了1972年雙方簽訂的「上海公報」，[116]尼克森時期一改過去對共產勢力的圍堵政策，開始與中共交好；另美國在東亞地區的盟友日本也於1972年與中國建交，雖然美蘇間依舊呈現對立的狀態，但隨著越戰的曠日廢時，中蘇的關係

---

[115] 參見"*Foreign Relations, 1969-1976*, Vol. I", released by the Office of the Historian Documents, pp.10-38, http://www.state.gov/r/pa/ho/frus/nixon/i/20701.htm, 另見*Public Papers of the Presidents of the United States: Richard Nixon, 1969,* pp.544-556.

[116] John Spanier, *American Foreign Policy Since World War II* (New York: Congressional Quarterly, 1991), pp.187-188.

惡化，產生了變化，原本緊密的兩極對峙態勢，逐漸轉為鬆散的兩極，而原本國民黨政府想藉由越戰進而反攻大陸的夢想，也因美中之間關係的改善，無疾而終。

第五章
中美關係正常化：戰略三角下的小國外交

 學習目標

本章希望讀者理解國家利益的需求遠大於任何理想主義的宣傳，冷戰時期國際宣傳上勢不兩立的國家，在面臨共同利益，仍需要與各自認知的魔鬼合作。美國重新採取權力平衡的手段來詮釋一個低盪的年代，而在低盪政策下被犧牲的小國如何利用戰略三角的概念，重新謀求自身的國際角色與權力定位來面對新時代的來臨。

摘 要

本章將說明冷戰兩極體系鬆動後，美國全球戰略的改變。由於美國陷入越戰的泥淖，在與蘇聯的全球競爭上屈居劣勢，在面臨經濟蕭條與國內反戰聲浪，美國重新思索權力平衡的聯盟策略來改變困境，改善與中國關係成為解決越戰與制衡蘇聯的最佳策略。然而中美關係正常化首要處理的問題就是中美衝突的台灣問題，美國透過上海公報、建交公報解決美台關係，並藉由台灣關係法與八一七公報分別強化美台、美中之間的信任關係。在強國所建構下的台海關係，台灣如何謀求外交出路，成為小國外交永遠的痛。

第一節　理論與歷史

　　70年代是個低盪（Détente）的年代，國際戰略格局面臨了重大的轉變。共產陣營的中共居然與西方陣營領袖的美國建立了友誼的橋樑，充分顯示了英國的外交準則「沒有永久的朋友，也沒有永久的敵人，只有永久的利益」。國際局面不再是傳統嚴密兩極，儘管國際體系論者有新的體系架構來說明新的形式，但在區域個案的分析上，羅德明（Lowell Dittmer）的戰略三角理論卻有著精湛的分析。[1]

　　戰略三角的討論雖根源於現實主義，但是由於強調總體穩定超出國家的個別利益，因此帶著新自由主義，或者至少是守勢現實主義[2]的色彩，而與主張國家追求無盡權力的攻勢現實主義[3]大不相同。[4]羅德明的戰略三角引進了賽局理論（Game Theory）的概念並假定特定條件下的三邊關係：第一行為者是理性的主權者，有權決定自身的行為；第二任何雙邊關係都繫於和第三者之間的關係；第三國家安全是行為者最重要的考量。[5]羅德明並依照三邊關係的友

---

[1]　Lowell Dittmer, "The Strategic Triangle: An Elementary Game-Theoretical Analysis," *World Politics*, Vol. 33, No. 4 (July 1981), pp. 485-516.

[2]　守勢現實主義（Defensive Realism）以Jack Snyder為代表，強調國家擁有過多的權力必然遭致其他國家聯合制衡，所以國家應以現狀滿足為主，不超過自己應有權力。請參閱周湘華、董致麟主編，《國際關係理論與實務》（台北：新文京出版社，2009年），頁13-14。

[3]　攻勢現實主義（Offensive Realism）結合摩根索（Hans Morgenthau）及華爾滋（Kenneth Waltz）的觀點，並以米爾斯海默（John J. Mearsheimer）為代表，強調國家追求國家權力的極大化，並以霸權作為終極目標。周湘華、董致麟主編，《國際關係理論與實務》，頁11-13。

[4]　吳玉山，「十年的知識薪傳：重新檢視爭辯中的兩岸關係理論」，《中國大陸研究》，第52卷，第3期（2009年），頁113-127。

[5]　Lowell Dittmer, "The Chinese 'Mini-Triangle': An Analysis of United States

善或敵對，建構了四種模型，分別是羅曼蒂克型、三邊家族型、婚姻型、單位否決型。[6]

在三邊為正的三邊家族三角中，三個賽局者都扮演「朋友」（friend）的角色；在兩正一負的羅曼蒂克三角中，「樞紐」（pivot）則與另外兩個「側翼」（wing）維持友好關係，而兩翼之間則處於敵對的狀態；在一正兩負的結婚型三角，友好的兩方扮演的是「夥伴」（partner）的角色，而同時與「夥伴」敵對的則是「孤雛」（outcast）；在三邊同時敵對的單位否決型三角中，每一個賽局者都扮演「敵人」（foe）的角色。

在四種戰略三角的形態當中，一共產生了六種角色。它們分別是羅曼蒂克型中的樞紐和側翼，三邊家族型中的「朋友」，單邊否決型中的「敵人」，和婚姻型中的「孤雛」（outcast）和「夥伴」（partner）。對於各種角色的可欲性（desirability）可以用兩種方法來計算。吳玉山認為對於戰略三角的行為者而言，友好關係愈多，角色愈有利。在友好關係數目相同的場合，另外兩個行為者如果彼此敵對，則對本身有利；如果彼此親善，則對本身不利，因為此時有被設計和出賣的可能。利用這兩個標準，可以將戰略三角當中六個角色的優越順序排列出來。包宗和對於六個角色的可欲性則

<hr>

Policy Toward China and Taiwan," *working paper*, 1996.

[6] 「羅曼蒂克型」（romantic）的三角是指在三邊關係當中有一邊為負（敵對），兩邊為正（親善），敵對關係是發生在兩翼之間，而兩個親善關係是發生在兩個側翼和樞紐之間。「三邊家族型」（menage à trois）是指三邊關係均為正。「婚姻型」（marriage）是指兩邊為負，一邊為正。「單邊否決型」（unite veto）是指三邊關係都是敵對的。參見Lowell Dittmer, "The Strategiriangle Review," in Ilpyo J. Kimtrategic, *Triangle: China, the United States and the Soviet Union* (New York: Paragon House Publisher, 1987), p. 34; 與Lowell Dittmer, "The Strategic Triangle: An Elemental Game-Theoretical Analysis", pp. 485-516.

有另外一種算法。他對任一戰略三角行為者和其他兩方所發展出的
親善關係給＋1分，敵對關係給－1分，而對於另兩方間的親善關係
給－1分，敵對關係給＋1分。一個角色的優越順位是由三邊關係的
分數加總所決定的。在表一當中，我們可以看到吳玉山和包宗和用
不同方式所計算得到的六種角色的優越順位。

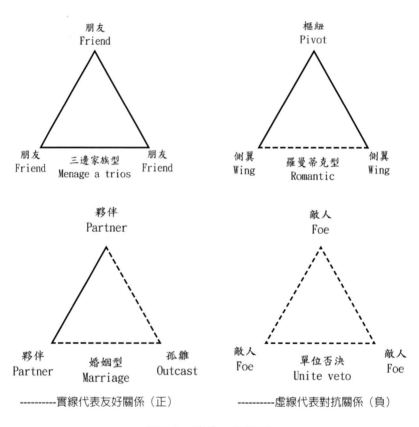

圖5-1　戰略三角類型

表5-1　戰略三角角色優越順位排序

角色	親善關係的數目	另兩方的關係	排順（吳玉山）	排順（包宗和）
樞紐Pivot	2	敵對	1	1
朋友Friend	2	親善	2	2
夥伴Partner	1	敵對	3	2
側翼Wing	1	親善	4	3
敵人Enemy	0	敵對	5	3
孤雛Outcast	0	親善	6	4

資料來源：Yu-Shan Wu, "Exploring Dual Triangles: The Development of Taipei- Washington-Beijing Relations," p. 30；包宗和，「戰略三角角色轉變與類型變化分析－以美國和台海兩岸三角互動為例」，頁345。[7]

　　對於研究戰略三角的學者而言，「樞紐」的角色是一個研究的重點。羅德明在他的經典之作"The Strategic Triangle: An Elementary Game-Theoretical Analysis"當中，清楚的指出樞紐是戰略三角中最為有利的一個角色。樞紐是指該行為者和其他兩個行為者（側翼，wing）都維持親善的關係，而兩翼之間卻是敵對的。樞紐可以搖擺在兩翼之間，誘使兩翼為了博取樞紐的友誼而給予本身利益。同時樞紐也會促使兩翼相互猜忌，防止二者和好，一方面增強兩翼追求自己的動機，一方面避免兩翼合謀。由於樞紐在兩翼間是一個平衡者，因此當側翼甲做出違反樞紐利益的動作時，樞紐便可向側翼乙傾斜（tilting），從而引起側翼甲的忌妒和憂慮，從而使得甲改變其行為，而重新向樞紐靠攏。藉著採取巧妙的傾斜策略，樞紐可以從兩翼獲得最大的讓步，因此樞紐便被認為是在戰略三角當中最為

---

[7]　吳玉山，「非自願的樞紐：美國在華盛頓－台北－北京之間的地位」，《政治科學論叢》，第12期（2000年），頁193-195。

有利的一個角色。[8]

在1960年代末，美國由於長期介入越戰，國力大為損耗，無法獨立圍堵國際共產主義的擴張。於是季辛吉提出新五強－美國、蘇聯、中共、西歐與日本－的構想，一方面想要敦促盟國西歐和日本分擔防衛重擔，一方面將北京拉入大戰略三角的格局中來，力圖使得華盛頓取得其中樞紐的地位。於是美國相繼和蘇聯與中共改善關係，同時又利用北京與莫斯科之間的敵對來增進本身的利益。[9]也就是在當時美國的戰略思考構成了戰略三角理論在學術界興起的背景。

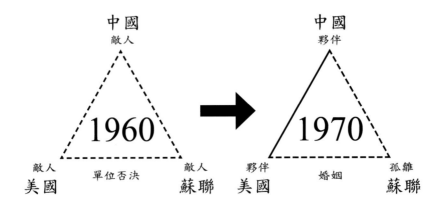

由於戰略三角分析1970年代的美中蘇關係，在史實上獲得相對的驗證。為了擺脫越戰，美國需要中共的合作說服北越停戰，所以在美中越的羅曼蒂克三角上，中共取得了樞紐地位；並利用這個樞紐位置換取了美中蘇婚姻型大三角中的夥伴角色；當然也迫使得美中台戰略三角由婚姻型轉向羅曼蒂克型，中共從孤雛型角色轉變

---

[8] 吳玉山，「非自願的樞紐：美國在華盛頓－台北－北京之間的地位」，頁192。

[9] Henry Kissinger, *Diplomacy* (New York: Simon & Schuster, 1994).

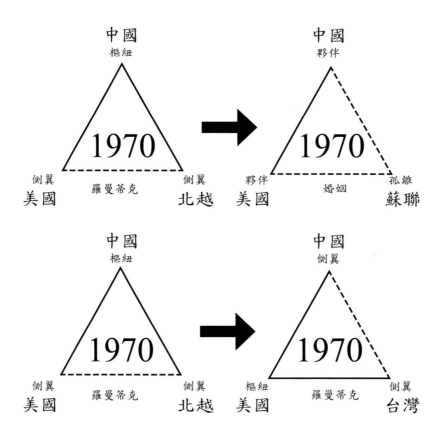

成側翼角由於台灣和中共都全力經營和美國的關係，希望在兩岸關係當中獲得美國的支持，而兩岸彼此之間又無法免除劍拔弩張的態勢，因此毫無疑義的，當前的美國－台灣－中共關係是羅曼蒂克型的戰略三角。在這個三角當中，華盛頓是扮演著樞紐的角色，和北京與台北基本上都維持著親善的關係，而台灣與中國大陸則是扮演著兩翼的角色，相互爭奪美國的青睞。美國的地位依戰略三角的觀點來看是最為優越的，而台北和北京則是處於相當不利的地位。[10]

_____

[10]　羅致政，「美國在台海兩岸互動所扮演的角色－結構平衡者」，《美歐月

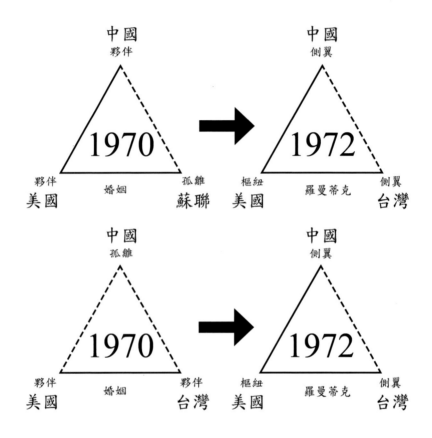

　　這些一連串的角色變化，不僅影響著全球角色也替換了區域角色，整個70年代就在低盪的政策下，各個國家自願或非自願性的穿戴起不同角色的戲服，極力地爭取國際生存空間，梅特涅式（Klemens Wenzel von Metternich）的歐洲平衡再一次透過季辛吉之手席捲全球，假如把70年代稱作新現實主義外交的年代一點也不為過。

第二節 尼克森的中國政策

在歷經危機年代的艾森豪,與介入越戰的甘迺迪與詹森,美
國的局勢比韓戰時期更加困難。韓戰時期的美蘇競爭,美國還占上
風,只是不願意把資源投注在亞洲戰場;然而越戰時期,蘇聯在軍
備競賽上似乎取得領先地位,美國急於從越戰脫身,以挽救衰頹的
戰略劣勢。競選期間尼克森以結束越戰的口號贏得選舉,但並沒有
說明他將如何結束越戰,他只是暗示一個談判的年代來到,他要建
構一個權力平衡的現狀來穩定既有的局勢。

尼克森與季辛吉這個奇特的組合,他們明顯改變美國的全球戰
略。他們既想避免艾森豪體系僵硬的意識型態,也想結合甘迺迪與
詹森靈活的戰術策略。他不想追求兩極體系的零和遊戲,因為絕對
性的安全代表著絕對性的不安全,軍備競賽會耗損相互競爭國的實
力,直到一方落敗為止。他也不願意美國承擔全球獨一無二的平衡
者角色,致使美國為了單一的承諾而落入無止盡的骨牌理論中。美
國需要一種充足的安全而不是絕對,絕對優勢的代價太高,充足則
可緩減美蘇雙方的安全感,並符合美蘇雙方的利益。[11]

1971年7月6日,尼克森在堪薩斯的演說提出了世界有五大經濟
力量中心:美國、蘇聯、西歐、日本、中國。由於經濟力量是其他
力量的關鍵,所以這些中心將決定20世紀全球未來的方向。[12]顯示
出美國對世界的認知由兩極朝向多極改變。季辛吉就認為兩極世界
太容易看出細微的差別,一方所得就是另一方所失,這使得每一個

---

[11] John L. Gaddis, *Strategies of Containment: A Critical Appraisal of Postwar American National Security Policy* Chapter 9.
[12] Henry Kissinger, *White House Years* (Boston : Little, Brown, 1979), p.1072.

議題都涉及到生死存亡，弱小的國家希望獲得保護但又期望不受大
國支配而飽受折磨；而每個超級大國又希望維持在盟國間的顯赫地
位，增強中間地帶國家影響力，凌駕於對手的安全感。多極體系可
以跳脫兩極的困境，一個多極的體系會有更大的機會促成共同的國
際秩序，因為它具備天然而有機的權力平衡成分，單一國家不必承
擔獨自維持均勢的責任，這符合美國長遠的利益。[13]從兩極到多極
其實面臨不少壓力，為了減緩這些壓力並改變美國人的觀點，季辛
吉提出三邊主義（trilateralism）的組合模式，美中蘇大三角或是美
英西歐的小三角，這些三角關係可以是政治、軍事或經濟單一項目
的協作關係，他可以是多層次，藉此將中共的角色提到全球戰略的
議題。[14]

　　尼克森與季辛吉不再讓意識型態成為威脅認知的主軸，並重提
老牌現實主義英國的名言「沒有永遠的敵人」。1969年季辛吉公開
宣布美國對其他國家，甚至是共產主義國家，不再依照意識型態來
辨別敵我，而是依據她的行動。自二次大戰結束以來，美國的行政
當局一直以看似存在的威脅來界定美國的利益，而不是以美國在世
界上的利益作為考量。尼克森與季辛吉以多極體系的世界秩序做為
基礎，發展出一個獨立於威脅的利益觀念。美國要以多極體系的概
念來界定威脅，而不是依照意識型態所產生的威脅來界定美國的利
益。與此同時，中共的領導人也超越了意識型態，把地緣政治列入
威脅的首要考量。

　　然而威脅與安全的利益界定不可能一步到位，儘管雙方都知道
利益需要調整，但是均勢的觀點就是維持現狀而不是改變現狀，美

---

[13] Henry Kissinger, *White House Years*, pp.68-69.
[14] 張曙光、周建明編譯，《中美解凍與台灣問題：尼克松外交文獻選編》
　　（香港：香港中文大學，2008年），頁xxi。

國的決策者認知要與不同的共產主義國家合作，但也不能容忍共產主義者進一步的勝利，導致美國蒙受羞辱。所以在安全與威脅利益觀念的混合下，產生了一種模糊的戰略，也就是低盪戰略，一個讓主要國家認知穩定的相對滿意，也依賴於他們的相對不滿意。低盪的時代，也開啟了談判的時代。

　　1969年2月1日尼克森就職演說中就暗示不希望中國隔離在世界之外，然而同天尼克森給季辛吉的指令是盡一切可能與中國人尋求和解，[15]對華政策上重新啟動華沙會談，並修正對華非戰略物資管制辦法的鬆綁。同時尼克森也透過羅馬尼亞與巴基斯坦向中共傳遞重開溝通管道的意向，特別是巴基斯坦方面。面對中蘇邊境衝突的升高，尼克森也表明中蘇衝突若放任中共被蘇聯摧毀，不符合美國的利益。與此同時，美國也與蘇聯尋求和解的低盪戰略，藉由和緩雙方的關係尋求廣泛與制度性的和平，發展自我克制的國家利益，讓侵略者受懲罰，克制者受獎賞的新時代國際結構。美國的低盪政策除了想避免核子戰爭，同時也想藉由雙方的行為準則或國際規範來限制蘇聯的擴張，藉由談判將蘇聯聯繫到新的國際架構。[16]當然在這樣的前提下，將中共納入新時代的體系並成為抗衡蘇聯的側翼，有助於美國將單位否決型的戰略三角轉換成羅曼蒂克型的戰略三角。尼克森與季辛吉的成功在於將三方的意識型態關注轉換成地緣戰略的關注，促使樞紐角色的產生。

---

[15] 「尼克森至季辛吉電文」（1969.2.1），陶文釗主編，《美國對華政策文件集（1949-1972）》（第三卷）（北京：世界知識出版社，2005年），頁1009。

[16] 劉金質，《冷戰史》（中冊）（北京：世界知識出版社，2003年），頁667-669。

第三節　中美關係正常化與台灣退出聯合國

　　尼克森將美國從意識型態的泥沼抽離轉向地緣政治的發展，促使中共成為美國全球戰略的重要側翼，為了促使側翼的形成，改善中美關係成為必要的選項。美國期待原本處於全球戰略三角婚姻型孤雛的中共，轉變成羅曼蒂克型的側翼；換言之美中台的戰略小三角中孤雛中共將變成美國的側翼，這意味著台灣在美中台戰略三角中不再是夥伴而是側翼。台灣從美國的夥伴變成側翼，說明了台灣在美國外交地位的下降，同樣的美國陣營的盟國也會配合美國調整其外交政策，致使台灣在1970年代遭遇連番的外交挫敗。孤雛的中共變成側翼，中美關係正常化成為必要的手段；同樣地，從夥伴變成側翼的台灣，面臨美台關係生變，致使聯合國席位不保，成為台灣外交重大的挫折。

（一）中美關係正常化

　　中美關係正常化的背景來自於中蘇的交惡以及美國試圖退出越南，無論是在冷戰格局下或是結束越戰的考量下，美國都無法將中國排除，而拒絕與其接觸、交往，故在冷戰格局鬆動的情勢下，美國在70年代展開了與中共關係正常化的政策目標。[17]1969年2月11日季辛吉幫尼克森準備的華沙會談備忘錄中就說明了，中國人準備復歸到重視國家間的關係而非革命方向的溫和外交政策，其考慮的

---

[17] 學者包宗和即從越戰的影響、對過去政策的檢討、對中共戰略價值的重估、與中共貿易的展望四個層面分析尼克森重訂對華政策的原因。詳見包宗和，《美國對華政策之轉折：尼克森時期之決策過程與背景》（台北：五南出版社，2002年），頁64-82。

動機有五種可能：（1）持續的內部困難可能強化其緩和國際關係的願望；（2）仍在進行的巴黎和談與北越每況愈下的軍事命運密切相關；（3）對日益加劇的中蘇緊張關係的一種反應；（4）探詢尼克森新政府意圖的一種努力；（5）尋求讓美國緩和立場，特別是讓美國與台灣的中華民國疏遠關係的一種努力。[18]季辛吉認為美國應該強調雙方關係正常化，代表美國政策的根本改變，不管北京接受與否，至少鼓勵中共內部人士將美國視為非敵對勢力而達成一種諒解。所以尼克森接櫫一個談判的年代，重回地緣政治的思維，而中共在經歷文革反美反蘇的教條主義下，也透過蘇聯在珍寶島事件的反擊，讓中共逐漸回歸現實主義的思維。

　　中蘇關係的惡化除了表面的意識型態衝突外，其實蘇聯為其全球戰略目標而犧牲中共的國家利益才是主因。1964年10月蘇聯總書記布里茲涅夫上台後，蘇聯積極介入越戰，除了蘇越高層互訪並發表聯合聲明，蘇聯聲稱對北越的安全不會漠然視之，明顯地在剝奪中共在越南的影響力，蘇聯要求中共與其協調在越南的政策，並要求透過中共境內的鐵路運輸蘇聯軍隊，及開闢空中航道讓蘇聯軍機通過，這些都引發中共的反對。[19]由於中蘇關係的惡化，再加上蘇越關係益加良好，南北夾擊的地緣思考很難不成為中共安全上的顧慮。1969年3月2日珍寶島事件爆發，中共赫然發現外交上的孤立，她無法同時面臨美蘇兩國的軍事衝突，遂於4月要求陳毅、葉劍英、徐向前、聶榮臻四大元帥共同研擬中共的國際戰略，重新思索中共在兩極體系下如何突圍，這也促成中共的外交政策重回現實主

---

[18] NSC files, Box 200, Vol. 1, Nixon Presidential Material Project, 美國第二國家檔案館，張曙光、周建明編譯，《中美解凍與台灣問題：尼克松外交文獻選編》，頁17-22。陶文劍、牛軍編，《美國對華政策文件集第三卷》（下）（北京：世界知識出版社，2005年），頁1009-1010。

[19] 陶文劍主編，《中美關係史（1949-1972）》，頁470-472。

義路線，與尼克森所倡導的地緣政治不謀而合。[20]

　　珍寶島事件後，蘇聯在邊境大量集結部隊，並揚言要摧毀中共的核子設施，[21]使得中共面臨巨大的安全壓力，儘管1969年10月20日中蘇邊境談判開始，稍微緩和了立即的軍事衝突，但是雙方邊境部隊的集結並沒有緩和。與此同時，美國也透過巴基斯坦葉海亞（Yahya Khan）總統傳達美國將停止兩艘驅逐艦在台灣海峽的例行性巡邏，並希望建立雙方高層的祕密溝通管道。中共則以釋放因遊艇失事而漂入中共領海的美國人回應。[22]1969年11月14日葉海亞總統會見周恩來並獲得其同意安排雙方祕密溝通方式；美國於12月8日接獲通知，也立即同意接受邀請派人密訪北京。1969年12月3日，美國駐波蘭大使史托塞爾（Walter J. Stoessel, Jr.）終於接觸到中共駐波蘭代辦雷陽，並透過翻譯傳達改善中美關係的訊息，[23]使

[20] 陶文釗主編，《中美關係史（1949-1972）》，頁504-506。

[21] 1969年8月21日美國國務院電報說明，蘇聯企圖摧毀中國核武及導彈設施受到越來越密切的關注，而蘇聯駐美大使館人員也私下詢問美國國務院官員倘使蘇聯摧毀中共核武設施美國會有何反應。陶文釗、牛軍編，《美國對華政策文件集第三卷》（下），頁1030-1031。1969年9月12日國家安全委員會高級官員提供給季辛吉的備忘錄顯示同意國務卿遞交給總統的備忘錄觀點，蘇聯應該不會行動，惟強調不讓蘇聯製造美國默許的態度而讓中共誤解。NSC files, Box 1031, Exchanges Leading up to HAK Trip to China- December 1969- July 1971 (1), Nixon Presidential Material Project, 美國第二國家檔案館，張曙光、周建明編譯，《中美解凍與台灣問題：尼克松外交文獻選編》，頁47-52。

[22] 1969年10月16日季辛吉給尼克森的報告說明巴基斯坦葉海亞總統已經轉達美國願意與中共和解，季辛吉知會美國駐巴基斯坦大使可以告知葉海亞總統美國打算撤出在台灣海峽巡邏的2艘驅逐艦。11月初葉海亞總統召見中共駐巴基斯坦大使說明此事，12月初中共大使回訪葉海亞總統，肯定巴基斯坦在中美關係的努力，並說明中共於日前釋放2名美國人。美國對此回應表達肯定，並希望建立巴基斯坦管道維持雙方的溝通。陶文釗、牛軍編，《美國對華政策文件集第三卷（下）》，頁1042-1048。

[23] 參見「美國駐巴基斯坦大使給國務院的報告」。陶文釗、牛軍編，《美國對華政策文件集第三卷（下）》，頁1043-1044。張曙光、周建明編譯，

得中斷2年多的中美大使級會談於1970年1月20日重開談判。雙方會
談均顯示極大的善意，美國表明願意改善與中華人民共和國的關
係，美國有協助保衛台灣的義務，但不妨礙海峽兩岸自己達成任何
和平解決方式，隨著亞洲和平的發展，美國將削減台灣的軍事設
施，並與中共討論出一項聯合聲明，美國願意派代表去北京或接待
中共的代表來華盛頓。中共也表示不再堅持台灣問題不解決，其他
問題不談的方式，願意在和平共處五原則的基礎上發展雙方關係，
並同意接待美國代表來北京進一步探討中美關係的根本原則，季辛
吉對此表示出積極的態度。[24]

　　1970年2月24日，季辛吉接獲葉海亞總統給他的私函，其間表
達巴斯基坦認為中國目前的看法，主要的觀點有二：一是南北越的
衝突不再是中美雙方的問題；二是中共不再擔心美蘇在亞洲尋求合
作。中共對美國的建議會非常審慎應對，但傾向雙方進行有意義的
對話，季辛吉期待雙方的對話不必透過正常的外交管道，高層直接
的溝通會使得雙方的意圖更明確且不受外界影響。[25]或許葉海亞總
統過於樂觀的看法，致使1970年3月柬埔寨親美派系推翻了西哈努
克（Norodom Sihanouk）親王政權，美國於4月出兵柬埔寨，試圖
切斷北越在柬埔寨的庇護所，卻引發中共極大的反彈，除了延遲既
定的中美大使級會談，中共並在5月20日發動50萬人於天安門進行
反美示威，並發表「全世界人民團結起來，打敗美國侵略者及其一
切走狗」，使得緩和的中美關係暫時停滯。[26]

《中美解凍與台灣問題：尼克松外交文獻選編》，頁64。

[24]　參見1970年2月26日「季辛吉致尼克森備忘錄」。陶文釗、牛軍編，《美國
　　對華政策文件集第三卷（下）》，頁1050-1051。

[25]　參見「季辛吉致尼克森的報告」，陶文釗、牛軍編，《美國對華政策文件
　　集第三卷（下）》，頁1052。

[26]　其實根據1970年4月11日美國中央情報局研判中共的外交動向，明確地指出

　　有趣的是，這次的衝突雙方在文字上的批評均留有餘地，除了語氣較為緩和，仍表達華沙會談的意願。東亞助理國務卿馬歇爾‧格林（Marshall Green）於5月18日致國務院的報告就說明了，中共延遲華沙會談是一種心理戰術，克制態度非常明顯，中共用溫和的言語指責美國的行動而非嚴厲的批評；中共透過新華社發布外交辭令而非外交部。[27]美國意識到這種克制態度持續釋放善意，6月29日撤退柬埔寨的美軍，宣布美軍對南越的作戰行動將限於空中支援。放寬對中共物資禁運措施，尼克森甚至在接受時代周刊訪問時表達願意前往中國的想法，並透過慶祝聯合國25周年的正式場合，第一次正式使用中華人民共和國國號稱呼中共。期間美國也試圖透過法國及荷蘭管道傳遞訊息，但始終沒有獲得明確答覆，季辛吉認為巴基斯坦管道是機會比較高的。

　　1970年10月25日巴基斯坦總統葉海亞參加聯合國25周年順道與尼克森展開會談。尼克森向葉海亞表達重開與中共的談判，聲明美國絕對不會與人合謀反對中國，並希望派遣密使訪問北京，希望借用葉海亞訪問中共時代為轉達。季辛吉強調祕密溝通的主要原因是讓雙方說出真實的想法卻不影響其自由決定權。[28]10月27日季辛吉與羅馬尼亞總統會談時也再次表達美國有興趣與中華人民共和國建立政治和外交聯繫，希望其能代為轉達中共，季辛吉並保證這些訊

中共已經改變1966-1967年紅衛兵式的革命外交，他不僅在年初主動與美蘇進行談判，對其他國家展現修好的態度，特別是亞洲國家。中共不僅盡力修補與北韓、北越的緊張關係，也對原本仇視的緬甸政權表達友善。張曙光、周建明編譯，《中美解凍與台灣問題：尼克松外交文獻選編》，頁77-83。

[27] 參見「馬歇爾格林致國務卿報告」，陶文釗、牛軍編，《美國對華政策文件集第三卷（下）》，頁1053。

[28] 「1970年10月25日會談備忘錄」，陶文釗、牛軍編，《美國對華政策文件集第三卷（下）》，頁1061-1063。

息傳達僅限於白宮知道。[29]

　　1970年11月周恩來會見巴基斯坦葉海亞總統，其代轉尼克森致周恩來的口頭照會草稿，正式表達願意以談判來解決雙方的歧見，並同意透過巴基斯坦安排美國特使祕密訪問北京。同時羅馬尼亞也傳達美國願意談判之訊息，並攜回周恩來的短信，表達美國如果提供解決台灣問題辦法的願望，中共願意接待美國的特使並歡迎尼克森訪問北京。[30]美國獲得這兩國權威性的口信，祕密規劃訪華事宜，並且不讓國務院知悉。然而美國於1971年2月發動攻擊，試圖切斷胡志明小徑，並表明此行動並非針對中共，並於2月25日提交國會第二年度的外交報告中指出，美國準備放寬中共相關人士訪問美國簽證，放鬆貨幣管制，同意中共使用美元，取消進出中共船隻及飛機石油供給限制，美國船隻可以運送中共物資並停泊中共港口，正面表列出口至中共的非戰略物資清單，並對核准的指定項目可以直接進口。[31]3月15日美國全面開放持美國護照去中國大陸旅行之一切限制，中共除表明反對美國在寮國的侵略行動，並增加對北越援助，也透過外交管道表達儘管雙方在寮國有衝突，但是雙方遲早還是要談判的善意。1971年4月中共同意美國乒乓球隊訪問大陸，開啟雙方公開的良性互動；4月27日巴基斯坦傳來周恩來口信，重申開啟雙方談判，並願意接待美國總統訪問大陸。美國透過巴基斯坦於5月17日正式回覆由季辛吉代表總統祕密訪問並做總統訪問之行前工作。為了避免國務院不知情的官員影響雙方祕密進行的訪問，美蘇反彈道飛彈協定美國特別聲明此協定並非針對中共；

[29]　「1970年10月27日會談備忘錄」，陶文釗、牛軍編，《美國對華政策文件集第三卷（下）》，頁1064-1067。
[30]　陶文釗、牛軍編，《美國對華政策文件集第三卷（下）》，頁1067-1070。
[31]　陶文釗、牛軍編，《美國對華政策文件集第三卷（下）》，頁1073-1074。

同時針對中共加入聯合國乙案，美國駐聯合國代表於7月15日前不表達意見。6月2日巴基斯坦傳來周恩來未署名的信函，正式邀請季辛吉代表美國進行祕密的預備性磋商。美國擬訂了代號為馬可波羅1號的行動，藉由季辛吉代表總統訪問亞洲各國並慰勞美國海外駐軍，於7月1日出發，訪問南越、泰國、印度、巴基斯坦，最後飛往法國與南北越代表會談，其中9至11日即為祕密訪問北京，開啟了中美關係正常化重要的一刻。[32]

其實美國與中共關係正常化經歷了2年的試探，雙方正像探戈舞一樣，一進一退地尋找雙方的平衡點。1970年底雙方大致確認溝通的意願與途徑，剩下的也只是時間問題。然而美國如何看待即將實施的中美關係正常化？美國國家安全會議1971年4月17日NSSM124號針對中華人民共和國的下一步備忘錄，已經明確地標示出美國正常化的行程分成三部分：第一部分採取柔性動作，在任何時空下都可以輕易實施，如中共同意美國軍艦停靠大陸港口，或減少美軍貼近大陸區域的偵查行動；第二部分政府間的外交動作，吸引中共伸出橄欖枝葉的手，如建議雙方建立熱線，或隨著越南撤軍的進度減少台灣的駐軍；第三部分針對改變台灣的重大政策以清除中美雙方的障礙，如在北京設立一定型式的官方機構，一定程度上表達美國願意承認台灣是中國的一部分，只要北京承諾不在台海挑起危機，將美國駐台軍隊撤離。[33]同樣地中共中央政治局也於5月26-29日討論出8項原則的中美關係：（1）美國軍事力量限期撤出台海為關鍵因素，如果雙方不能有原則商訂，尼克森訪問就推遲；（2）解放台灣是中國內政，不容外人插手，嚴防日本在台灣

[32] 陶文釗主編，《中美關係史（1949-1972）》，頁526-538。
[33] 張曙光、周建明編譯，《中美解凍與台灣問題：尼克松外交文獻選編》，頁121-122。

活動；（3）力爭和平解放台灣；（4）反對兩個中國或一中一台，美國必須承認中華人民共和國是代表中國唯一合法政府；（5）如前三條未實現，中美不便建交，可在雙方首都建立聯絡機構；（6）不主動提聯合國問題，如美國提及則不接受兩個中國或一中一台的安排；（7）不主動提中美貿易問題，如美方提及，在美軍從台灣撤走前提確定後即可商談；（8）中國政府主張美國武裝力量應從印度支那三國、朝鮮、日本及東南亞各國撤走。[34]所以當季辛吉於7月9日從巴基斯坦祕密飛往北京後，雙方的會談很快達成原則性的理解，並敲定尼克森訪華時間。

　　1971年7月15日中美雙方公布祕密訪問及尼克森訪華，當然引起台北方面的強烈反應，如同前述，這對正在為了聯合國席位進行生死搏鬥的台北來說，無疑是一大重擊，但美國一再保證，季辛吉訪問中國大陸並無祕密協定。[35]當時已被聯合國代表權搞得焦頭爛額的台北來說，不希望中美關係在此時又橫生變數，因此未在此問題上再多做文章，希望全力先保住在聯合國的席次。

　　但就在台灣退出聯合國後不久，中美兩國進行了首次元首級的接觸。1972年2月21日美國總統尼克森訪問北京，與毛澤東在中南海會面，第二天，尼克森提出了有關台灣的五項立場：（1）美國接受「一個中國，台灣是中國的一部分」，今後絕不再提台灣地位未定；（2）美國以往、現在和未來絕對不支持任何方式的台灣獨立；（3）未來美國對台灣影響力逐漸降低後，將設法使日本不至於取代此一影響力；（4）美國支持以和平方式解決台灣問題，不

---

[34] 陶文釗主編，《中美關係史（1949-1972）》，頁535-536。

[35] 國史館藏，「駐美大使沈劍虹報告美匪關係發展所做因應措施影本」，忠勤檔案，檔號：3010.82/5044.01-38，「匪偽外交」，編號3，《蔣經國總統檔案》。轉引自涂成吉，《中華民國在聯合國的最後日子：一九七一年台北接受雙重代表權始末》（台北：秀威資訊科技，2008年），頁70。

支持任何台灣使用武力重返大陸的舉動；（5）美國將尋求與中共
關係正常化。[36]同月28日，中美兩國發表了聯合公報，[37]公報中雙
方對台灣問題闡述了不同的立場，中共方面提出：[38]

> 中華人民共和國政府是中國的唯一合法政府；台灣是中國的
> 一個省，早已歸還祖國；解放台灣是中國內政，別國無權干
> 涉；全部美國武裝力量和軍事設施必須從台灣撤走。中國政
> 府堅決反對任何旨在製造「一中一台」、「一個中國、兩個
> 政府」、「兩個中國」、「台灣獨立」和鼓吹「台灣地位未
> 定」的活動。

而美國方面聲明：[39]

> 美國認識（acknowledge）到，在台灣海峽兩邊的所有中國
> 人都認為只有一個中國，台灣是中國的一部分。美國政府對

---

[36] 2003年12月11日美國解密1972年尼周會談備忘錄顯示尼克森曾對此五項原
則向中共承諾，請參閱http://www.gwu.edu/~nsarchiv/NSAEBB/NSAEBB106/
index.htm.此外，錢復回憶錄也有相關陳述，錢復，《錢復回憶錄（卷
一）》（台北：天下遠見，2005年），頁185。

[37] 此公報即《上海公報》，全文可見「中華人民共和國和美利堅合眾國聯合公
報」，《新華網》，1972年2月28日，http://news.xinhuanet.com/ziliao/2002-01/28/
content_257045.htm.據季辛吉的看法，上海公報一半以上其實是美中雙方「各
自表述在意識型態、國際事務、越南和台灣問題上的不同觀點」，由此可見
中美兩國即便簽署了公報，但雙方的歧見還有待時間來解決，這也是為何中
美兩國未能立即實現關係正常化的原因之一。Henry Kissinger, *Diplomacy* 林添
貴、鄭淑馨譯，《大外交》（下）（台北：智庫文化，1998年），頁986。

[38] 「中華人民共和國和美利堅合眾國聯合公報」，《新華網》，1972年2月28
日，http://news.xinhuanet.com/ziliao/2002-01/28/content_257045.htm.

[39] 「中華人民共和國和美利堅合眾國聯合公報」，《新華網》，1972年2月28
日，http://news.xinhuanet.com/ziliao/2002-01/28/content_257045.htm.

這一立場不提出異議（not to challenge）。它重申它對由中國人自己和平解決台灣問題的關心。考慮到這一前景，它確認從台灣撤出全部美國武裝力量和軍事設施的最終目標。在此期間，它將隨著這個地區緊張局勢的緩和逐步減少它在台灣的武裝力量和軍事設施。

　　尼克森此舉引起了台北方面的強烈不安，3月1日，台灣駐美大使沈劍虹訪晤季辛吉，季辛吉即向台灣保證美國絕不會接受中共所要求的立即從台灣撤出所有軍事人員。而美國國務卿羅吉斯（William Rogers）也向台灣保證美國絕對會與台灣維持邦交並履行條約義務，並且與中共之間沒有暗盤交易。[40]其後，美國主管遠東事務助理國務卿葛林於3月2日訪問台灣時向錢復表示他不同意關係正常化就是建立外交關係，而是指使不正常的狀況結束，例如使美國媒體能去中國大陸採訪等。[41]美國這些舉動表明了，在與中共建立新的接觸管道以及提高交往層級的同時，美國仍注意到台灣的反應，不希望過度地刺激台灣或使台灣失去對美國的信心。

　　1972年中美關係正常化很明顯地讓中共從世界孤雛的角色變成美國的側翼，美國也從兩極體系的敵人轉變成美中蘇均勢的樞紐，世界的戰略大三角改變了，美中台的小三角也變了，台灣從美國的夥伴角色降為側翼，美國也從台灣的側翼變成兩岸的樞紐，這個戰略三角的轉變說明東亞的格局面臨重大的轉變。

---

[40] 錢復，《錢復回憶錄》（卷一），頁187。

[41] 十多年後，葛林退休後曾在華府告訴錢復，當時尼克森與季辛吉告訴他「美國對貴國的邦交和條約承諾將繼續不變，所以我就認定正常化不代表建交。現在回想可能自己太天真了。」錢復，《錢復回憶錄》（卷一），頁190。從日後發展看，關係正常化其實就代表著建交。

（二）台灣退出聯合國始末

聯合國的成立代表著人類對第二次世界大戰的厭倦，並期待一個世界政府可以維繫和平，遺憾的是沒有任何一個國家過渡主權給聯合國，使得其效能大打折扣，然而聯合國仍是強國取得國際行為正當性與合法性的來源。中華民國為聯合國的創始國，當然理解存在於聯合國所賦予的正當性與合法性，所以當1949年敗退來台灣時，仍然積極爭取留在聯合國的代表性。隨著中共國際影響力遞增，阻擋中共加入聯合國越來越困難，台灣的聯合國保衛戰也歷經了三個階段：

（A）五〇年代：緩議案

聯合國中國代表權的爭議，自1949年11月15日中共外長周恩來致電聯合國秘書長賴伊（Trygve Lie）以及聯合國主席羅慕洛（Carlos Romulo），表明代表中國唯一合法政府的是中華人民共和國，而非中華民國，要求聯合國取消中華民國在聯合國的一切權利，並由中華人民共和國取而代之，[42]蘇聯聯合國代表團團長維辛斯基（Andrey Vyshinsky）立即在23日的大會發言支持中共的訴求。[43]不久之後韓戰爆發，聯合國安理會再次否決蘇聯所提排除中華民國會籍案，[44]1951年11月6日，聯合國大會第六屆常會在巴黎

---

[42] 「中共外交部長周恩來向聯合國聲明『中國國民政府代表團』無權代表中國」（1949.11.15）。王正華編，《中華民國與聯合國史料彙編：中國代表權》（台北：國史館，2001年），頁2-3。

[43] 「蘇聯代表團團長維辛斯基在聯合國大會全體會議上支持中共外交部長周恩來聲明」（1949.11.23）。王正華編，《中華民國與聯合國史料彙編：中國代表權》，頁3-4。

[44] 「聯合國安全理事會再次否決蘇聯排我案，蔣廷黻嚴斥蘇聯代表馬利克無知」（1950.8.1）、「蘇聯代表向安全理事會提出確認中共代表團地位案，駐聯合

舉行，蘇聯代表依舊提出希望將中國代表權排入議程的提案，而在總務委員會審查蘇聯的項目時，泰國提出緩議案，建議大會在本屆會期時不要討論此議題，蘇聯、波蘭兩國立即予以反對，英國代表發言贊成泰國的提案，泰國提案經表決以十一票贊成二票反對及一票棄權通過，此即緩議案的由來。[45]此後，整個1950年代，中國代表權問題便在「緩議」中聲度過。

　　緩議方式實行十年，六〇年代國際政局已經產生不同的變化。韓戰結束之後，歐洲殖民帝國瓦解，亞非國家紛紛獨立，美蘇兩國為了爭取新近獨立的亞非國家，皆接受其加入聯合國的要求，聯合國的會籍認定從選擇性轉向了普遍性，而新入會的亞非國家，為表示中立而不和美蘇「選邊站」，在美蘇雙方之間搖擺不定，但在心態上卻是支持中共為多。[46]1961年聯合國第十六屆常會台灣為了阻止外蒙古入會，而不惜動用否決權，但外蒙入會牽涉茅利塔尼亞入會問題也牽動非洲國家的動向，攸關在聯合國大會投票時中國代表權的問題。在當時聯合國的局勢，沿用十年的緩議案在亞非國家大量加入聯合國後，美國與台灣已不能在大會投票時控制1/2的席次，故緩議案隨時可能被否決。而在前述的外蒙入會問題上，台灣動用否決權此舉開罪了非洲國家，[47]故在大會投票時，緩議案不被非洲國家支持而遭否決的機會也相形增加，為了保住台灣的會籍，故六〇年代美國與台灣在中國代表權的議題上揚棄了緩議案，改為

國代表蔣廷黻指中共物資支援北韓，應勿再討論其入會問題」（1949.8.2）。王正華編，《中華民國與聯合國史料彙編：中國代表權》，頁3-4。

[45]　「聯合國大會第六屆常會通過泰國對中國代表權緩議案」（1951.11.13）。王正華編，《中華民國與聯合國史料彙編：中國代表權》，頁3-4。

[46]　王國璋，「中共如何取代我國在聯合國之席位」，《問題與研究》，第32卷第5期（1993年），頁17。

[47]　蘇聯將於台灣否決外蒙入會後也動用否決權否決茅利塔尼亞的入會，因此外蒙與茅利塔尼亞的入會看似無關實為一體兩面。

「重要問題案」，必須由出席聯合國大會的國家2/3以上通過才算
通過，增加了我國代表權的保障。

（B）由緩議轉變為重要問題

　　在由緩議案轉變為重要問題案的過程中，台灣與美國出現了意
見相左的情況，美國國務卿魯斯克與我國駐美大使葉公超的談話中
認為，緩議方式難再有效運用，勸我國不論情況如何，仍以會員國
身分續留聯合國，只要能阻止中共入會，不必堅持代表全中國。[48]
台灣對美國這樣的意見立即提出強烈的反駁，認為這樣的說法就是
對未來「兩個中國」的布局，台灣將對任何「兩個中國」或其他有
損中國主權的立場堅決反對，並提出如果美方強迫台灣接受此項想
法時，則必當斷然拒絕，並決心於迫不得已時退出聯合國，[49]台灣
並從政治及技術兩方面提出反對美國意見的觀點。[50]從台灣的意見

---

[48] 「外交部長沈昌煥呈『中國政府對我國在聯合國代表權問題之立場』」
　　（1961.3.30）。王正華編，《中華民國與聯合國史料彙編：中國代表
　　權》，頁124。

[49] 「外交部長沈昌煥呈『中國政府對我國在聯合國代表權問題之立場』」
　　（1961.3.30）。王正華編，《中華民國與聯合國史料彙編：中國代表
　　權》，頁125。

[50] 從政治觀點來說：1.此項擬議使我政府喪失代表大陸之資格，爾我反共復
　　國之基本國策相違背；2.依照此項建議，我將放棄大陸主權，為我憲法所
　　不容；3.此項建議如竟實現，我自由中國民心士氣將受嚴重打擊，並使大
　　陸同胞及海外僑胞灰心失望；4.目前共匪正遭遇重大災難，此項擬議不諦
　　為其解除困難，並提高其威望；5.共匪必利用機會擴大統戰陰謀，在我反
　　共基地從事顛覆，使我內部發生動搖。就技術觀點而論，美方建議亦屬
　　不切實際。美方雖曾聲言，其目的在阻匪入會。但需知匪之不克入會，
　　固因其不具會員國條件，亦因我在聯合國中迄被承認為全中國之合法代
　　表。今若剝奪我此項資格，使我僅代表台灣，而大陸之廣土眾民反無代
　　表，則阻匪入會，已失其法律上之根據，更無法有效阻止其進入聯合國。
　　「外交部長沈昌煥呈『中國政府對我國在聯合國代表權問題之立場』」
　　（1961.3.30）。王正華編，《中華民國與聯合國史料彙編：中國代表

來看，台灣反對外蒙入會無非是政治上的影響太大，如果一旦允許外蒙入會，將喪失代表全中國的合法性，從而造成國府統治台灣以及宣稱反攻大陸合理性的破滅，導致削弱國府在台灣的統治力量。但從美國的角度來看，現實情況是要在大會中爭取1/2多數以繼續維持緩議案的機會越來越小，美國呼籲國府要重視現實情況，而不應拘泥於一時一地的得失，將其終極目標放在繼續留在聯合國。

　　從美國與台灣的立場來看，雙方均有所堅持也都有所考量，但繼續使得台灣留在聯合國而不被驅逐出會的目標是一致的，只是對情勢的判斷有所不同。[51]台灣派遣副總統陳誠前往美國溝通，希望化解雙方的歧見，陳誠在與國務卿魯斯克的會談中，魯斯克再次重申美方認為聯合國大會中的票數無法通過緩議案的表決，並向陳誠提出透過「重要問題」的方法，以維護台灣在聯合國的代表權。[52]同日，陳誠前往會見美國總統甘迺迪，雙方會談內容側重外蒙問題，甘迺迪表示：「美國對外蒙所擬步驟，除增設情報據點，及示惠非洲若干國外，並無其他動機，尤不可視為承認北平之先聲」，美國亦決定擱置與外蒙建交案，但聲明外蒙入會與建交是兩個不同的問題。[53]

權》，頁125。

[51] 台北方面認為：「倘美方堅持共匪無資格入會之一貫立場，全力反對，絕不考慮採用『入會與否聽其自便』之策略，並與中國及其友邦分向各自由國家進洽，則在下屆大會中，緩議案仍不難獲得足夠票數。我政府現正盡力爭取非洲新興國家，若干法協國家可能在下屆大會中予我支持，料足以抵銷在其他地區所失之票助。是局勢仍有可為。」暗示了是美國意志不堅，不能堅守立場才導致緩議案不能成立。「外交部長沈昌煥呈『中國政府對我國在聯合國代表權問題之立場』」（1961.3.30）。王正華編，《中華民國與聯合國史料彙編：中國代表權》，頁126。

[52] 「副總統陳誠電告總統蔣中正在華府與美國總統甘迺迪商談聯合國中國代表權問題與外蒙入會案」（1961.8.2）。王正華編，《中華民國與聯合國史料彙編：中國代表權》，頁127。

[53] 「副總統陳誠電告總統蔣中正在華府與美國總統甘迺迪商談聯合國中國代

會後，美國與台灣發表聯合公報，美國再次重申堅決支持台灣繼續在聯合國中代表中國，並繼續反對中共政權進入聯合國的決心。[54]從美台第一輪就中國代表權及外蒙問題的交涉來看，美國為了安撫台灣，還是重申了支持國府不支持中共的決心，但在實際的票數問題上，美國已經有了無論如何要繼續通過緩議案已是不切實際，美國希望國府能夠審時度勢，正視國際局勢的轉變。

與此同時，台灣駐義大利大使傳回了數國對中國代表權的看法，義大利外交部秘書長向台灣駐義大使透露美、日都向義政府表示緩討論方式要通過極為困難，義大利外交部官員認為：「今年情勢惡劣，緩討論方式不妥，實非上策，務需另覓方式，對於逕行提出程序提案，引用第十八條第二款，確定改換我代表權問題為重要問題之方式表示義政府甚贊同」，而愛爾蘭政府也表示了相同看法。[55]國際情勢如此，台灣也不得不改弦更張，重新思考如何穩當地留在聯合國，蔣介石對外蒙問題作出了讓步，只要「美國政府能夠公開保證以一切方法在聯合國維我排匪，包括必要時在安理會使用否決權，在內則我對蒙案不用否決一節始可進行」。[56]換言之，台灣方面認為只要美國堅定維持台灣代表權的立場，則台灣可以在外蒙問題上讓步，但若無法取得美方的明確保證，則台灣仍然將使

表權問題與外蒙入會案」（1961.8.2）。王正華編，《中華民國與聯合國史料彙編：中國代表權》，頁128。

54 「副總統陳誠與美國總統甘迺迪發表聯合公報，美國重申支持中華民國在聯合國的代表權」（1961.8.2）。王正華編，《中華民國與聯合國史料彙編：中國代表權》，頁130。

55 「駐義大利大使于焌吉向外交部報告對聯大中國代表權問題情勢分析」（1961.8.18）。王正華編，《中華民國與聯合國史料彙編：中國代表權》，頁131。

56 「總統蔣中正電示駐美大使葉公超對蒙古入會案最後方針」（1961.10.5）。王正華編，《中華民國與聯合國史料彙編：中國代表權》，頁144。

用否決權。[57]

　　從外蒙問題以及緩議案的演進過程來看，美國在1960年代初期即已願見兩個中國在聯合國分別具有代表權，但中共的入會前提是不能排除台灣。而台灣方面的反應最初極力抗拒，後則認清國際局勢並在美國的協助下，將中國代表權問題由緩議改為2/3通過始能成案的「重要問題」。整個六〇年代，中國代表權問題便在2/3的超高門檻上年年被否決，台灣也又在聯合國內保持了十年的會籍。

　　話雖如此，六〇年代在聯合國的中國代表權始終維持在台灣手中，但美國卻也不放棄說服台灣接受雙重代表權案，[58]雖說以當前兩岸分治的情勢來看，雙重代表權確是最接近現實的情況，但在兩岸都不能接受「兩個中國」以及「一中一台」的情形下，雙重代表權在六〇年代被實現的可能性究竟有多少，實在值得思考。[59]綜觀六〇年代，在國際局勢丕變以及亞非等新興國家加入聯合國且多支持中共的情形下，台灣在中國代表權問題所面臨的挑戰遠甚於五〇年代，因此美國與台北放棄了沿用十年的「緩議案」改採「重要問題」以維繫台灣在聯合國的席次，直到1970年，聯合國內中國代表權的另一波攻防又重新展開。

[57] 「總統蔣中正電示駐美大使葉公超，對外蒙入會案若不能得美國明確保證維護我代表權，即照既定計畫實施」（1961.10.8）。王正華編，《中華民國與聯合國史料彙編：中國代表權》，頁144-145。

[58] 例如美國國務卿魯斯克在1964年訪問台北時，即勸告蔣介石接受「雙重代表權」，未被蔣接受。1966年義大利等國提案設立研究委員會，以研究中國代表權問題，台北方面甚至不惜已退出聯合國作為威脅，使得美國非常震驚。王正華編，《中華民國與聯合國史料彙編：中國代表權》，頁5。

[59] 有論者認為，國府在六〇年代失去了一個永久保持聯合國會籍的機會，國府不能掌握歷史時機，否決了當時在美國以及西方國家均有市場的「雙重代表權」，以至於到1971年國府在情勢不利時被迫接受「雙重代表權」卻為時已晚，台灣終究無可避免的退出了聯合國。涂成吉，《中華民國在聯合國的最後日子：一九七一年台北接受雙重代表權始末》。

（C）國際局勢的巨變

六〇年代末期，東亞發生了越戰以及中蘇的邊境衝突，美國意識到在東亞問題上若排除中共是不切實際的，且中蘇的交惡，使得美國在中蘇之間打入「楔子」的想法又重新浮上台面。這都意味著美國與中共的交往只是時間上的問題，不可能無限期的拖延下去。1971年4月，美國的乒乓球隊訪問中國大陸，中美兩國展開「乒乓外交」，這便是中美兩國破冰的前哨。同年7月，美國國家安全顧問季辛吉假道巴基斯坦密訪北京，美國總統尼克森也在7月15日宣布將訪問中國大陸，預示了兩國高層官方交往以及即將改善關係。美國這樣的作法立即衝擊到台灣在聯合國的代表權，早在美國總統尼克森宣布將訪問中國大陸的同一天，阿爾巴尼亞等國提案「恢復中華人民共和國在聯合國的合法權利」。也就是說，早在大會召開前三個月，共產陣營方面就已經醞釀將在聯合國第26屆常會時再次挑戰台灣在聯合國的代表權，但美國則遲遲未能決定聯大中國代表權的處理方式，導致眾說紛紜，情況混亂。

其實早在一年前第25屆聯合國的大會，同樣由阿爾巴尼亞提出的中國代表權案在大會投票時，支持中共入會者首度以51票贊成49票反對25票棄權超過了半數支持中共，但在重要問題上依然以66票贊成52票反對7票棄權的結果通過中國代表權案仍為重要問題，[60]因支持中共入會的提案因未達2/3的門檻而遭到封殺，但已經給美國與台灣極大的震撼，如果在中國代表權上採取重要問題的立場，其結果遲早會是聯合國通過「排我納匪」案。為了因應新的情勢，美國

---

[60] 「外交部陳報聯合國大會第二十五屆常會審議中國代表權案情形及表決結果」（1970.11.27）。王正華編，《中華民國與聯合國史料彙編：中國代表權》，頁482-483。

提出了「雙重代表權」，希望能夠繼續維持台灣在聯合國的席次。[61]

　　美台雙方的正式官方交涉始自1971年4月，美國總統尼克森派遣特使莫非（Robert Murphy）來台，正式向台北方面提出「雙重代表權」案，美國認為此案將以「一方面依會籍普遍化原則，准許中共入會，另一方面基於我國為聯合國創始會員，對我在聯合國之席位加以保障」，並對台灣保證「該項提案不涉及我在聯合國安理會席位問題，萬一大會有對此修正案提出，美方將設法加以阻止。」[62]也就是說美國希望透過准予中共入會，以化解來自共產陣營對將台灣驅逐出會的壓力，並給予保證絕不會讓台灣喪失原有的安理會席次。隨後台灣外長沈劍虹表達台灣政府的態度是，仍認為以重要問題案為阻止中共入會的最好方法，但倘若有必要採取新方案時，只要仍以2/3同意以及保障台灣在安理會的席次，則台灣政府願與美國磋商。[63]台灣政府這樣的立場意味著已經從「漢賊不兩立」的觀念轉向了與現實妥協的「賊來漢不走」，只要台灣現有在聯合國的權利不受影響，則可以在迂衡國際現實的情形下，允許中共入會。

　　隨著美台雙方在「雙重代表權」案上的認知落差逐漸消除，台灣即準備依靠美國的意見面對即將發生的一場惡戰。但就在第二十

[61] 針對「雙重代表權」提出的始末、台灣、美國當時的政策即應對以及過程已在涂成吉所著《中華民國在聯合國的最後日子：一九七一年台北接受雙重代表權始末》一書中有詳細說明，本文僅就部分重要事件及過程作一概括性的說明。詳見涂成吉，《中華民國在聯合國的最後日子：一九七一年台北接受雙重代表權始末》，頁1-106。
[62] 涂成吉，《中華民國在聯合國的最後日子：一九七一年台北接受雙重代表權始末》，頁61。
[63] 國史館藏，「關於聯合國中國代表權問題中日東京會談錄」，忠勤檔案，檔號：3010.82/5044.01-045，「聯合國」，編號2，《蔣經國總統檔案》。轉引自涂成吉，《中華民國在聯合國的最後日子：一九七一年台北接受雙重代表權始末》，頁63。

六屆聯合國大會召開之前，1971年7月15日，美國總統尼克森突然宣布明年二月將訪問中國大陸，這一爆炸性的宣示，澈底地瓦解了美台之間的互信以及迷惑了自由世界對美國維護台灣在聯合國席次的決心。除此之外，在第二十六屆大會召開前，美國又改變了對台灣保持安理會席次的態度，宣稱「我們允許且將投票讓中華人民共和國進入聯合國。自然，這表示給他在安理會的席位。」[64]美國這樣的表示除了給台灣再一次的傷害外，也讓外界摸不透美國的立場究竟為何，是要接受雙重代表權，還是已經準備放棄台灣，而第二十六屆大會便在這種山雨欲來、氣氛詭譎的情況下召開。

1971年9月，第二十六屆聯合國大會正式召開，這也是台灣最後一次參與聯合國的會務，就在大會召開的同時，美國國務卿季辛吉卻又宣布，將於該年10月訪問中國大陸，這對雙重代表權案無疑宣告崩盤。果不其然，10月25日大會討論中國代表權，首先重要問題上台灣即以59票反對、55票贊成、15票棄權及2票缺席的結果敗下陣來，宣告中國代表權只需1/2多數即可通過。[65]隨後，台灣外長周書楷上台發表聲明，宣布台灣退出聯合國，隨即率領代表團全體與會人員走出會場。隨後，聯合國大會即以76票贊成、35票反對、17票棄權通過·阿爾巴尼亞等23國的提案，正式將台灣從聯合國驅逐出去，[66]結束台灣自1945年來在聯合國的所有活動。

爭吵20年的中國代表權案，在1971年的9月又準時上演。自

[64] 《國際現勢》，1971年9月27日，第812期，頁5。轉引自涂成吉，《中華民國在聯合國的最後日子：一九七一年台北接受雙重代表權始末》，頁78。
[65] 「表決優先辯論及重要問題之表決」（1971.10.25）。王正華編，《中華民國與聯合國史料彙編：中國代表權》，頁691。
[66] 此即聯合國第2758號決議案，台灣稱之為「排我納匪案」，其全文可見《聯合國》，http://daccess-dds-ny.un.org/doc/RESOLUTION/GEN/NR0/327/74/IM.

1949年中華人民共和國成立，立即向聯合國提出取代中華民國的中國代表權，於是聯合國大會年年都上演中國代表權之爭的戲碼。在美國確認中蘇同盟的關係之後，美國改採支持台灣在聯合國席位的方式來抵制中共。藉由冷戰初期美國在西方盟國的優勢地位，美國每年都在大會中否決中國代表權之爭的提案，並擴及聯合國附屬組織討論相關提案，然而在第三世界國家紛紛獨立並加入聯合國之後，美國逐漸喪失在聯合國的票數優勢，而改採會員國會籍為重大問題提案，須有2/3以上國家同意始得排除會籍，這樣確保台灣會籍近20年。然而中共在第三世界的外交用力日深，使得中國代表權案支持與反對的票數日益接近，促使美國國務院在1971年正式與台灣磋商有關雙重代表權提案。台灣在美國強大的壓力之下，接受了美國在聯合國提出雙重代表權提案，但要求優先表決會籍的重大問題提案，期盼能透過會籍的重大問題提案再次過關，平安渡過1971年。然而1971年7月15日，中美雙方正式對外公開雙方關係正常化的意向，造成舉世譁然。追隨美國的同盟國家完全被蒙在鼓裡，紛紛轉向與中共重開外交關係，自然促成了台灣會籍重大問題提案沒過的一系列骨牌效應，中華民國政府在中共取代中國代表權提案前宣布退出聯合國，成為台灣在1970年代初期外交上最重大的挫敗。

　　福特（Gerald Ford, Jr.）就任總統時期，基本上維持著與尼克森時期相同的對華政策，因為這兩位總統在任時，美國的國際地位屬於相對地衰退，為了擺脫困境，因此美國有必要調整其外交政策。尼克森與福特都接受了季辛吉的戰略思想，即建立一個相對均衡的世界格局，在平衡與穩定中設法保住並相機擴展自己的利益。在美蘇中這個大三角中關係中，美國所採取的均衡政策，至少部分的轉嫁了其兩個對手對美國的注意力。美國在中蘇之間的對抗中，可以透過中國牽制蘇聯，也可以透過蘇聯牽制中國，美國便可以使

自己在中蘇兩國之間佔得有利的位置。美國也可以在中國與台灣的
小三角關係中取得先機，使自己站於一種可以從兩邊同時取利的
地位。[67]不過當時的美國無法接受中共所提出中美要建交，美國必
須與台灣斷交、廢除《中美共同防禦條約》以及撤退台灣駐軍的
條件，故兩國關係正常化的任務便留待了下一任總統卡特（Jimmy
Carter）的身上。

第四節　建交公報與台灣關係法

　　有許多人稱七〇年代是台灣外交風雨飄搖的年代，除了先面臨
與日本斷交、退出聯合國外，最大的外交挫敗不外乎與美國斷交。
其實早在中共與美關係逐步邁向正常化的同時，台灣早已感受到台
美兩國關係的微妙變化，除了尼克森、季辛吉的接連訪問北京、上
海公報的簽署、甚至是台灣在聯合國的席位美國也似乎未盡全力予
以保護，這對台美間的邦交當然造成不利的影響。即便如此，美國
依然是台灣最重要的盟邦，而美國國內反對與台灣斷交的力量依然
不可小覷，這也解釋了為什麼直到1978年，美國與中共才實現了關
係正常化。

　　1977年，卡特取代福特成為美國第39任總統，卡特政府的對華
政策依然是服從於美國全球戰略及對蘇政策之下，由於蘇聯採取更
為激烈的對外攻勢，包括出兵阿富汗以及美國處理伊朗人質事件的
失敗，卡特政府受到美國國內更多的壓力，並逐漸地開始強調美國
的實力，而這種更加強硬的對蘇聯政策，變成為卡特時代中美接近
的背景。[68]

---

[67]　蘇格，《美國對華政策與台灣問題》，頁397。
[68]　蘇格，《美國對華政策與台灣問題》，頁402。

　　隨著蘇聯持續地挑戰美國以及中國開始進行改革開放，卡特
政府逐漸感到早日與中共關係正常化符合美國的安全和經濟利益。
但橫在中美兩國關係正常化中間的便是台灣問題，對美國而言，要
在台灣問題上作出決定也並不容易。從國際層面來看，當時的美國
仍希望優先處理美蘇關係，而中國問題還沒有提上議程。從美國國
內層面來看，主張與中共關係正常化雖不乏其人，但真正主張與台
灣斷交的為數仍不多，換言之，美國國內的反對壓力也還存在，這
都掣肘了卡特政府的對華政策。話雖如此，卡特政府還是決定與中
共關係正常化，但將以祕密方式進行，爭取1978年12月15日達成建
交，因為卡特想要在聖誕節前向美國人民宣布他的三項重大成就：
大衛營以埃會談的成功、中美關係正常化、與蘇聯限制戰略武器會
談達成協定。[69]

　　就在這樣的背景下，美中雙方在1978年5月開始了關係正常化
的談判，美國國家安全顧問布里辛斯基（Zbigiew Brzrezinski）於
同年5月訪華時即和中共外長黃華強調美國「已經在中美關係正常
化這個問題上下了決心」，也和鄧小平保證「美國將會接受中國提
出的三個條件。」[70]布里辛斯基回到美國後，台灣方面也嗅到了不
尋常的味道，台灣駐美大使沈劍虹曾在布里辛斯基訪問北京前向美
國國務院提醒，布里辛斯基每次訪問中共後回來必定接見他，他希
望此次也是如此，但沈劍虹這次卻沒有等到布里辛斯基的接見，這
樣的變化也給台北方面帶來了嚴重的警訊。

　　既然美國在中美關係正常化這個議題上下了決心，剩下的便

---

[69] Michel Oksenberg, "A Decade of Sino-American Relation", *Foreign Affairs*, Fall 1982, p.184.

[70] 陶文釗，《中美關係史》（下卷），頁53-54。此三項條件即為斷交、廢約、撤軍。

是如何和中共達成在台灣問題上的共識。中共在與美國駐華聯絡處主任伍德科克（Leonard Woodcock）的談判中，鄧小平同意中美先建立外交關係，保留其他的分歧。建交後，美國將與台灣保持經濟和文化關係，並表示美方希望台灣問題能和平解決，中方不對此聲明作公開批駁。而鄧小平向美方要求中美共同防禦條約仍有效的一年，停止向台灣出售武器。但美方恐中共誤解其意，仍向鄧小平表示不向台灣出售武器僅限於1979年度，並非永久停止售台武器。鄧小平對美方的解釋非常不滿，[71]但在美台軍售問題上最終並沒有成為阻止中美關係正常化的障礙。

　　就在中美決定對外宣告即將建交的前數個小時，美國駐台灣大使安克志（Leonard S. Unger）得到了中美建交公報以及美國政府聲明，國務院要求他在建交公報公布前兩小時告知蔣經國，但他要求立刻會見蔣經國，國務院同意了安克志的請求，但要求台灣方面不要公開此消息。[72]台灣政府在得知消息後，徹夜研商對策，蔣經國總統指示錢復立即通知嚴家淦前總統、行政院孫運璿院長、總統府蔣彥士祕書長、外交部沈昌煥部長、國防部高魁元部長、宋長志參謀總長、國民黨黨部張寶樹祕書長，速來七海官邸。面對情勢的

---

[71] 蘇格，《美國對華政策與台灣問題》，頁422。
[72] 陶文釗，《中美關係史》（下卷），頁62。安克志向蔣經國的聲明如下：
台北時間十六日上午十時，卡特將宣布美國與中共已協議自次年一月一日開始建立外交關係，同日中美外交關係將終止。卡特保證美國與我國的實質關係將不停止，兩國人民間的交往不致有任何影響。美國計畫將共同防禦條約以外的其他現存條約繼續生效，直到其他「代用品」產生之時。協防條約將依第十條規定，於一年後終止。美國將繼續提供經審慎選擇的防衛性武器予我國，也將此一意圖告知中共。為研商今後關係的調整，美國將於近期內派全權代表來華商談，人選何人為宜，亦請蔣總統表示意見。美方將盡一切努力確保台灣繼續安定與繁榮，以及此地民眾的信心。卡特總統特別讚佩中華民國在面對痛苦現實，所表現的力量與自立自強的精神。錢復，《錢復回憶錄》（卷一），頁390。

巨變，台灣政府除了同意外交部沈昌煥部長為斷交辭職負責，也決定立即停止即將舉行的「公職人員增補選舉」，原因是國家重大變故。[73]就在中美建交消息發布的同時，台灣政府也對此發表了正式聲明，表達了台灣政府對此事的憤怒與遺憾，但美台的邦交終至難以挽回。

（一）中美建交公報

在中美關係正常化的過程中，美中雙方在對台軍售以及台灣的法律地位上出現了不同立場，美方希望在關係正常化後依然保持與台灣的非官方聯繫，並在軍事上持續支持台灣，以免台灣的安全遭受中國的威脅。中國方面則希望美國能夠支持其一個中國的政策，承認世界上只有一個中國，這個中國便是中華人民共和國，全面封殺台灣在國際上的國家人格，並終止對台軍售。美中在這兩點上的分歧體現在中美建交公報以及美國所制定的《台灣關係法》內，在建交公報中，雙方在文字上出現了對字彙運用的不同認知，而在台灣關係法中，美國雖沒有明確的對台灣作出承諾，但也給了美國介入台海局勢的法律上之可能。而台灣便在美中的角力下得到了美國的模糊承諾以及雙方的準官方關係。

美中雙方透過多次協商所達成的協議便是中美建交公報。[74]雙方在談判建交公報的過程中，爭議的焦點便在台灣的法律地位以及美國對台軍售。[75]在台灣的法律地位方面，台灣方面希望美國可以立法保證台灣的安全以及提供武器，並保障雙方現行條約繼續

---

[73]　錢復，《錢復回憶錄》（卷一），頁392。
[74]　關於該公報的內容可見，http://hongkong.usconsulate.gov/uscn_docs_jc19790 10101.html.
[75]　其實早在美台斷交前，美國即有意無意拖延對台軍售，詳細內容請見，錢復，《錢復回憶錄》（卷一），頁371-373。

有效以及締結新協定，要求美國能給予台灣明確的法律地位。美國的態度則是，美國既然已經承認中共是中國唯一合法政府，基於此一前提，美國無法同意台灣的要求。台灣方面以中美建交公報的內容作為反駁，台灣認為在建交公報中，美國只是「認知」（acknowledges）到中共的立場，並非「承認」（recognize），而所謂台灣是中國的一部分但並非是中共的一部分，美國對台灣的承諾與建交公報並不衝突。[76]但美方的態度依然強硬，表示不能同意台灣有關美國承認中共的看法，但台灣方面認為，若無法有效地解決台灣法律地位的問題，將會使未來美中台三邊關係更為複雜。[77]

美國對中國提出了對台軍售的條件：第一，美台共同防禦條約在美中關係正常化後還持續有效一年，這是依據美台共同防禦條約中第十條「此條約有效期限，定為無期限。若有任何一方締約國通告他方締約國時，可以使條約在一年後終止」的規定，並將在1980年終止。[78]第二，美國在美中關係正常化時將發表希望台灣問題和平解決的單方面聲明中國方面不予駁斥。第三，在美台共同防禦條約終止後美國將繼續向台灣出售有限的防禦性武器。[79]美國總統卡特還告知中國駐美聯絡處主任柴澤民說：「中國領導人應該了解一件事，沒有一個美國總統能實現對華關係正常化而不對台灣的安全作出承諾，正常化後美國繼續向台灣出售有限的防禦性軍事設施是

---

[76] 錢復，《錢復回憶錄》（卷一），頁414。

[77] 例如參與談判的錢復即詢問美方，若美國不對台灣的法律地位有所認定，則將來中共主張其法律可及於台灣，美國法院是否可能裁決應予肯定？類似這樣的問題，在後來的台美談判中屢見不鮮。錢復，《錢復回憶錄》（卷一），頁415。

[78] 《國家文化資料庫》，http://km.cca.gov.tw/myphoto/show.asp?categoryid=33.

[79] 陶文釗，《中美關係史（1972-2000）》，頁51。

至關重要的。」[80]中國方面對美國的要求提出了反對意見，外交部長黃華就此事告知美國國務卿萬斯（Cyrus Vance）中國的看法，黃華表示：「中國政府對於兩國關係正常化後美國還要與台灣保持安全關係是完全不能接受的。中國政府不能同意在美台共同防禦條約廢止以後美國還要向台灣出售武器。如果美國政府堅持這一條件，那就會危及正常化談判，中方可能撤出談判。」[81]中國雖然以強硬的姿態回應美國對台軍售的意見，但美國方面並沒有向中共退讓，反而是採取了迴避對台軍售的態度，美國駐中國聯絡處主任伍德科克即建議直接向中國提出公報稿，不要再討論對台軍售問題，因為美國公眾將會支持與中國建交。換言之伍德科克不認為對台軍售會影響到美中關係正常化的腳步。卡特總統以及國家安全顧問布里辛斯基均支持這樣的看法，卡特總統甚至希望能夠提前美中關係正常化的時間，免得夜長夢多。

與此同時，中國與越南關於華僑問題的談判破裂，越南的不斷在中越邊界挑起事端，中國感到北蘇聯南越南對中國的雙重威脅。在這樣的國際環境下，中國需要一個穩定的國際環境，而中美關係正常化即可以使中國擺脫外交上不利的困境，從而使中國有能力應付周邊事態的改變。在這樣的情況下，美中雙方對關係正常化的需要性便達成了一致，卡特總統希望藉由美中關係正常化成為他的重大外交成就，中國也希望藉由中美關係正常化來提高中國的國際地位，並穩定中國的外交處境。因此，在對台軍售方面，中國首先做出了讓步。時任中國國家副主席的鄧小平向美國提出：「美國是否

---

[80] Zbigiew Brzrezinski, *Power and Principle: Memoirs of the National Security Adviser 1977-1981* (New York: Farrar, Straus and Giroux), p.229.

[81] Patrick Tyler, *A Great Wall: 6 Presidents and China: An Investigative History* (Lightning Source Inc,2000), p.257.

同意在條約終止但仍然有效的一年內，美國不再對台灣做出新的軍
售承諾，已經達成交易的武器可以持續交付，但不能有新的交易，
對台軍售就此終止。」但美國方面並沒有針對中共的讓步做出相對
的讓步，美國僅答應不在1979年內對台做出新的軍售交易，但1979
年後，美國仍有權向台灣繼續出售武器。[82]美國非常明確地表達了
它的立場，即美國不會為了與中國建交而限制自己未來在台灣問題
上的自主權，也不會因為與中國建交而削弱台灣的自我防衛能力，
這樣的立場直至今日也未曾改變。[83]

　　雖然美國將對台軍售的立場清楚的表明，但美國仍擔心中方產
生誤解，因此在建交公報公佈的前夕，伍德科克受命立即會見鄧小
平，向他說明美國僅答應終止1979年度的對台軍售，1980年後美國
總統仍有對台售予防禦性武器的權利。鄧小平對此勃然大怒，宣稱
中國對此堅決反對，絕不能同意。伍德科克以雙方關係正常化後一
切都會發生變化來安撫鄧小平，試圖使他能夠理解美國的立場。隨
後，鄧小平決定，即便中國不能同意美國對台軍售的立場，但仍決
定先與美國建交，美國對台軍售問題建交之後繼續談，儘管雙方有
分歧，但還是達成了公報。[84]

　　在美中關係正常化的過程中，雙方主要的爭論點便是在對台軍售
方面，美方將會持續交運已經同意售台的武器，但將凍結1979年

---

[82] 陶文釗，《中美關係史（1972-2000）》，頁56。

[83] 布里辛斯基對此問題回答記者問時提到：「美國清楚表明，它將繼續與台
灣地區的貿易，包括在防禦條約終止後出售有限的經過選擇的防禦性武
器，但不以損害該地區的和平前景為原則。」布里辛斯基的立場也是至今
美國對台軍售的基本原則，但其中「不以損害該地區的和平前景為原則」
是由美國來定義，這也造成只要美台達成軍售案時，中國屢屢大動作抗議
的原因。Zbigiew Brzrezinski, *Power and Principle: Memoirs of the National
Security Adviser 1977-1981*, p.213.

[84] 《人民日報》，1978年12月17日。

度的武器銷售，但到1980年後，美方將依過去方式繼續售台防禦性武器。對此，美方對台灣的解釋是，中國目前並無進犯台灣的部署。中國有90個師的部隊在其北方邊界，越南邊界也有大軍布置。而中蘇在外交戰場上競爭越加激烈，中國如對台動武，必將影響其與此一地區其他國家的關係與合作，這樣的情況均有助於台灣的安全保障。[85]美國從中國的軍事部署以及國際形勢向台灣分析，即便沒有美國的軍事協防，對中國對台動武並不用過於擔心。話雖如此，這樣的說法並不能讓台灣安心，台灣方面需要的是美國的確實保證，而不是空泛的承諾。

（二）台灣關係法

　　1978年12月15日美國總統卡特宣布承認中華人民共和國，並與其建交，同時終止與台灣之外交關係，以次年1月1日為生效日期。台灣政府對此感到極為震驚，因為美國在休會前曾通過一項決議案，提示行政部門之任何變更與台灣現有外交關係的決定，必須事先與國會諮商。美國政府的宣布使人感到難以置信，使得美國國內支持台灣的勢力尤其在國會中產生了一股反對與中國建交的力量。[86]台北方面，特別是外交部亦受各方批評，因為其對此一突然發生之重大事件竟無任何預警。美國政府在12月17日派遣副國務卿克里斯多福（Warren Christopher）率領代表團，與台灣政府就終止外交關係後的中美關係進行談判。[87]

---

[85] 錢復，《錢復回憶錄》（卷一），頁416-417。

[86] 其中尤以共和黨人反對最烈，例如便有共和黨參議員指責卡特說謊並出賣了台灣。參見：Patrick Tyler, "The (Ab) normalization of U.S.-Chinese Relations ," *Foreign Affairs* (Sep/Oct, 1999), p.123.

[87] 錢復，「台灣關係法制訂二十週年的回顧」，《理論與政策》，第12卷4期（1998年），頁5-6。

　　12月30日，在台美斷交的前一天，卡特總統發布行政命令「政府各部門和機構在解釋所有美國法律、規定或命令中，提到任何國家、政府和類似實體的條款以及應用這些法律、規定或命令時，應把台灣包括在內。」且會有一個以法人形式的非官方機構來代表美國人民的利益。並從1979年1月1日起，將由各部門和機構根據他們的條款並透過這一機構加以實施和執行，他將要求國會制訂有關美國人民與台灣人民之間關係的法律。[88]卡特這份命令相當程度的表現出了美國對台政策的矛盾，在這份命令中，美國不把台灣當作一個獨立的國家，因為在台灣代表美國利益的不是官方機構而是一個「法人形式的非官方機構」，但卻又將台灣納入美國政府各部門和機構在解釋所有美國法律、規定或命令中的國家角色。從這樣的角度看來，美國有必要重新界定與台灣的關係，而不能像是卡特的行政命令中所表現出的矛盾傾向。因此，建立一套與台灣的制度性互動關係，變成為美台斷交後，美國的重要工作。

　　從1979年1月到2月底的兩個月期間內，台美總共進行了3個回合共19次的正式會談，雙方討論的焦點主要是在斷交後雙方如何互設代表處以及代表處的地位問題。雙方的歧異是在台灣方面堅持未來的美台關係必須具有官方的性質，但美國認為必須遵從美中建交公報中的立場，即美台關係必須是非官方、非政府的。透過談判，美國在台灣設立的非官方代表處名稱訂為「美國在台協會」（American Institute in Taiwan）這個協會的總部設在華盛頓，它與國務院有契約關係，國務院向它發布任務，並提供相關的經費。美國政府各部門與台灣的交涉均由此機構執行，其性質是非營利機構。話雖如此，但若從美國在台協會的註冊文件中可以看到，其中

---

[88] American Foreign Policy, *Current Documents 1977-1980*, pp.973-974.

一項職責便是「代表美國人民履行原由政府履行的職責」，可見美
國在台協會也保有美國大使館的部分功能。[89]另一方面，台灣在美
國所設置的代表處最後定名為「北美事務協調會」（The Coordina-
tion Council of North American Affairs），並列於行政院外交部的轄
下。同樣的，從北美事務協調會組織職掌來看，其中包括了「協
調辦理台美雙方有關經貿、農業、科技、文教、智慧財產權與環
保等方面之諮商會議，必要時並代表政府與美方簽署雙邊協議文
件。」[90]因此，北美事務協調會也具備了部分的官方功能。由此，
雙方的所謂互設「民間機構」的工作暫告一個段落，美台斷交後雙
方關係的互動也由這兩個單位作為對口單位，但其中是否具有官方
意涵，則由雙方自行解釋。[91]

　　美國為了使中美之間的非官方關係取得法律基礎，卡特總統
於1979年1月26日向國會提出《台灣授權法案》（Taiwan Enabling
Act）以化解來自國會的反對。[92]但國會的此案的反應並不好，例
如參議院外交委員會主席恰吉（Frank Church）便認為：「這個提

---

[89]　陳志奇，《美國對華政策三十年》，頁481。
[90]　《外交部》，http://www.mofa.gov.tw/webapp/content.asp?CuItem=11402.
[91]　例如時任美台斷前最後一任國務院中華民國科科長費浩偉（Harvey J.
　　Feldman）便向台灣外交部次長楊西崑表示：「美國當然要將新的美台關
　　係解釋為非官方的，但美國要作的是在國會的立法過程中不明確地寫出
　　其官方性質，美國沒有可能阻止台灣對新的美台關係做別的解釋。」暗
　　示台灣，無論台灣怎麼解釋新的美台關係，美國將睜一眼閉一眼。關於
　　費浩偉的談話可見丘宏達，"The Taiwan Relations Act and Sino-American
　　Relations", p.14, http://digitalcommons.law.umaryland.edu/cgi/viewcontent.
　　cgi?article=1099&context=mscas.
[92]　此法案雖然解決了美國和台灣在美中關係正常化後基本的經濟和文化關係
　　問題，但對美台之間的政治和防禦關係卻沒有提及，包括對台軍售問題。
　　這在很大程度上促使國會推出《台灣關係法》。孫哲等著，《美國國會與
　　中美關係案例與分析》（北京：時事出版社，2004年），頁168。

案最大的不足是沒能在法案中提到美國對台灣未來安全的政策考慮，國會將要在這件事上明確表達美國的期待，即任何武力侵犯台灣都是不行的，並將在委員會中通過一個強有力的政策聲明，並將它寫進立法，以此來保障台灣人民的安全。」[93]經美國國會參眾兩院議員對該法案作了重大修改後，制定了《台灣關係法》（Taiwan Relations Act），卡特總統並於同年4月10日正式簽署，成為美國法律。《台灣關係法》可說是當時美國行政部門與國會間妥協的產物。[94]國會因總統未事先與其商討改變與中華民國關係大表不滿，再加上美國國會議員認為卡特政府與中國建交談判中，在台灣問題上讓步太多，可能危及台灣安全。尤其因接受中國「斷交、廢約、撤軍」之要求，部分議員甚至認為此舉等於鼓勵中國對台灣採取軍事行動，且一旦台灣落入中國手中，不僅會導致東亞國際政治的不安定，亦會危及亞洲重要海道的安全以及美國在亞洲大陸邊緣所建海島島鍊戰略防線的完整性。[95]基於上述理由，美國國會議員不分黨派聯手制定《台灣關係法》，尤其重視斷交後美國與台灣的安全關係。

在軍事關係及安全保障方面，首先，《台灣關係法》強調台灣的未來必須以和平方式解決。《台灣關係法》中清楚提到「表明美國決定和中華人民共和國建立外交關係之舉，是基於台灣的前途將以和平方式決定這一期望」；「任何企圖以非和平方式來決定台灣的前途之舉—包括使用經濟抵制及禁運手段在內，將被視為對西太平洋地區和平及安定的威脅，而為美國所嚴重關切」（to consider any effort to determine the future of Taiwan by other than peaceful means,

---

[93] 郝雨凡，《白宮決策：從杜魯門到克林頓的對華政策內幕》（北京：東方出版社，2002年），頁281。

[94] 周煦，「台灣關係法的回顧與檢討」，《理論與政策》，第12卷4期（1998年），頁11。

[95] 周煦，「台灣關係法的回顧與檢討」，《理論與政策》，頁13。

including by boycotts or embargoes, a threat to the peace and security of the Western Pacific area and of grave concern to the United States）。其次，《台灣關係法》強調將向台灣售予防禦性武器。「美國將使台灣能夠獲得數量足以使其維持足夠的自衛能力的防衛物資及技術服務」（the United States will make available to Taiwan such defense articles and defense services in such quantity as may be necessary to enable Taiwan to maintain a sufficient self-defense capability）；「美國總統和國會將依據他們對台灣防衛需要的判斷，遵照法定程序，來決定提供上述防衛物資及服務的種類及數量。對台灣防衛需要的判斷應包括美國軍事當局向總統及國會提供建議時的檢討報告」（The President and the Congress shall determine the nature and quantity of such defense articles and services based solely upon their judgment of the needs of Taiwan, in accordance with procedures established by law. Such determination of Taiwan's defense needs shall include review by United States military authorities in connection with recommendations to the President and the Congress）；「提供防禦性武器給台灣人民」（to provide Taiwan with arms of a defensive character）。最後《台灣關係法》強調美國將會保護台灣。「指示總統如遇台灣人民的安全或社會經濟制度遭受威脅，因而危及美國利益時，應迅速通知國會。總統和國會將依憲法程序，決定美國應付上述危險所應採取的適當行動」（The President is directed to inform the Congress promptly of any threat to the security or the social or economic system of the people on Taiwan and any danger to the interests of the United States arising therefrom. The President and the Congress shall determine, in accordance with constitutional processes, appropriate action by the United States in response to any such danger）；「維持美國的能力，以抵抗

任何訴諸武力、或使用其他方式高壓手段，而危及台灣人民安全及社會經濟制度的行動」（to maintain the capacity of the United States to resist any resort to force or other forms of coercion that would jeopardize the security, or the social or economic system, of the people on Taiwan）。[96]

但從以上《台灣關係法》中的重要內容來看，美國對於台灣遭受中國軍事威脅時美國將提供何種援助，還是採取了一種模糊其詞的態度，《台灣關係法》沒能達到台灣所要求的明確安全承諾，也沒能保持美台雙方的官方關係，例如美台之間的聯絡機構，便是以非官方的美國在台協會以及北美事務協調會取代了大使館，儘管這兩個單位仍然具有部分的領事職能，但至少在形式上是非官方的。因此，雖然台灣得到了比行政部門提出的《台灣授權法案》更進一步的保證，但離台灣心中的期望還是出現落差。

在台灣的法律地位方面，《台灣關係法》中規定「缺乏外交關係或承認將不影響美國法律對台灣的適用，美國法律將繼續對台灣適用，就像1979年1月1日之前，美國法律對台灣適用的情形一樣。」（The absence of diplomatic relations or recognition shall not affect the application of the laws of the United States with respect to Taiwan, and the laws of the United States shall apply with respect to Taiwan in the manner that the laws of the United States applied with respect to Taiwan prior to January 1, 1979.）；「當美國法律中提及外國、外國政府或類似實體、或與之有關之時，這些字樣應包括台灣在內，而且這些法律應對台灣適用」（Whenever the laws of the United States refer or relate to foreign countries, nations, states, governments,

---

[96] 台灣關係法的英文原文請見，《美國在台協會》，http://www.ait.org.tw/en/taiwan-relations-act.html本文的中文翻譯亦取自《美國在台協會》http://www.ait.org.tw/zh/taiwan-relations-act.html。

or similar entities, such terms shall include and such laws shall apply with such respect to Taiwan）；「美國對台灣缺乏外交關係或承認，並不消除、剝奪、修改、拒絕或影響以前或此後台灣依據美國法律所獲得的任何權利及義務（包括因契約、債務關係及財產權益而發生的權利及義務）」（The absence of diplomatic relations and recognition with respect to Taiwan shall not abrogate, infringe, modify, deny, or otherwise affect in any way any rights or obligations（including but not limited to those involving contracts, debts, or property interests of any kind）under the laws of the United States heretofore or hereafter acquired by or with respect to Taiwan）。[97]從《台灣關係法》中這樣的規定來看，美國將台灣視為一個「不被美國承認的國家」，在美國的法律上台灣仍然具有國家的人格。

　　概括而論，《台灣關係法》與美中三大公報在美國國內的效力不同。《台灣關係法》是經由國會依立法程序表決通過，並經總統簽署公布實施的法律；而三大公報則是美國總統依其自身的外交權限所宣布的「單純行政協定」，並未經過國會的表決通過。因此，《台灣關係法》的法律效力與位階高於三大公報，這是美國立法及行政部門的共識。而《台灣關係法》的起源是美國國會為了避免美、中建交之後，對台灣與台灣人民的權益造成傷害所通過，經美國總統簽署後公布為美國法律。《台灣關係法》在實質上將台灣當做一個國家看待，在「非外交關係」的基礎上，繼續維持美台雙方在商業、文化及其他關係；美國有義務提供必要的防衛性武器，維持台灣自我防衛的能力。

---

[97] 台灣關係法的英文原文請見《美國在台協會》，http://www.ait.org.tw/en/ taiwan-relations-act.html本文的中文翻譯亦取自《美國在台協會》，http:// www.ait.org.tw/zh/taiwan-relations-act.html。

第五節　小結：一法三公報下台海體制的確立

　　東亞冷戰開始後美國對台始終保持著台海中立化的政策，儘管歷任美國總統說詞不一，或是忠實盟友的外交辭令，始終無法掩蓋台海中立化的本質。自國共內戰共產黨逐漸勝出，美國即在試探或尋求台灣獨立或自治之可能，透過情治系統與收買陳誠未果後，美國逐漸採取放任與模糊的對台政策，直至韓戰爆發美國派遣第七艦隊巡弋台灣海峽，正式將台海中立化。表面上第七艦隊保護台灣，但實質上美國不希望將過多資源投注於台海事務上，保持台海現狀是美國的最佳利益。1953年艾森豪的國情咨文宣布第七艦隊不再保護大陸東南沿海，似乎暗許不限制國府的軍事行動，但實質上在宣布咨文的前三天，艾森豪已透過駐台大使警告國府未經美國同意不得攻擊大陸。[98]同樣在第一次與第二次的台海危機，美國都希望尋求一個維持現狀的聲明或協定，即便是中美共同防禦條約雖是一個軍事同盟，但是探求美國簽訂的意旨也是在限制國府的軍事行動，以維持台海中立的現狀。1962年蔣介石試圖發動的軍事行動，也在美國甘迺迪總統公開向媒體表示反對的情形下無疾而終，在在均顯示中美關係正常化之前美國未曾改變台海中立化政策。

　　1970年代，美國為改變美蘇全球戰略形勢的不利，開始與中共關係正常化，分別於1972年簽訂上海公報、1979年建交公報與台灣關係法、1982年八一七公報，三個公報來穩定美中關係，並要求中共以和平手段解決台灣問題，而美國軍售台灣與中共和平解決台灣問題是相關聯的；台灣關係法則用以穩定美台關係，以想像性的法

---

[98] 周湘華，《遺忘的危機—第一次台海危機的真相》（台北：秀威資訊科技公司，2008年），頁55-56。

律言詞讓台灣感受保障，再加上模糊的外交辭令討好台灣，藉此確保台灣維持美國附庸的同盟角色，其實質內涵還是台海中立化。

　　一法三公報是美國維持戰略大三角與台海小三角一魚兩吃的做法。利用三個公報將中共從孤雛的角色轉變成側翼，美國逐漸享有美中蘇戰略大三角的樞紐角色；同樣的，美國利用台灣關係法維持美台的隱性同盟，儘管台灣的角色由夥伴降成側翼，但是兩岸敵對政策未改變前，台灣儘管不滿仍然會接受側翼的角色。中共當然不滿意台灣關係法的存在，但是在聯合抗蘇的前提下，中共仍甘願擔任側翼的角色，美國仍是台海小三角的樞紐角色。簡言之，一法三公報在冷戰後期成為維持台海中立化最佳的政策產物，它確保了美國在台海的最大利益，同樣也適度滿足中共的主權利益，台灣僅獲得最基本的安全利益，所以當台灣主體意識強化成外交政策，國家威望與主權追求的慾望，就成為一連串外交挫折的來源。

第六章
兩岸關係的緩解與僵持：功能主義觀點

 學習目標

本章目的在於希望讀者了解為何長期處於僵持狀態的兩岸關係
會在1980年代起開始走向緩解，以及兩岸解嚴後交流互動的
過程與脈絡，藉由功能主義的運用，來理解雙方為何由較低層
次的部分或較不敏感的部分進行整合，這對整個兩岸關係的發
展又有何影響。另外，到了1990年代後期，功能主義對於解
釋兩岸關係出現了侷限性，經濟上的整合是否必然會造成政治
上的整合，以及功能主義適用的侷限性，都是本章將探討的內
容，閱讀本章後，不僅可以對功能主義具有初步的認識，亦可
了解1980至1990年間的兩岸關係發展。

摘　要

本章將從理論與歷史的發展介紹，為何功能主義會盛行於1980
年代，以及1980年代後為何兩岸會開始進行功能整合，功能主義對
此一時期的兩岸關係有何適用性，接著介紹中共對於兩岸關係的定
義，認識一國兩制與兩個中國的內涵及解嚴後，中共與台灣各自的
兩岸政策為何，兩岸又是如何在不違背雙方各自的主張及堅持下進
行交流、交流的順序與層次為何，且進行了哪幾類型的功能整合及
其成效說明。在1995年、1996年時發生了台海飛彈危機，說明了

雙方在整合的過程中，有各其堅持不可動搖之立場，且可發現兩岸間的互信基礎實際上十分脆弱，台海飛彈危機，無疑顯示出兩岸關係的脆弱性。在危機過後，即使兩岸持續進行經濟整合，但顯然在政治整合的部分，則陷入了一種僵持狀態，兩岸關係的發展顯示出，即使大量的低層次接觸也不必然會帶動高層的整合，還需端視決策者的意志，決策者的意志在功能整合的過程中為決定性因素。由此觀之，功能整合的效果並非全然正數，整合的過程潛藏許多衝突的因素，若整合所須付出的代價過高，則未必會成為決策者的選項。此外，在1990年代末期，李登輝改變其政策主張—特殊的國與國關係，改變了原本兩岸整合的基礎，使得兩岸關係進入了另一種對抗時期。

第一節　理論與歷史

歐洲在二次大戰後開始以整合的方式推動歐洲的合作，從1952年成立的歐洲煤鋼共同體（European Coal and Steel Community，ECSC）開始，歷經多年，逐漸由經濟上的整合邁向政治上的整合，歐洲聯盟在1993年正式誕生，1999年歐元開始成為歐元國家的計價貨幣。這象徵歐洲將以一個「跨國性」的政治體制，活躍於國際社會中。功能主義發軔、成長於歐盟整合的這段期間，透過對歐盟整合過程的觀察，形塑其理論架構與主張。歐盟整合的成功，無疑成為許多分離國家企圖進行整合的借鏡，就兩岸關係來說，在1978年中國改革開放後，兩岸經貿交流日益密切、人員互動頻密的狀況下，無疑促動雙方解決兩岸分離問題，透過功能主義的運用，可以了解雙方在此一階段是如何互動，透過低層次經濟的整合、交流，企圖帶動政治上的整合，以解決兩岸分離問題。以下將首先介紹功能主義的概念：

　　功能主義論者認為國際經濟發展和社會合作是對政治衝突與消弭戰爭的根本之道。[1]功能性的國際組織也直接關切到經濟、社會、科技、人權等大量的國際活動，此種活動對國際社會的繁榮、福利、社會正義和美好生活等，遠勝於國際對戰爭的防範。[2]

　　功能主義對戰爭的起因與和平的維持所採取的觀點如下：[3]

（一）戰爭被視為人類社會正常的產物，而功能主義就是要改善人類社會的基本疾病。它追求落後地區的發展，減低經濟的不穩定，促成較好的健康、文藝和社會正義，根絕戰爭的根源。

（二）功能主義將戰爭的現象歸因於民族國家系統制度的不適當。因此功能主義的任務是盡可能製造和平，藉由特別的需求組成一群特定人的生活，打破由主權原則所協議的人工劃分。

（三）戰爭導因於態度、思想和情感的習慣，經由國家系統下的結盟而助長。功能主義正視他們改變人類主觀狀況的任務，集中區域的共同利益，藉由功能性組織建立合作的習慣。運作中的國際組織將能創造一個互利的系統，使這些受益人眼裡顯出更大的價值。

　　功能主義的觀點和理論發展大致上完成於梅傳尼（David Mitrany），由於科技的進步，使得政治、經濟以及許多其他議題，單一國家無法獨力解決，不管是民主國家也好或者是獨裁國家都得

[1] Inis L. Claude, Jr., *Sword into Plowshare: The Problems and Progress of International Organization* (New York: Radom House, 1984), p.379.

[2] Claude, Jr., *Sword into Plowshare: The Problems and Progress of International Organization*, p.378.

[3] Claude, Jr., *Sword into Plowshare: The Problems and Progress of International Organization*, pp.381-382.

共同面對，國家既然無法解決就得設立國際組織來合作處理。[4]隨著科技所帶來交往的機會增加，跨國界互動不論是官方或非官方的都會在國家間產生一定的合作和衝突，也因此，國家的決策不再單純只是一國的內部事務，這使國內與國際的分野模糊，國家承受著內外的雙重壓力。[5]

　　梅傳尼強調「我們時代的問題不是如何維持國家部分的和平，而是促使他們結合在一起。」[6]、「要結合國家間的利益使成一致，在以此為基礎發展出更大的利益。」[7]、「功能合作的層級能持續的發展，創造出更深入廣泛的和平層次。聯盟式的和平是不需要的，這個世界將充滿著富饒調合的共同努力和成就。」[8]功能主義將經濟、社會列為優先關切的重點，認為人類事務可以分成不同的細部，[9]但這種分類只是暫時性的，這些事務終將會與政治問題結合。另外國際行為在某一層面影響另一層面，進而帶動其他層面朝向相同方向演進。[10]梅傳尼針對這種現象提出分枝說

---

[4]　David Mitrany, A Working Peace System: An Argument for the Functional Development of International Organization (Chicago: Quadrangle Books, 1966), pp.70-71.

[5]　Per A. Hammarlund, Liberal International and Decline of the State: The Thought of Richard Cobden, David Mitrany, And Kenichi Ohmae. (New York: Palgreave Macmillian), p.41.

[6]　David Mitrany, A Working Peace System: An Argument for the Functional Development of International Organization (Chicago: Quadrangle Books, 1966), p.28.

[7]　Mitrany, A Working Peace System: An Argument for the Functional Development of International Organization, p.69.

[8]　Mitrany, A Working Peace System: An Argument for the Functional Development of International Organization, p.98.

[9]　Claude, Sword into Plowshare: The Problems and Progress of International Organization, p.384.

[10]　Claude, Sword into Plowshare: The Problems and Progress of International Organization, p.385.

（the doctrine of ramification），指出某一技術功能方面的合作，會
有助於其他技術功能方面的合作。[11]此種技術或功能任務的本身決
定期所需要的制度、權力和權威即是「技術自決」（technical self-
determination），[12]由此可以看出功能主義強調技術專家所扮演的
角色，希望能將國際間對分裂性政治問題的注意力移轉到無爭議性
的技術問題上。[13]而國家間的功能合作是有優先順序的，從不具爭
議性的，較符合各國共同利益的經濟、技術和社會層面開始，以漸
進的方式從態度上消除各國的分殊主義（particularism）。[14]由這樣
的功能邏輯推演和功能原則的轉化和解釋，人類將在技術和經濟問
題上從良好的國際活動中獲利，進而轉化他們的新技術和心靈習慣
去發展更高層的政治合作。[15]

　　繼梅傳尼所主張的功能主義後，新功能主義（neo-functional-
ism）又將功能主義朝整合（integration）的方向推進一步。對哈斯
來說，對於共同需要的假設或許是功能主義最根本的問題所在。
梅傳尼預設了一個普世、共善的狀態，[16]暗示人們有齊一的認知存
在，了解到進行跨國合作才能滿足共同的需求，因此必須拋棄現有

[11] Mitrany, A Working Peace System: An Argument for the Functional Development of International Organization , p.97.

[12] Mitrany, A Working Peace System: An Argument for the Functional Development of International Organization, p.73.

[13] James E. Dougherty & Robert L. Pfaltzgraff, Jr., Contending Theories of International Relations, Second Edition (New York: Happer & Row Publishers, 1981), p.256.

[14] 薛美瑜，《國際關係中統合理論之研究》，（臺北：國立政治大學外交研究所碩士論文，民國76年6月），頁37。

[15] Claude, Sword into Plowshare: The Problems and Progress of International Organization,p.384.

[16] Ernst B. Hass, Beyond the Nation-State Functionalism and International Organization (Stanford: Stanford University Press, 1964), pp.31-35.

的國家制度，建立功能性的國際組織。但就哈斯的觀點來說，他認為國家間的合作並不是從功能主義的共同需要而發展，因為共同需要是由誰來決定需求的內容。此外，哈斯認為利益，尤其是經濟利益才是整合的開始及關鍵，不管是歐洲煤鋼組織或歐洲共同體都是符合各個國家的利益而產生的國際性組織。[17]哈斯（Emst Hass）在觀察歐洲煤鋼共同體（European Coal and Steel Community, ECSC）時發現，國家在某一領域從超國家的組織中獲利，將會支持其他地方的整合；此即哈斯所謂的「溢出」（Spill-over）效果——一部分整合的擴張邏輯（the expansive logic of sector integration）。假如行為者期望適應整合的過程，則此一過程將被普遍化。[18]但施密特（Philippe C. Schmitter）認為溢出是指進行整合的各個國家對於原先所共同追求或已實現的目標不甚滿意，而試圖以在其他部門進行合作（即擴大相互承諾的範圍）或增強在原有部門的合作（提升承諾的層次）的方式，以解決他們不滿的問題。[19]由此推行，新功能主義認為國家行為者的目標會逐漸政治化（gradual politicization），或許各國在開始不願嘗試，但經由上述的漸進過程，國家行為者體認到，此乃提升共同利益所必須者。[20]此一溢出

---

[17] Ernst B. Hass, Beyond the Nation-State Functionalism and International Organization, pp.47-50.

[18] Ernst B. Hass, Beyond the Nation-State Functionalism and International Organization, p.48.

[19] Philippe C. Schmitter, "Three Neo-Functional Hypothese about International Integration", International Organization, Vol.23. No.1 (Winter 1969), p.162.施密特認為「溢出」效果有兩個前提：（一）各種功能任務基本上有相互的依存性；（二）政治菁英在「溢出」的過程中有創造整合的才能。

[20] Ernst B. Hass & Philippe C. Schmitter, "Economics and Differential Patterns of Political Integration," International Organization, Vol.18, No.4 (Autumn 1964), pp.705-707.

的現象，也使新功能主義者認為「會有一群國家擁有共同決策」[21]的情況產生，它有可能是一個新的國家組織且擁有超乎國家管轄權的能力。因此奈伊（Joseph S. Nye）說：「新功能主義者是穿著功能主義外衣的聯邦主義者，他們藉功能性整合手段，以達到政治上國際邦聯的組合之目的。」[22]相同的，林德柏格（Leon N. Lindberg）與史興哥德（Stuart A. Scheingold）在研究歐洲統合的現象中，將功能性整合的方式列為整合的途徑之一。其研究模式如下：

表6-1　整合途徑選項

戰略		目標	
		優於民族國家	重建民族國家
	政治決定論	聯邦主義者 歐洲的美國化	國家主義者邦聯
	經濟決定論	新功能主義 經濟整合	功能主義者 自由貿易

資料來源：Leon N. Lindberg & Stuart A. Scheingold, *Europe's Would-be Polity* (Englewood Cliffs: Prentice- Hall, Inc., 1970), p.8.

陶意志等人又將整合的目標設定在「混合政治共同體」（amalgamated political community）及「多元安全共同體」（pluralist security community），請參閱表6-2：

---

[21] Ernst B. Hass, Beyond the Nation-State Functionalism and International Organization, pp. 630-636.

[22] Joseph S. Nye, Peace in Parts: Integration and Conflict in Regional Organization (Boston: Little Brown & Co., 1971), pp.51-54.

表6-2

		目標	
		優於民族國家	重建民族國家
戰略	政治決定論	聯邦主義者	國家主義者邦聯

混合政治共同體
amalgamated
political community

	經濟決定論	新功能主義	功能主義者

多元安全共同體
pluralist security
community

資料來源：Leon N. Lindberg & Stuart A. Scheingold, *Europe's Would-be Polity* (Englewood Cliffs: Prentice-Hall, Inc., 1970), p.8；Karl W. Deutsch（ed）, *Political Community and the North Atlantic Area* (Princeton: Princeton University Press, 1968), pp.46-58. & pp.65-69；薛美瑜，《國際關係中統合理論之研究》，國立政治大學外交研究所碩士論文，1987年6月，頁58-59。

　　根據表6-2可知，功能性的整合方式（功能主義和新功能主義），運用經濟決定論的戰略方式，以避免所建立的國際組織過於鬆散或緊密，又可以在共同生活的某些領域中建立一個較廣泛且穩固的權威。[23] 甚至建立起全球性的多元安全共同體來保障世界的和平。

---

[23] David Mitrany, The Functional Theory of Politics (London: M. Robinson, 1975),p.25.

表6-3　功能主義與新功能主義的異同比較

	功能主義	新功能主義
合作的動機	需要的滿足	利益的追求
合作的進展	自動、辯證的與學習的	對利益的自覺
主要的行為者	人民與技術專家	政治菁英
對國家的態度	敵意、強調國家的不足	不排斥區域國家的可能
國際社會內涵	福利合作	多元競爭
最終的目標	全球功能性組織與世界社會的形成	區域、功能性的超國家組織

資料來源：曾怡仁、吳政嶸，「密特蘭尼的功能主義國際關係理論——一種比較的觀點」，《台灣國際研究季刊》，第5卷第4期，頁160。

　　功能整合的過程有四種變動的力量影響整合的進行：即議題的功能聯繫（functional linkage of issues）、議題的人為聯繫（deliberate linkage of issues）、新利益與態度的學習（the learning of new interests and attitudes）、外來刺激（external stimuli）；[24]議題的功能聯繫和新利益與態度的學習是一種技術或功能任務的自決及溢出效果的表徵，而議題的人為聯繫是國內精英份子對超國家功能組織的獲利付出，這也是功能主義與新功能主義所重視的變動力量。外來刺激對區域性的整合有時具有決定性的因素，這些都是在功能整合的過程中不可忽略的。

　　另功能性的整合理論是可以分階段進行的，[25]從增加臨近國家接觸交流的低層整合（low-level integration）到政治統一的高層整合（high-level integration），這種過程的推演是有利於功能性整合

---

[24] Robert O. Keohane & Joseph S. Nye, Jr., "International Interdependence and Integration," in Greenstein & Polsby (eds.), Handbook of Political Science, Vol. 8, p.383.

[25] Micheal Haas, Korean Reunification: Alternative Pathways（New York: Praeger Publishers, 1989），p.36.

理論的發展。一般學者大多同意非正式的、大量的低層接觸是有利於高層整合的發展。同時，一個為多國菁英所認可的整合努力，對整合的各方較易有良好的社會溝通。[26]在分裂國家的應用上，功能整合是一種可行的戰略，先從低層的交流，如貿易、旅遊量、新聞媒體焦點等，進而建立起超國家機構，且逐步朝政治整合的方向前進。[27]值得注意的是，功能整合的連續過程不必然有正面的效果，因為整合的過程潛藏著許多衝突的因素。進一步的整合並不代表有更多的利益產生，端視整合所需付出的代價而定。功能整合也並不要求政府放棄從屬於人民的主權，而是要求為人民尋求利益，不是降低國防，而是擴展保障人民的能力。[28]倘若整合代價過大，恐犧牲自身利益的話，在國家安全戰略的考量上，還是以維持現狀為優先考慮，而不應破壞既有的合作基礎來危及國家安全，這是在功能整合的運用上需特別重視注意的。

　　從1978年開始到1987年間，兩岸關係因為中共當局改採和平統一中國的對台政策；而台灣的國民黨政府則在1981年通過《貫徹三民主義統一中國案》後，以三民主義作為號召，在此一時期，雖然中華民國政府仍然視中共為叛亂團體，但還是認為中國的統一應該是以全體中國人的意志為基礎，認為中共應該政治民主化、經濟自由化、文化中國化、社會多元化；在蔣經國執政後期，宣布了解嚴及開放台灣人民赴大陸探親，開啟了兩岸民間的往來交流，中共雖不放棄武力解決台灣問題，但也改變其對台政策，轉為和平統一、一國兩制的和平統一策略，兩岸關係在此之後逐漸和緩，兩岸關係

---

[26]　Haas, Korean Reunification: Alternative Pathways, p.38.

[27]　Haas, Korean Reunification: Alternative Pathways, p.38.

[28]　Claude, Sword into Plowshare: The Problems and Progress of International Organization, p.385.

朝向和平交流的方向邁進，隨著兩岸發展與交流的層面擴大，促動了兩岸多元的文化交流、經貿交流與政治影響。

 ## 第二節　中共的對台政策

　　中共的和平統一、一國兩制之政策方針可以追溯與1960年鄧小平擔任中共總書記時，所草擬制定的對台工作方針「一綱四目」。[29]一綱四目的精神，基本上即認定台灣為中國的一部分，但對台灣的政策則維持現有的體制，一綱四目於日後則發展成為一個國家、兩種制度。而一國兩制一詞最早以形式用詞出現則是在1984年6月22日在鄧小平接見香港工商界訪京團時所提「一個國家，兩種制度」的看法。談話中鄧小平清楚說明「我們的政策是實行『一個國家，兩種制度』，具體說，就是在中華人民共和國內，大陸十億人口實行社會主義制度，香港台灣實行資本主義制度」。[30]

　　1978年12月16日，美國與中華人民共和國宣布從1979年開始建交，同時宣布與中華民國斷交。兩岸關係至此發生了極大的轉折，當時鄧小平掌握了中共中央的領導權，使得中國的政治路線產生大轉彎，修正了過去毛澤東時代的左傾路線，轉向社會主義現代化，實行改革與開放。這個新路線在1978年12月18日至22日所召開的中

---

[29]　請參閱楊開煌，「對中共『對台工作』之分析 1987至1988年文件與經驗之分析」，《東亞季刊》，第20卷第4期（1989年），頁12。所謂的一綱是指：台灣必須回歸祖國；四目是指：1.台灣回歸祖國後，除外交必須統一於中央外，當地之軍政大權、人事安排等等悉委於蔣，對陳誠、蔣經國等人，亦悉聽蔣重用。2.所有軍政及經濟建設一切費用不足之數由中央撥付。3.台灣之社會改革可以從緩，必俟條件成熟，並尊重蔣的意見，協商決定後進行。4.雙方互約不派特務、不破壞對方團結之舉。

[30]　鄧小平，「一個國家，兩種制度」，收錄於郭立民編，《中共對台政策資料選輯（上）》（台北：永業出版社，1992年），頁606。

共十一屆三中全會正式確定。[31]

　　由於中國的目標轉向現代化的發展，除了開始發展內部經濟，勢必得改善對外關係，與美國關係正常化就是整個政治路線改變裡的重要一環。要走向現代化，必然得改善與台灣之間的關係，當時台灣已經具備一定程度的現代化規模，台灣的資金、技術與管理人才對中國的現代化將有很大的幫助。在這種情況下，1979年以後中共對台政策在鄧小平的主導下，開啟了一國兩制的對台政策。

　　1978年12月16日，在中美兩國發表建交公報的同時，華國鋒在中美建交公報記者會上闡述了新的對台政策。指出：「台灣是我國的神聖領土。台灣人民是我們的骨肉同胞。台灣回到祖國的懷抱，實現祖國統一大業是包括台灣同胞在內的全國人民的共同願望。我們的一貫政策是愛國一家、愛國不分先後；我們希望台灣同胞和全國人民包括港澳同胞、海外僑胞，一起為祖國統一大業繼續做出貢獻。」[32]上述這段話是中共的領導人首度在公開場合中沒有使用「解放台灣」這個論述，也反映出中共將於十一屆三中全會調整對台政策的戰略構想。[33]

　　1979年1月1日中共在全國人大常委會發表〈告台灣同胞書〉，[34]相較於過去中共對台灣政策宣示，除了不提解放台灣的字眼外，另展現了許多與過去以往從未有過的特點，中國學者認為這是兩岸關係改變的轉捩點，從此之後「海峽間封閉狀況逐漸被打破，兩岸關係有了較大的緩和與發展，出現了交流領域越來越多、接觸範圍越

---

[31] 王功安、毛磊編，《國共兩黨關係通史》（武漢：武漢大學，1991年），頁1069。

[32] 《人民日報》，1978年12月12日。

[33] 王功安、毛磊編，《國共兩黨關係通史》，頁1069。

[34] 〈全國人大常委會《告台灣同胞書》（1979年1月1日）〉，《新華網》，〈http://news3.xinhuanet.com/ziliao/2003-01-23/content_704733.htm〉。

來越廣的新局面。」其內容如以下幾點：[35]

（一）願意考慮台灣的現實狀況

中共清楚的意識到台灣在許多方面都比中國大陸要來的進步，台灣人民並不希望被解放，且按照台灣的發展狀況，台灣的許多發展成就與利益是不願為了統一而損失或被犧牲，對此中共必須加以保證，在〈告台灣同胞書〉中指出：「我們的國家領導人已經表示決心，一定要考慮現實情況，完成祖國的統一大業，在解決統一問題時，尊重台灣現狀和各界人士的意見，採取合情合理政策與辦法，不使台灣人民受到損失。」在不損及台灣人民利益的前提之下，〈告台灣同胞書〉中並沒有使用「解放台灣」的字眼，事實上，當時中共業已放棄使用「解放」的概念，並改以「和平統一」的路線。1979年1月下旬鄧小平訪問美國期間，對參、眾兩院議員說明台灣政策時明白表示：「我們不再用『解放台灣』這個提法了，只要台灣回歸祖國，我們將尊重那裡的現實和現行制度。」[36]

（二）表明中共與台灣當局存在著共同立場

「我們寄望於一千七百萬台灣人民，也寄希望於台灣當局。台灣當局一貫堅持一個中國的立場，反對台灣獨立，這就是我們共同的立場，合作的基礎。我們一貫主張愛國一家。祖國統一，人人有責。希望台灣當局以民族利益為重，對實現

---

[35] 陳建武、吳木春，「十年來兩岸關係發展之分析」，《台灣研究》，第1期（1989年），頁17。

[36] 郭立民編，《中共對台政策資料選輯（上）》（台北：永業出版社，1992年），頁339。轉引自張讚合著，《兩岸關係變遷史》，頁245。

祖國統一的事業做出寶貴的貢獻。」

此外，中共表明了其立場不在推翻國民黨，而是藉由肯定國民黨的「一個中國」立場，承認國民黨在台灣的執政地位，透過國共商談尋求統一。提出「首先應當通過中華人民共和國政府和台灣當局之間的商談結束這種軍事對峙狀態，以便雙方的任何一種範圍內的交往接觸創造必要的前提和安全的環境。」

（三）正式提出兩岸交流的要求

〈告台灣同胞書〉中指出：「我們希望雙方儘快實現通航通郵，以利雙方同胞直接接觸、互通訊息，探訪親友，旅遊參觀，進行學術文化體育工藝觀摩。」「我們相互之間完全應當發展貿易，互通有無，進行經濟交流。這是相互需要，對任何一方都有利而無害。」而這些交流的內容也就成為後來的三通（通郵、通航、通商）與四流（文化交流、體育交流、學術交流、科技交流）。[37]

從兩岸交流的觀點來看，〈告台灣同胞書〉最重要的部份在於，這份文獻中最重要的部分是，提出了「雙方儘快實現通航、通郵、通商，以利雙方同胞直接接觸、互通資訊、探親訪友、旅遊參觀、進行學術文化體育工藝觀摩。」以及「相互之間完全應當發展貿易，互通有無，進行經濟交流。」這兩點主張，其目的在透過交流活動來促進兩岸關係的進展，以期實現和平統一。[38]

中國把兩岸交流當成實施對台政策的工具。中國學者程金中在他的文章〈中共對台灣政策的歷史發展及其趨向〉中，將1949年

[37] 王功安、毛磊編，《國共兩黨關係通史》，頁1072。
[38] 《人民日報》，1979年1月1日。轉引自張煥卿、段家鋒、周玉山主編，《中國大陸研究》（臺北：三民書局股份有限公司，1991年），頁252。

以後中共對台灣政策，區分成「武力解決」和「和平統一」兩個時期，其中這兩個時期是以1979年〈告台灣同胞書〉做為一個分水嶺。[39]在和平統一時期，中共對台政策基本方針是「和平統一，一國兩制」；以中國共產黨的立場來說就是「通過國共對等談判，實現第三次合作，共同完成祖國統一大業。國家統一後，台灣仍舊維持資本主義，大陸搞社會主義，『你不吃掉我，我也不吃掉你』，實現『一個國家，兩種制度』。」[40]

中共的〈告台灣同胞書〉中把統一和交流相提並論，這項宣布，又正值其對台灣政策的轉變以及兩岸交流的開始，手段與目的間的關聯性十分明確。從經濟貿易層面來看，中共雖然從互利、甚至是對台灣比較有利的說法，強調雙方交流的重要性，強調雙方交流的重要性，認為「兩岸在自然資源、科學技術、資金、市場和人才的發展，可以造福兩岸人民。」[41]但另一方面，中共也不諱言，在「保障在大陸從事探親、旅遊、投資、經商和其他一切合法活動臺胞的人身、財產安全和正當權益」等方面，中共必須堅持「四項基本原則，進一步改革開放，一切有利於實現和平統一、一國兩制等方針的政策法規，作為依據。」[42]

中共推動兩岸交流的目的，主要是為了配合其對台政策的轉變（由武力解決到和平統一）；而影響中共政策轉變的因素，則是中共70年代末期面臨內外環境的變動。在內部環境方面，1978年12月

[39] 程金中，「中共對台灣政策的歷史及其趨向」，《台灣研究》，第1期（1989年），頁1。

[40] 程金中，「中共對台灣政策的歷史及其趨向」，頁2。

[41] 方生，「新跡象顯示著新突破—評兩岸經貿關係的最新發展」，《人民日報》海外版，1990年2月24日，版2。

[42] 「北京權威人士談有關台灣問題」，《瞭望》海外版，第37期（1989年），頁2。

中共召開了十一屆三中全會，確定了改革開放的路線，同時為台灣
方針政策的轉變，奠定了基礎。為了內部的現代化，中共還需要一
個穩定的外在環境，這包括台灣海峽某種程度的穩定狀態，以吸引
外來的資金技術。此外，中國與美國的關係正常化顯得格外重要，
這使北京認為必須在「台灣問題」上採取較低的姿態，以取得美國
的信賴，此外並且獲得美國在其他方面的讓步。從中國的觀點來
看，美中關係的改善，以及台海局勢的穩定，將使美國再無理由軍
售台灣，並且可以透過美國來向台灣施壓，使得台灣可以接受中國
的「統一」模式。[43]

　　而一國兩制構想的表述，則始於1979年1月30日，鄧小平訪問
美國對參、眾兩院說明中共對台灣的立場和政策時，表明若台灣回
歸祖國，將採取台灣現行制度。[44]1980年1月16日，鄧小平提出，
台灣回歸祖國、實現祖國統一，是1980年代我們要作的三件大事之
一。[45]1981年9月30日，全國人民代表大會常務委員會委員長葉劍
英發表談話，其中對台政策內容，涵蓋為以下九點（一般通稱葉九
條）：

　　　1.為了儘早結束中華民族陷於分裂的不幸局面，我們建議舉
　　　　行中國共產黨和中國國民黨兩黨對等談判，實施第三次合
　　　　作，共同完成祖國統一大業。雙方可先派人接觸，充分交
　　　　換意見。

[43] 張煥卿、段家鋒、周玉山主編，《中國大陸研究》（臺北：三民書局股份
　　有限公司，1991年），頁254-255。
[44] 郭立民編，《中共對臺政策資料選輯（1949-1991）》（上冊）（臺北：永
　　業出版社，1992年），頁339。
[45] 鄧小平，「目前的形勢和任務」，《鄧小平文選》（1975-1982年）（香
　　港：三聯書店，1984年），頁203-204。

2.海峽兩岸各族人民迫切希望互通音訊、親人團聚、開展貿易、增進了解。我們建議雙方共同為通郵、通商、通航、探親、旅遊以及開展學術、文化、體育交流提供方便，達成有關協議。

3.國家實現統一後，台灣可作為特別行政區，享有高度自治權，並可保留軍隊。中央政府不干預台灣地方事務。

4.台灣現行社會、經濟制度不變，生活方式不變，同外國的經濟、文化關係不變。私人財產、房屋、土地、企業所有權、合法繼承權和外國投資不受侵犯。

5.台灣當局和各界代表人士，可擔任全國性政治機構的領導職務，參與國家管理。

6.台灣地方財政遇有困難時，可由中央政府酌情補助。

7.台灣各族人民、各界人士願回祖國大陸定居者，保證妥善安排，不受歧視，來去自由。

8.歡迎台灣工商界人士回祖國大陸投資，興辦各種經濟事業，保證其合法權益和利潤。

9.統一祖國、人人有責。我們熱誠歡迎台灣各族人民、各界人士、民眾團體通過各種渠道，採取各種方式提供建議，共商國是。[46]

　　就〈告台灣同胞書〉與葉九條作為中共對台政策方針來看，強調對台灣問題的解決將基於和平統一的路線，為達此目標，兩岸必須展開兩岸談判，希望透過三通四流的方式促進彼此的相互認識與

---

[46] 葉劍英，「談實現和平統一的方針政策」，原文輯於瞭望週刊海外版編輯部編，《「一國兩制」與祖國統一》（北京：新華出版社，1988年12月），頁5-6。

了解。

　　1982年1月11日，鄧小平就葉劍英的上述談話指出，這實際上就是一國兩制，也就是中共實行社會主義制度，台灣實行資本主義制度。一國兩制的概念，即是從這時開始正式使用的。[47]1982年9月英國首相訪問中共時，鄧小平首次提出以一國兩制的方案收回香港。[48]同年12月中共人大五屆五次會議通過憲法第31條規定：「國家在必要時得設立特別行政區……」，為這一構想提供憲法依據。[49]在1983年時，鄧小平接見美國紐澤西州西東大學教授楊力宇時談到實現中國大陸與台灣和平統一的一些設想，其中核心的看法便是在國家統一之後，台灣仍然可以保留它原先的制度，甚至包括軍隊。「祖國統一後，台灣特別行政區可以有自己的獨立性，可以實行同大陸不同的制度。」[50]此一談話已具有一國兩制的基調。稍後於1984年1月12日，中共總理趙紫陽在舊金山會見華僑時，除重述鄧小平原先的看法之外，也補充一國兩制下的經濟方面措施。趙說：「在經濟方面，台灣作為一個特別行政區，可以實行單獨的財政預算，大陸不向台灣徵一分稅，派一分款；台灣也可以繼續保持和發展同外國的貿易以及其他經濟、技術、文化方面的交流合作。」[51]1984年2月鄧小平會見美國前國家安全顧問布里辛斯基時正式完整提出一國兩制，鄧說：「統一後，台灣仍搞它的資本主義，大陸搞社會主

---

[47] 李家泉，「『一國兩制』構想的形成和發展」，原文輯於瞭望週刊海外版編輯部編，《「一國兩制」與祖國統一》（北京：新華出版社，1988年12月），頁49。

[48] 趙小芒、鄧運、周炳欽，《一個國家兩種制度》（北京：解放軍出版社，1989年），頁6。

[49] 趙小芒、鄧運、周炳欽，《一個國家兩種制度》，頁6。

[50] 請參閱《人民日報》，1983年7月30日。

[51] 請參閱《人民日報》，1984年1月14日。郭立民編，《中共對台政策資料選輯（上）》，頁537-575。

義，但是是一個統一的中國，一個中國，兩種制度」。[52]至此，一國兩制成為了1980、90年代中共對台政策的指導方針。

到了1993年8月31日，中共國務院台灣事務辦公室與新聞辦公室，聯合發表了《台灣問題與中國的統一白皮書》，此項文書為首次就有關對台政策向國際社會公佈的官方文件，而白皮書中提出中國政府解決台灣問題的基本方針就是「和平統一，一國兩制」；此外並強調「和平統一，一國兩制是建設有中國特色的社會主義理論和實踐的重要組成部分，是中國一項長期不變的基本國策」。此外，白皮書中指出了這項方針的四個基本原則：1.一個中國；2.兩種制度；3.高度自治；4.和平談判。[53]不可否認的是，一國兩制以及白皮書的內容對於鄧小平或者是北京領導人來說是解決台灣問題最好的構想，但是其設計的方式仍沿用過去葉九條或〈告台灣同胞書〉的思想模式，以中共為中央政府，台灣是特別行政區的地方政府，但這樣的主從關係，顯難被台灣的國民黨政府所接受；又在鄧小平的眼中，社會主義必須在有十億人口的中國大陸內實施，需與實行資本主義的台灣及香港有所區隔，免得受其影響，[54]而這樣的主張實際上也很難被國民黨政府所接受。

從1983年到1994年，一國兩制主張實為中國對台政策的主調。1988年中共十三全二中全會確立了「具有中國特色的社會主義」為黨的指導綱領後，對內採取改革、對外採取開放的政策，一直到了1989年六四天安門事件爆發後，執政當局亦發生了重大的權力重組工作，即使如此，這依舊沒有影響到一國兩制的對台基調，另外

[52] 趙小芒、鄧運、周炳欽，《一個國家兩種制度》，頁6。
[53] 「台灣問題與中國的統一」白皮書，詳參國台辦網站。〈http://www.gwyth.gov.tw.cn/bps/bps-Egty.htm〉。
[54] 有關於鄧小平主從關係的談話，請參閱郭立民編，《中共對台政策資料選輯（上）》，頁607。

1994年3月31日發生的千島湖事件，雖然導致兩岸關係的低迷，但此事件並未中斷兩岸的交流，因此也不會影響中共對台政策的基調。

到了1995年時，江澤民發表了「為促進祖國統一大業的完成而繼續奮鬥」講話（江八點），這被認為是江澤民時期重要的對台政策。江八點的主要內容是：堅持一個中國原則是實現和平統一的基礎與前提；對於台灣與外國發展民間性經濟文化關係，不持異議；進行兩峽兩岸和平統一談判是中共一貫主張；中國人不打中國人，不承諾放棄使用武力，絕不是針對台灣同胞，而是針對外國勢力干涉中國統一和搞台灣獨立的圖謀；大力發展兩岸經濟文化交流合作，主張不以政治分歧去影響、干預兩岸經濟合作；歡迎台灣當局領導人以適當身分前往訪問，同時也願意接受台灣方面的邀請，前往台灣。

 第三節　台灣的大陸政策

自中共於1949年建政以來，形成了以台灣海峽為界的兩岸分治的態勢，而國共間的衝突由內部延長至國際，在國際上形成一種漢賊不兩立的外交零和競賽，這種相互對峙的關係一直持續到蔣經國時期，即使中共擁有對中國大陸實質的統治權，且普遍的獲得國際社會成員的承認，但在台灣的國民黨政府，依舊認為在北京的中共政權是不合法的，1979年4月，蔣經國提出了三不政策「我們黨根據過去反共的經驗，採取不妥協、不接觸、不談判的立場，不違基於血的教訓，是我們不變的政策，更是我們反制敵人最有效的利器。」[55]；且在次年1月更明確表示未來將以三民主義統一中國，並於1981年4月2日，中國國民黨十二全大會通過「貫徹以三民

---

[55] 三不政策，〈http://taiwanpedia.culture.tw/web/content?ID=3905#〉。

主義統一中國案」，[56]放棄反攻的口號，宣布以和平統一方式統一中國。

另為了落實台灣的民主政治，並且使得台灣的憲政體制可以朝向更正常的方向發展，蔣經國在1987年7月15日時宣布解除在台閩地區實施長達38年之久的戒嚴令；另外在同年11月2日，中華民國政府宣布開放台灣地區民眾前往大陸探親，從此海峽兩岸結束了近40年的隔絕狀態，起了歷史性的急遽變化，此項重大決定，不但使得兩岸在對峙40多年後呈現良性的發展契機，也開啟了雙邊日益多元與複雜的互動關係，使兩岸朝和平交流的方向邁進。隨著兩岸關係發展與交流層面的擴大，亦觸動兩岸多元的文化交流、經貿影響與政治效應。

中華民國政府在1987年底開放大陸探親政策是導致兩岸關係由僵持進入鬆動的催化劑。1985-1986年間，中華民國政府的大陸政策面臨了變化，這種變化主要來自幾個因素：中共對內改革、對外開放、三通四流及一國兩制的統一建議；國際及國內人士期待中華民國政府的反應，[57]海峽兩岸民間活動衍生的糾紛事件，[58]國內政治反對勢力形成並積極地批評政府的施政。[59]

[56] 「貫徹以三民主義統一中國案」，《中央日報》，1981年4月3日，二版。
[57] 如：Jeff Bradley, "Antagonists won't come to terms," Hong Kong Standard, Dec. 18,1985, p.11; Peter Fong, "A Proposal for Unifying China," The Christian Science Monitor, Oct. 29, 1985; "Allow Taiwanese to visit Mainland" Hong Kong Standard, May 9, 1986,p.24.轉引自葉明德，「大陸政策之回顧與展望」，自張煥卿、段家鋒、周玉山主編，《中國大陸研究》，頁361
[58] 如金鴻輪與大陸漁船碰撞，遭大陸漁船挾持至廈門三十天，賠錢了事，《中央日報》，1985年5月3日，第三版；基隆港漁船宏志一號逃脫中共武裝漁船劫持事件，《中國時報》，1985年6月7日等等。雖然政府尚未開放兩岸交流，但當時民間的漁船往來已十分頻繁，因而衍生出許多交往活動的糾紛事件。
[59] 「立法委員江鵬堅質詢」，《自立晚報》，1986年5月29日，第2版。

　　面對這些變化，中華民國政府做出以下回應：（1）突顯海峽兩岸政經社會生活之重大差距，回拒立即統一的建議；（2）以台灣的各項建設成就提供中共經濟改革的範例；（3）宣示以三民主義統一中國的決心。中華民國對於中共統一訴求之反應雖然稍可緩解政府所面臨的民意壓力，但事實上，當時中華民國政府對於大陸的三不政策，顯然已不符現實情況之發展。因此在1987年底時開放了大陸探親。其後中華民國政府對大陸政策的目標，大致包含幾個要素：（1）以人道目標為大陸政策的依據，另在蔣經國總統逝世後，大陸政策增加另外兩點考量：（2）以台灣地區安全為前提，防止中共犯台，[60]以維護台灣地區民眾利益為大陸政策的前提；（3）致力於以台灣經驗為依據，對大陸發揮政治影響力，國民黨政府向大陸展開政治反攻，不是要取代中共政權，而是希望能夠促進中國大陸的政治民主、新聞自由與經濟開放，解除共產主義的桎梏。[61]對於安全問題的考量為中華民國大陸政策的主要考量。

　　另外在推動對大陸開放措施方面，除以安全為優先考慮外，並以漸進（incrementalism）的方式逐步進行，先以個案的方式試行，累積個案事實作為擬訂政策之參考。[62]顯示出中華民國政府的大陸政策特徵，主要是以台灣地區「安全」為第一，並以民間層次交流為範圍，逐漸擴大交流的範圍與內容。[63]

---

[60] 中國國民黨、民進黨與工黨對於大陸政策的共識是反對中共侵犯台灣。內容詳參黃輝珍，「政治團體分別發表大陸政策，顯現多元思考兩岸關係角度」，《中國時報》，1987年10月17日，第2版。

[61] 此為李煥擔任中國國民黨秘書長時曾經發表的談話，刊載於《聯合報》，民國76年9月5日，一版。轉引自轉引自張煥卿、段家鋒、周玉山主編，《中國大陸研究》，頁362。

[62] 例如放寬大陸中藥材的進口、允許台灣民眾直接赴港澳地區、放寬大陸書籍進口等等，逐步擴大開放交流的項目與層次。

[63] 張煥卿、段家鋒、周玉山主編，《中國大陸研究》，頁363

　　1988年，李登輝接任總統，李登輝在執政初期延續蔣經國執政後期的兩岸政策，刻意和緩兩岸的氣氛，連番在兩岸事務上採取主動的作為，其目的在建立兩岸互信並減少誤判，1990年時，李登輝召開國是會議，達成兩岸分別為具統治權的政治實體、兩岸交流以功能性交流為優先、成立專責政府機構和民間中介團體處理兩岸事務等共識。1990年代初期，是兩岸非正式官方交流的黃金時期。[64]從1990年到1995年5月，台灣先後成立了國家統一委員會、行政院大陸委員會與民間性質的海峽交流基金會。此外，由國統會制定「國家統一綱領」，認定兩岸是對等政治實體，同時以近、中、遠程三個階段規範統一進程，並以自由、民主、均富、平等為國家統一的條件。而總統李登輝也進一步宣告終止動員戡亂時期，同時廢止動員戡亂臨時條款，不再將中共視為叛亂團體。與此同時中國也在1988年7月在國務院體系下，成立「台灣事務辦公室」專責處理台灣事務，其後並於1991年成立海峽兩岸關係協會，作為政府授權的唯一交流機構。

　　1992年8月1日國統會第八次會議通過《關於「一個中國」的涵義》，主張「兩岸均堅持『一個中國』之原則，但雙方所賦予之涵義有所不同。中共當局認為『一個中國』即為中華人民共和國……

---

[64] 兩岸開始展開交往，因為交流中衍生了一些問題要解決，所以雙方要進行協商，而且尚需準備簽署協議，因此到了1991年11月兩岸兩會首度在北京進行協商時，「一中原則」已經被提及。那是當時擔任海基會秘書長的陳長文在會晤首度擔任海協會常務副會長的唐樹備時，由於彼此討論議題涉及到兩岸共同打擊海上犯罪之程式問題，其中因為「一個中國」原則、「台灣海峽」、「海上區域」等定義引發爭議，當時雙方無法針對這些爭議有解決方案，只有各自發表聲明表達立場。邵宗海，「以『中國領土和主權完整』說辭替代『一中原則』可行性之探討」，《台灣研究集刊》，2011年第2期，頁1。這樣的問題也使得兩岸試圖找尋一個雙方都能夠接受解決方案。

我方則認為『一個中國』應指1912年成立迄今的中華民國，其主權及於整個中國，但目前之治權僅及於台澎金馬。台灣固為中國之一部分，但大陸亦為中國之一部分。」[65]「九二共識」主要是根據海基會董事長辜振甫表示，1992年兩岸在香港會談時，曾就「一個中國」問題進行討論，但雙方所提之各項方案皆不為對方所接受，而稍後海協會對海基會提「雙方以口頭聲明各自表述的方式」表示同意並予尊重。「一個中國」這種表面上看似相同但實際雙方理解認知不同的狀態下，在1993年4月27日在新加坡舉行了「辜汪會談」，其中共簽署了四項協議。[66]

中共國務院台辦、新聞辦在2000年2月提出《一個中國的原則與台灣問題》白皮書，在此白皮書中曾提出中國方面對於「九二共識」的表述與詮釋：「為了通過商談妥善解決兩岸同胞交往中所衍生的具體問題」，1992年11月，海峽兩岸關係協會與台灣的海協交流基金會達成再事務性商談中，各自以口頭方式表述『海峽兩岸均堅持一個中國原則』的共識，在此基礎上，兩會領導人於1993年4月成功的舉行了『辜汪會談』……」

對於中國來說，「九二共識」是主張「海峽兩岸均堅持一個中國原則」，而在台灣方面，對國民黨來說，「九二共識」認為辜汪會談結果是確認了「一個中國各自表述」，而對民進黨來說，則主張「務實談判，擱置爭議」。[67]當時台灣的主政者希望藉由九二共識以取代一個中國的爭議，而中國卻希望藉由九二共識來夾帶一個

[65] 《關於「一個中國」的涵義》，行政院大陸委員會網站。參見〈http://www.mac.gov.tw/ct.asp?xItem=57875&ctNode=5645&mp=1&xq_xCat=1992〉。

[66] 四項協議分別是：兩岸公證書使用查證協議；兩岸掛號函件查詢、補償事宜協議；兩岸聯繫會談制度協議；辜汪會談共同協議。

[67] 羅致政，〈零五精神取代九二共識〉，《中國時報》，2005年2月5日。

中國原則，由此觀之，九二共識的概念，不僅在台灣內部存有歧見爭議，此外，在兩岸間對於「九二共識」在認知上抑存在著極大落差。[68]但不論雙方對於「九二共識」的認識為何，其後兩岸關係的發展，的確在此基礎下，開始恢復了對話與協商，雙方的交流亦日益緊密。

---

[68] 實際上九二共識在台灣內部是具有爭議的，九二共識一詞最早是在2000年4月28日由當時陸委會主委蘇起所創設，其主要是概括台灣海峽兩岸政府在1992年對「一個中國」問題及其內涵進行討論所形成之見解及體認的名詞，用於取代此前台灣方面概括出來的「一個中國，各自表述」，隨後並成為中國國民黨的政策；但民進黨與台灣民主聯盟等政黨認為「九二共識」並不存在，他們主張「九二共識」是國共兩黨所形成的共識，並未經過民主程序，得到國會同意，在歷史上並不存在所謂的「九二共識」。並且其主張若是承認九二共識將會削弱台灣的主權，弱化台灣的民族自覺與民主意識。讓台灣經濟依賴中國的情勢加重，中國可透過經濟施壓，台灣被迫與中國統一將成為不可避免的前景。

面對台灣內部對於九二共識的歧見，中共的態度又是如何呢？自2002年起，中共中央及中共領導人即在許多場合中使用「九二共識」一詞：如錢其琛在2002年1月24日發表談話稱，「九二共識」對當前兩岸關係仍具重要意義，應予維護。他解釋「九二共識」為「一九九二年海協與台灣的海基會達成各自以口頭方式表述『海峽兩岸均堅持一個中國原則』的共識」，參見「錢其琛說『九二共識』對當前的兩岸關係仍具重要意義」，《人民網》，〈http://tw.people.com.cn/GB/14810/14858/885164.html〉；在2008年3月22日馬英九當選總統後，胡錦濤於26日與美國總統小布希熱線，根據新華社英文新聞稿內容：「…He said it is China's consistent stand that the Chinese Mainland and Taiwan should restore consultation and talks on the basis of "the 1992 consensus" which sees both sides recognize there is only one China, but agree to differ on its definition.」（胡錦濤說中國一貫的立場就是中國大陸與台灣應該在「九二共識」的基礎上恢復協商，「九二共識」就是雙方都承認只有一個中國，但彼此定義不同）。參見「總統出席『九二共識』20週年學術研討會」，〈http://www.president.gov.tw/Default.aspx?tabid=131&itemid=28520〉；另外在18大中，九二共識首次被納入政治報告中。由上述文獻顯示，中共官方傾向使用九二共識一詞，並且將九二共識當做是兩岸發展中重要的基礎，在18大政治報告中亦提到「希望先堅持九二共識，增進維護一中框架的共同認知」。

　　到了1995年，對於中共領導人江澤民所發表的「江八點」，李登輝隨即在同年4月發表了「李六條」，強調在兩岸分治的現實上追求中國統一，台灣與大陸分別由兩個互不隸屬的政治實體治理，必須客觀對待這個現實；以中華文化為基礎，加強兩岸交流，並進一步推動資訊、學術、科技、體育等各方面的交流與合作，兩岸平等的參與國際組織，雙方領導人自然見面；兩岸均應堅持以和平的方式解決一切爭端。自1987年台灣開放大陸探親後，兩岸交流越來越盛，一改過去漢賊不兩立的敵對態勢，將兩岸關係帶入緩解的新局面，這樣和緩的關係一直持續到1995年6月，李登輝訪問美國康乃爾大學並發表演說，政治意識形態的歧異，使得兩岸關係再度發生轉折。

 ## 第四節　兩岸整合之分析

　　根據陶意志的說法：「在整合的過程開始之前，參與整合的各方形成一種不再戰爭的心理。於是戰爭在參與整合的國家眼中被認為非法與不合理；任何好戰的整合夥伴都不再能夠獲得眾人的支持。」[69]因此，分裂國家的整合係藉由降低敵意，尋求非暴力方式，來完成統合或維持國家的安全與和平。另在分裂國家中，功能整合通常是從低階的交流開始，再延伸至核心的政治問題，對照兩岸發展亦是如此，根據前述可知，兩岸的交流模式有中華民國政府經由民間、間接、漸進、單向及有條件雙向的方式；[70]及中共倡議

---

[69] Karl W. Deutsch, The Analysis of International Relations（Englewood Cliffs: Prentice-Hall, Inc., 1968）, pp.197-199.轉引自吳新興，「從整合理論看中國統一問題」，《問題與研究》，第28卷第7期（1989年4月），頁83。

[70] 吳新興，〈從整合理論看中國統一問題〉，頁79。

的三通四流，以下以交往互動整合、態度整合、政策整合、機構整合來分析兩岸整合的狀況：

（一）交往互動整合

交往互動整合可從貿易值、郵件、電訊、旅遊等等數量來觀察。[71]兩岸經香港轉口間接貿易金額，由1979年的7,776萬美元增至1995年的94.8億美元，成長近122倍。[72]另兩岸的信件往返總量，從1988年的400多萬件到1995年1500多萬相比，數量大幅增加，但值得注意的是，與1994年的總信件數量相比則較少，信件的件數增加已呈現一個漸緩的趨勢。[73]在申請臺胞證的人次上，從1987年至1995年底止，累計人次共835.14萬人次。[74]對於分裂國家來說，大量低層交流對雙方的整合是有助益的，但是在兩岸的交流整合中，卻存在某些因素，使得功能擴散的效益並不明顯。一是功能整合強調成員間的互賴，否則進一步的高階整合或共同體是難以存在的，但觀諸兩岸的發展情勢，根據1995年1至10月兩岸貿易總額估計為185.96億美元，台灣對大陸輸出估計為159.71億美元，輸入為26.25億美元，以此估算台灣地區對大陸地區的貿易依賴度估計為10.36%，[75]雙邊在貿易上形成的是一種依賴關係而非互賴，顯然是與功能整合強調的成員間互賴是有差異的；二是功能主義希望藉著全面的交流與自由貿易，來形成溢出的效果，但是在兩岸民眾的交流上，台灣採取有條件的雙向，使得民眾的交流不成比例，這對整合所期望建立的善意瞭解是有差距的。

71　薛美瑜，《國際關係中統合理論之研究》，頁114。
72　《兩岸經濟統計月報》（臺北：行政院大陸委員會，1995年12月），頁3。
73　《兩岸經濟統計月報》（臺北：行政院大陸委員會，1995年12月），頁7。
74　《兩岸經濟統計月報》（臺北：行政院大陸委員會，1995年12月），頁8。
75　《兩岸經濟統計月報》（臺北：行政院大陸委員會，1995年12月），頁4-5。

（二）態度整合

　　官方意識、菁英階層與民眾的態度影響著整合的成效，也產生了朝誰整合的問題。[76]這些態度與問題經常由媒體表現出來。根據沈湘燕以人民日報對台灣新聞之則數統計分析（以開放探親前後半年為取樣）發現，在台灣未開放交流的前半年平均103則，下半年則為72則，但開放探親後，迅速增加為238則，且持續一年。不過1989年「六四」之後有相當的下滑，但事後又有回升的跡象；另外在記者採訪上，也比開放前提高2.4倍，此一現象驗證了開放交流是有助於雙方的相互認識。[77]（參見圖6-1）但鍾蔚文在分析此一時期兩岸的報紙的頭版新聞重疊性很低，台灣方面對兩岸事務與大陸新聞均有很大版面的報導，但大陸方面則不以此為關切焦點。[78]除了報導議題不同外，兩岸的黨營報紙（人民日報、中央日報）也常有各說各話的報導形態產生，顯見兩岸新聞交流仍有很大的落差。[79]當然，兩岸媒體交流的過程中，存在著許多干擾的因素與採訪上的限制，無疑都會影響到整合的發展。[80]

　　另外在政商精英結合的台灣政黨選舉中，亦可以清楚的發現，對統一整合不表支持的民進黨得票率持續增加，因此可以瞭解台

---

[76] Michael Hass, Korean Reunification: Alternative Pathways (New York: Praeger Publishers, 1989), pp.38-39.

[77] 沈湘燕，《開放探親前後人民日報有關台灣報導的比較分析》（臺北：政治大學新聞研究所碩士論文，1992年），頁82。

[78] 鍾蔚文，《兩岸媒體對對方報導之內容分析》（臺北：行政院大陸委員會，1993年），頁17、43。

[79] 黃開森，《台海兩岸報紙對「中國統一」議題報導之研究—以「中央日報」、中共「人民日報」為例》（臺北：政治作戰學校新聞研究所碩士論文，1992年），頁168-169。

[80] 兩岸新聞交流的困境可參閱林森鴻，《兩岸報紙互動關係之研究（1987-1992）》（臺北：淡江大學大陸研究所碩士論文，1994年），頁93-101。

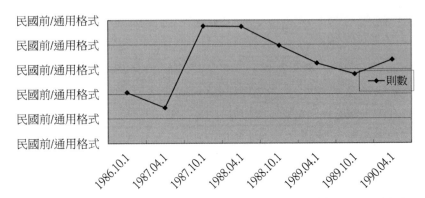

資料來源：沈湘燕，《開放探親前後人民日報有關台灣報導的比較分析》（臺北：政治大學新聞研究所碩士論文，1992年），頁82。

圖6-1　開放探親前後，人民日報報導台灣新聞之則數統計圖

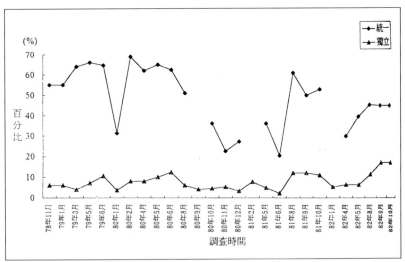

資料來源：行政院大陸委員會編，《台海兩岸關係說明書》（台北：行政院大陸委員會，1994年），頁161-168。

圖6-2　民眾對於兩岸未來關係發展的期望

灣在整合的態度上是有相當的分歧。[81]而民眾對於整合的態度也可由歷次對台獨的民意測驗中瞭解。（參閱圖6-2）在台灣開放交流後，分離意識不減反增，對功能整合來說，這與理論的假設是背道而馳的。深究其因，泰半為雙方在整合的過程中的善意不足，例如打壓台灣的國際空間，不放棄武力犯台，及對於兩岸人民生活體制的不瞭解。特別是在千島湖事件後，民眾支持台獨的比例竄升，這充分說明，在整合的過程中，雙方的菁英若未能引導民眾的態度趨向一致，則難以形成民族共識的情感。其次，功能整合強調保障人權的福祉，也不要求政府放棄主權，但在這個部分，中共強調其擁有台灣的主權，這樣的主張似乎與功能主義有所扞格。

（三）政策整合

　　兩岸在政策的整合上並沒有集體的決策機構，僅有事務性的協商會談，反應在各方面的政策取向有極大的差異。從宏觀的角度來看，大陸在對台政策上始終堅持一個中國與一國兩制作為其統一的架構，而為了讓台灣接受一國兩制的架構，1981年的「葉九條」就強調台灣現行社會、經濟制度不變，且可以保有軍隊。[82]在經濟上，大陸方面也持續地吸引台資，希望將台灣經濟依附在大陸市場形成「香港化」，以利和平統一。在強制外交的手段上，中共屢次聲明不放棄武力犯台，並持續擠壓台灣國際生存空間，欲迫使台灣就範；而台灣對大陸政策則是從原先的三不政策，經由功能交流的方式轉為民間、間接、漸進、單向、有條件雙向的開放政策。開放的領域涵蓋經貿、文化、科技、社會、人員等限制，自1987年開放

---

[81] 洪中明，《海峽兩岸統一政策之研究（1988-1992）—衝突與整合途徑之分析》（臺北：政治大學東亞研究所碩士論文，1992年），頁123。
[82] 《中國時報》，1995年2月4日，第3版。

探親後至1992年，台灣宣布了49項的開放政策。[83]台灣希望藉由非正式的經貿、社會整合以進入國統綱領的中程階段。其實，兩岸在經貿政策上，雖然沒有正式協商，但雙方的經貿政策卻有妥協合作的傾向。兩岸互利的經貿使得雙方願意調整政策，以追求最大利益。由於中共主動爭取台商並給予優惠，爭取到許多台商投資。台灣的政策就顯得被動的多，在此方面因而陷入了中共「以商促政，以民圍官」的框架中，台灣也因而在經貿整合的政策上失去了主動及主導的優勢，此外，在此一時期，台灣雖欲積極推動亞太營運中心，以爭取產業升級，確立分工體系，意圖扭轉大陸主導經濟發展的局勢，但面對兩岸直航的困境，又使得爭取主動權的可能性大打折扣。[84]

在雙方的政治性對話方面，常常反映出兩岸政策的底線。1995年初，江澤民在新春茶會發表的江八點，一般皆認為在措辭與時機上十分得宜，不僅選在中國人傳統年節前夕，亦遠離了台灣選舉熱季；在措辭方面，也較為溫和審慎。[85]同時，這也反映出中共第三代領導班子的對台政策主軸仍是一個中國、一國兩制、不放棄對台動武，在措辭上雖然少了刺激性的字眼，但依舊隱含著一貫對台的政策方針，[86]例如在對於正式結束兩岸敵對狀態方面，唐樹備曾表達簽署之意，但若有外力介入或台獨，則協議無效，[87]這顯示出，

---

[83] 行政院大陸委員會編，《兩岸交流中我開放政策與中共緊縮措施之比較分析》（臺北：行政院大陸委員會，1992年），頁7-19。

[84] 陳治萍，「亞太營運中心計畫之評析」，《國家政策（動態分析）雙週刊》，第134期（1995年），頁15-16。

[85] 郭瑞華，「江澤民新春對台八點講話分析」，《共黨問題研究》，第21卷第3期（1995年），頁5。

[86] 對於江八點政策評析與文字意含，可參閱龍飛，「對江澤民『八點』講話的評析」，《中共研究》，第29卷第2期（1995年），頁80-91。

[87] 《文匯報》，1995年2月26日，第2版。

若台灣當局的作為未能符合中共兩岸政策的假設前提，則一切協商均無效。李登輝在回應江八點時，回應了中華文化的基礎與經濟的互補，但在兩岸領導人見面的場合仍有歧異，此外，加入港澳議題。由此觀之，雙方在政策整合上，大陸想縮小範圍以提升政治性，僅同意台灣各黨派人士、代表性人物級領導人從事兩岸的協商，認為無須借助於國際場合；台灣則想擴大政策範圍，並嘗試以議題的連結來提升自身的議價空間，希望藉由在國際的多重見證下公開活動，並對應港澳的民主繁榮，與台灣的安全議題相連結。由此觀之，由於雙方的政治意圖並不一致，政策表現也就大相逕庭，彼此之間的互信，其實極為薄弱。

從微觀的角度來看，海峽兩岸的政策整合可從海基會與海協會的功能談判來觀察。兩岸自1991年到1995年，歷經多次會談，會談的議題由行政程序問題轉至法制性議題。在行政程序上，兩會從防治犯罪程序、文書驗證、掛號郵件、定期會談等議題入手。在第一次辜汪會談後，兩岸會談轉入法制性議題的討論，如非法入境、劫機犯、漁事糾紛、司法協助、智慧財產、保障台商條例等。這說明雙方建立一些程序規則後，就容易導入自身所需要的議題。不過，從辜汪會談後的議題來看，台灣希望討論的議題多於大陸所想要的，大陸則不時穿插著經濟或政治議題來避談台灣所盼望的議題。

兩岸在事務性整合的成果是略有進展的，但兩岸在相互的對外政策上卻少有整合。自1974年到1993年，中共重要人物對台動武的強硬態度上共發表了51次的聲明。[88]台灣方面也對此表達憤怒、

---

[88] 含鄧小平17次、江澤民6次、李鵬9次、錢其琛2次、吳學謙10次、王兆國5次、朱鎔基2次，共51次。請參閱新聞局編，《對中共所謂「不排除使用武力犯台」之研析》（臺北：行政院新聞局，1994年），頁11-67；林正義，

不認同的立場。雙方在涉外事務上，特別是彼此的政治事務上有著嚴重的對立，這是因為雙方的統一架構都被台獨和不放棄武力犯台等負面功能的推力所影響。故在前項的態度整合上，可發現雙方的菁英份子與民眾對統合的認知有著極大的落差，足見此種負面的推力對統一政策的破壞。因此在此階段的兩岸政策依舊呈現的是一種各說各話的狀態，最大的交集點為一個中國政策以及對於南海主權的堅持。雙方對於一個中國原則的涵意抱持著不同的立場；但對南海主權的涉外爭議上，雙方仍無明顯的差異。[89]雙方可以考慮在非正式的政治整合上，使用交互的單邊行動（reciprocated unilateral actions）。在此種非正式的外交配合行動累積至一定的量時，就容易達成正式的政治性協議。[90]

（四）機構整合

機構整合是指雙方設立的對等機構與人員，在整個行政體系的比重、功能與重要性；再觀察是否能因雙方對此機構的重視，而演進成一組共同決策的制度。[91]這種制度取向的政治整合，可經由非正式的外交場合對話，到正式的代表團互設。[92]在兩岸的機構整合取向，主要探討雙方對等機構的層級，和可能達成國統綱領遠程目標「兩岸統一協商機構」的設置。[93]

「中共封鎖台灣海峽及其影響」，《第二屆國防管理研討會論文集》（臺北：國家政策發展中心，1993年），頁3-7。

[89] 陳鴻瑜，「台海兩岸對南海政策及理念之比較」，《後冷戰時期亞太戰略情勢展望研討會論文集》（臺北：三軍大學戰爭學院兵學研究所、淡江大學國際事務與戰略研究所，1993年），頁175-177。

[90] Hass, Korean Reunification: Alternative Pathways, p.41.

[91] 薛美瑜，《國際關係中統合理論之研究》，頁114-115。

[92] Hass, Korean Reunification: Alternative Pathways, p.41.

[93] 明居正，〈中國統一的理論建構：『國家統一綱領』的背景及理論意

　　中共對台統戰的專責機構十分繁多，遍佈黨、政、軍、情治、社會團體間。不僅中央，連地方都有專責機構，中共中央台灣工作領導小組是最高層級的對台機構。其執行政策的系統如表6-4。

　　在台灣，總統府下設的國家統一委員會則是台灣對大陸事務的最高層級。（參見圖6-3）此外，由於台灣政黨體制與中國大陸截然不同，對大陸事務有影響的政黨組織僅執政黨的大陸工作指導小組。儘管兩岸均有對等機構，但機構間的交流與整合卻不多，且多屬於民間性組織與半官方的海基會與海協會有事務性與功能性的交流，兩岸合署的組織並未出現，多數的交流活動也需透過海基會或海協會來執行。此種半官方組織已具備了簽訂協約承諾的能力，但其建議案被採納的比例卻不高，可由海基會秘書長在1993年時更易三人可以瞭解。[94]故期待此一組織能達成機構整合是有困難的。但由陸委會的副主委與各處長兼任海基會的董監事，並且允許公家機

表6-4　中共對台政策執行系統

政策、三通、談判	國際活動 台灣領導人活動	台商、經貿	教育 體育
國務院台灣事務辦公室主任 海協會會長	外交部 海協會副會長	對外經貿部 海協會	海協會
新聞、出版	宗教、文化	交流、交通 事故、糾紛	台灣獨立、統一政策 回應
海協會	海協會文化部	海協會、統 戰部	國務院、統戰部 中央對台工作領導小組

資料來源：張濤、金千里，《江八點的迷惑》（臺北：中國大陸雜誌社，1995年），頁47。

涵〉，《兩岸關係與中國前途學術研討會論文集》（臺北：民主基金會，1992年），頁204。
[94] 海峽兩岸交流基金會編，《海峽交流基金會82年年報》（臺北：海峽兩岸交流基金會，1994年），頁24-25。

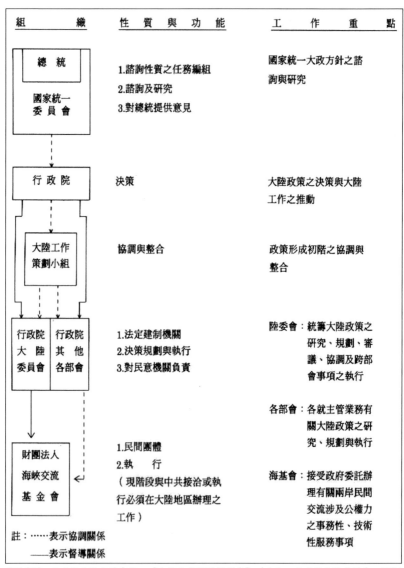

資料來源：行政院大陸委員會編，《台海兩岸關係說明書》（台北：行政院大陸委員會，1994
年），頁135。

圖6-3　台灣大陸政策與大陸工作組織體系及運作圖

關人員得以顧問身分協助海基會參與專業談判，對於改善機構間交流與整合不多的狀況有所助益。

在分裂國家的功能整合中可以知道，透過低階的交流，來為高階的政治諮商累積條件。[95]整合的目的，則是建立合作性的安全，進而產生共同安全的共識。在交流、態度、政策、機構整合上是要齊頭並進，比較能夠產生良好的效果。兩岸的決策者也應以此作為調節整合的節奏，以維繫彼此最大的安全感。

 ## 第五節　台海飛彈危機與兩岸關係的轉折

1986年葉劍英發表葉九點，並在沿海對外島漁民展現善意。1986年大陸對外島停止行禮如儀的心戰喊話。1987年蔣經國開放民眾赴大陸探親，1988年中共公佈獎勵臺胞投資條例，1990年李登輝成立國家統一委員會，1991年1月行政院大陸工作委員會成立，同年2月海峽交流基金會成立，5月李登輝終止動員戡亂時期。1991年12月，中共成立了海峽關係協會，強化了兩岸事務性交流的功能，1993年辜汪會談在新加坡簽訂了協議，兩岸關係似乎如同功能主義所強調的功能溢出（spill over），日趨穩定與和平，但在實際的發展上還隱含著許多潛在的衝突因素。

（一）事件導火線—李登輝訪美

兩岸關係看似趨於和緩，但卻在雙方堅持的政治意識上出現了裂痕。中共堅持一國兩制，台灣則強調兩個政治實體，積極推動務實外交。1995年江澤民發表「江八點」，認為只要台灣當局「承

---

[95] 吳安家，「從『辜汪會談』看兩岸關係的發展」，《亞洲與世界月刊》，第18卷第3期（1993年），頁40。

諾接受一個中國」，就願意在對等的基礎上和台灣協商所有議題，台灣領導人只需承認一個中國原則，也就是世界上只有一個中國，台灣是中國的一部分。[96]而當時李登輝也以「李六條」回應，這樣的和諧表象，在1995年5月22日美國宣布同意李登輝以校友身分訪問美國康乃爾大學時宣告瓦解。柯林頓政府打破不接待台灣高層官員來訪的慣例，這是自美國在1979年與台灣斷絕正式外交關係以來，台灣總統首次訪美，此舉引發中共嚴重的抗議與震怒，認為這嚴重損害中美關係基礎，且中共認為，這無疑是替台灣所推行的「兩個中國」、「一中一台」政策撐腰，助長了台灣獨立勢力的氣燄。[97]同時，中共亦認為美國的此一舉動是想測試中共在台灣問題的底線。[98]柯林頓（Bill Clinton）政府原本拒發簽證，但由於美國參眾兩院僅有一票棄權，以壓倒性票數通過表決，要求柯林頓發給簽證，[99]這使中共感覺受到欺騙，[100]當時時任中國國務院副總理並兼任外長的錢其琛隨即召見美國駐華大使芮孝儉（Roy Stapleton）針對李登輝訪美一案表示抗議，之後中國外交部宣布終止國務委員李貴鮮、縮短中共空軍司令于振武訪美行程，另外延後國務委員兼國防部長遲浩田6月的訪美計畫、並推遲及取消雙方軍控與核能磋商，召回駐美大使李道豫，一瞬間，中美雙方副部長級以上的交

[96] 謝淑麗（Susan Shirk）著，溫洽溢譯，《脆弱的強權》（臺北：遠流出版社，2010年），頁233。

[97] 錢其琛，《外交十記》（北京：世界知識出版社，2003年），頁307。

[98] 錢其琛，《外交十記》，頁307。

[99] 謝淑麗（Susan Shirk）著，溫洽溢譯，《脆弱的強權》，頁233-234。

[100] 1995年4月17日，美國國務卿克裏斯多福在聯合國總部與中共外長錢其琛會面時，以口頭承諾不會允許李登輝訪美。詳請參閱錢其琛，《外交十記》，頁305；James Mann, About Face: A History of America's Curious Relationship With China, from Nixon to Clinton (New York: Vintage Books, 2000), pp.322-325.

流完全中止，並表示中美關係的基礎受到動搖，[101]此外，原定8月
在北京召開的第二次辜汪會談因而延期，1995年7月，解放軍公告
示警之後，首度針對台灣東北角十八哩處發射導彈。[102]即便美中台
三方的關係，因此陷入緊張膠著的態勢，不過也未能影響到李登輝
訪美的行動，李登輝在康乃爾大學進行演講時，無畏中共的反制行
動，不斷宣揚台灣經驗，主張台灣是一個主權獨立的民主國家，[103]
且這次的演講中，首次提出了「中華民國在台灣」的論述。

（二）事件過程

　　實際上，因李登輝訪美而演變成中共進行了兩次的飛彈試射，
並中斷中美副部長級以上的交流，這是美方始料未及的，也迫使美
國不得不進行多方面中美關係的修補。例如：美國官員不斷地在媒
體上表達遵守一個中國的政策，且給予中共最惠國待遇，支持中共
舉辦世界婦女大會，對於美國公民吳宏達以間諜罪被捕案也表達相
當大的耐心，最後終於促成了中共外長錢其琛與美國國務卿克里斯
多福（Warren Christopher）在汶萊的東協區域論壇（ARF）會面，克
里斯多福轉交了柯林頓致江澤民的信函，一再保證美國一個中國政
策的立場，遵守三個聯合公報，反對兩個中國與一中一台的主張，
反對台灣獨立及加入聯合國，並邀請江澤民訪美，但是中共對於美
方並未提出日後台灣高層訪美的限制表示不滿。[104]8月15-25日，中
共於東海舉行飛彈與砲火的實彈演習，除了文攻武嚇台灣一番，也
是給8月24-27日來華磋商有關日後台灣領導人訪美限制的副國務卿

---

[101] 劉連第編著，《中美關係的軌跡─1993-2000年大事縱覽》（北京：時事出版社，2001年），頁69-72。
[102] 謝淑麗著，溫洽溢譯，《脆弱的強權》，頁234。
[103] 錢其琛，《外交十記》，頁309。
[104] 錢其琛，《外交十記》，頁312。

塔諾夫（Peter Tarnoff）一個下馬威，最後美國保證日後台灣高層訪問必須是私人，且不具任何政治目的；避免官方性質，包括象徵意義的禮儀；另外並不會有太多的訪問機會，只有在特定條件下才許可。在獲得上述保證下，中共才決定降低危機，同意江澤民訪美。[105]1995年10月24日江澤民訪美，駐美大使李道豫回任，中美關係似乎逐漸恢復正常。但是11月中旬，美國助理國防部長奈伊（Joseph S. Nye）訪問北京發現，中共對台立場依然強硬，極可能升高軍事行動。11月下旬，中共於東山島進行三棲演習，並使用「南京戰區」[106]名稱，試圖影響台灣的立法委員選舉。[107]顯示中共儘管獲得美國的保證，仍然希望用文攻武嚇的方式來獲得台灣的讓步。中共官方也承認，一直到1996年的3月，都會有大規模的演習計畫。[108]

　　1996年1月，分別傳出中共已完成對台攻擊的計畫準備與統一時間表，引起了台灣的恐慌。[109]隨著台灣總統選舉越來越近，候選人的發言與越來越激情，李登輝就表示台灣有18套劇本足以因應中共的軍事演習。[110]雙方的謠傳與發言，益加刺激了危機的升高。2月22日，美國中央情報局局長在參議院的聽證會上表示，北京在台海地區的軍事演習，可能因錯誤估算而引發戰火，情勢非常嚴峻。[111]3月5日，中共宣布於3月8-15日針對基隆與高雄外海進行飛

[105] 錢其琛，《外交十記》，頁313。

[106] 有關南京軍區改成南京戰區的意涵請參閱李潔明、唐思編，張同瑩等譯，《台灣有沒有明天？—台海危機美中台關係揭密》（臺北：先覺出版社，1999年），頁209。

[107] 1995年11月26日，《人民日報》，第一版。

[108] 李潔明、唐思編，張同瑩等譯，《台灣有沒有明天？—台海危機美中台關係揭密》（臺北：先覺出版社，1999年），頁208。

[109] New York Times, January 24, 1996, p.3;《聯合報》，1996年2月1日，第5版。

[110] 《聯合報》，1996年2月29日，第4版。

[111] New York Times, February 23, 1996, p.5.

彈試射。由於中共的飛彈試射非常貼近台灣，只要有一顆飛彈偏差打到台灣，勢必會引起連鎖反應。美國無法容忍為了李登輝訪美，美國就必須冒著開戰的危險，希望台灣自我節制；同時美國也安排劉華清訪美，向中共傳遞嚴重的抗議。3月7日在克里斯多福安排的晚宴上，國防部長裴利（William J. Perry）強調中共在基隆與高雄的交叉射擊是砲兵定位的射擊，極具威脅性，中共的飛彈試射不僅威脅台灣，也嚴重影響美國及其西太平洋盟國的利益，如果中共繼續試射，美國一定會有所反應，並希望劉華清在晚宴後立即將訊息傳回中國，劉華清強調飛彈試射是例行性演習，美國無須反應過度，且強硬地表示台灣是中國內政問題。然而劉華清回報的訊息，並未讓中共改變飛彈試射。3月9日中共宣布於3月12-20日在平潭進行三棲演習，裴利認為美國必須有所表態，除了獨立號（USS Independence）巡弋台灣外海，並調遣波斯灣的尼米茲號（USS Nimitz）在台灣總統大選前奔赴西太平洋。3月10日，五角大廈宣布柯林頓總統已下令尼米茲號率領七艘艦艇駛往台灣。3月12日，參謀長聯席會議主席沙利卡希維里（John Shalikashvili）上將強調，美國派遣航艦至台灣附近，是為了要警告中共有所節制。[112]這是美國自50年代以後，在台海周邊最大的軍力集結。[113]

　　美國明顯的武力展示，似乎遏止了中共升高危機的行動。根據華府與台北的消息指出，解放軍原本要試射20枚飛彈，後來可能因為天候因素，也可能是美國航母嚇阻效應，最後只發射了4枚飛彈。[114]但中共所使用的東風15型飛彈，是可以換裝核彈頭，這顯示

---

[112] The Times, March 13, 1996, p.13.

[113] 有關美國決策過程，請參閱Robert L. Suettinger, Beyond Tiananmen—the Politics of U. S.-China Relations 1989-2000 (Washington, D. C. : Brookings Institution Press, 2003), pp.200-263.

[114] 李潔明、唐思編，張同瑩等譯，《台灣有沒有明天？—台海危機美中台關

出中共可能對美國航母與台灣採取核武威脅的考量。[115]然而隨著台灣總統大選的結束，李登輝連任，中共對於台灣仍舊採取外交封鎖與停止對話，藉以聽其言觀其行，但用以軍事威脅手段已不復見。

（三）對兩岸關係的影響

相較於中華民國第一次民選總統前，兩岸的緊張與對立，1996年5月20日，李登輝就任中華民國第九任總統，他在就職演說中強調：「海峽兩岸，都應該正視處理結束敵對狀態這項重大問題，以便為追求國家統一的歷史大業，作出關鍵性的貢獻。在未來，只要國家需要，人民支援，登輝願意帶著兩千一百三十萬同胞的共識與意志，訪問中國大陸，從事和平之旅。同時，為了打開海峽兩岸溝通、合作的新紀元，為了確保亞太地區的和平、安定、繁榮，登輝也願意與中共最高領導當局見面，直接交換意見。」[116]在就職演說上，李登輝向大陸釋出善意，藉以緩解緊張的兩岸關係，但自台海危機解除後，雖然中共以軍事手段威脅已不復見，但對台灣依舊採行一個外交上的封鎖，在國際上孤立台灣，1996年7月，李登輝在廢止動員戡亂時期臨時條款六周年時發表新聞稿，呼籲中共當局：「站到全中華民族發展的歷史高度上，停止在國際上孤立中華民國的行徑，互示真誠，藉此促成兩岸和平協定的簽署，共同為亞太地區和平、繁榮做出貢獻。」[117]無疑地，在1987年開放探親後，兩岸

係揭密》，頁211。

[115] 李潔明、唐思編，張同瑩等譯，《台灣有沒有明天？─台海危機美中台關係揭密》，頁215。

[116] 行政院大陸委員會編著，《大陸工作參考資料（合訂本）第一冊》（臺北：陸委會，1998年），頁564。

[117] 《中央日報》，1997年5月2日，第一版。該新聞改並指出，李登輝在1996年就職演說中肯切表示，願意到大陸從事和平之旅，實際上也意味著是進行告別「不接觸、不談判、不妥協」的時代。

關係逐漸緩解，一直到了1995-96年，兩岸關係又進入了一個困頓的狀態，李登輝就任後，企圖扭轉這種低迷、對立的兩岸關係，在其歷次的講話中可發現，李登輝認為「和平」是台灣處理兩岸關係的基本原則，而台海安全是最重要的考量，也顯示出積極、主動的大陸政策，除了要解除兩岸的敵對狀態外，更希望能與中共領導高層進行善意對話，協商兩岸問題。

　　1997年1月24日，中國國務院副總理兼外交部長錢其琛在全國台辦主任會議中分析當前的兩岸情勢，強調：「希望台灣當局以國家民族利益為重，以實際行動回到一個中國的原則立場上來，響應我們的建議，儘早結束兩岸敵對狀態等政治議題同我們舉行談判。」[118]1997年3月7日，中國國務院副總理兼外交部長錢其琛在第八屆全國「人大」五次會議，回答中外記者問題，關於台灣避談「一個中國」，為兩岸談判設置障礙。中共批判台灣之國家發展會議，不提國家統一、也不提一個中國，而且主張要虛化或者是凍結或者是廢除台灣省這個名稱。這實際上就是要改變台灣作為中國的一個省的地位，不提一個中國的原則，就使兩岸談判遇到很大的困難。[119]1997年3月18日，中共通過了「中華人民共和國國防法」，其中第二條：「國家為防備和抵制侵略，制止武裝顛覆，保衛國家的主權、統一、領土完整和安全所進行的軍事活動，以及與軍事有關的政治、經濟、外交、科技、教育等方面活動，適用本法。」[120]

　　對於中共主張必須在一個中國的前提下進行談判，且此一中國為中華人民共和國，對此李登輝則做出反應，在1997年9月1日，

[118] 行政院大陸委員會編著，《大陸工作參考資料（合訂本）第二冊》（臺北：陸委會，1998年），頁476。
[119] 行政院大陸委員會編著，《大陸工作參考資料（合訂本）第二冊》，頁483。
[120] 行政院大陸委員會編著，《大陸工作參考資料（合訂本）第二冊》，頁485。

在「亞太安全國際論壇」成立大會致詞：「中華民國深盼中共能務實面對『一個分治中國』的現實，結束敵對狀態，重開談判之門。……我們建議在江澤民先生的八點看法和本人所提的六項主張的基礎上，求同存異，共同合作，促進兩岸和平安定，唯有在兩岸同意以和平方式解決一切爭端的前提下，才能進一步解決未來國家統一的問題。」[121]1997年10月29日，陸委會主委張京育在立法院第三屆第四會期內政及邊政委員會專案報告—兩岸談判事宜：「我們主張在不預設前提與條件下，立即恢復『辜汪會談』和既有的協商管道，解決兩岸交流衍生的各種問題，並討論彼此共同關切的議題。至於我們一貫主張的有關『結束敵對狀態相關議題』的『預備性協商』，也可由『辜汪會談』來進行。」[122]中共海協會副會長唐樹備在1999年1月28日發表推動兩岸政治談判專文，指出兩岸關係的本質與維護中國主權與領土完整有關，是一個統一與分裂的問題，不是台灣所談的是制度的問題或者是民主之爭。[123]由上述兩方的論述可以知道，95、96年台海危機後，在先前兩岸所進行的經濟交流並未能將其整合效益擴散至其他領域，反而因雙方間對於彼此政治主張及認知不同，兩岸關係非但未能從經濟整合擴展至政治上的整合，反而在政治上的整合出現了僵持的狀況。

　　1999年4月8日，李登輝在國統會第十四次全體委員會上提出兩個堅持：「一、兩岸關係的發展，必須從對等分治的歷史與政治現實出發。二、在推動兩岸關係時，應該堅持國家的生存至上，人民的安危

---

[121] 行政院大陸委員會編著，《大陸工作參考資料（合訂本）第一冊》（臺北：陸委會，1998年），頁677-678。
[122] 行政院大陸委員會編著，《大陸工作參考資料（合訂本）第一冊》，頁767。
[123] 行政院大陸委員會編著，《大陸工作參考資料—中華民國八十九年版》（臺北：陸委會，2000年），頁113。

與福祉優先的立場。」[124]對於兩岸在政治上的僵持，李登輝提出了兩岸必須恢複製度化協商，從而解決兩岸交流所衍生的問題，並且逐步建立兩岸和平穩定的機制。且當時的陸委會主委蘇起提出，兩岸關係的根本問題是「體制的差異」，台灣願意在分治的基礎上追求雙贏，大陸以霸權心態採取零和態度，台灣希望透過制度的融合，逐步實現國家統一的目標，大陸則不斷強調「民族主義」，推銷「一國兩制」，這些差異的意識造成了兩岸歧見的主要原因。[125]

1999年6月，正當美、中之間的「台灣問題」趨於和緩之際，李登輝在總統府接受「德國之聲」（Deutsche Welle）總裁魏里希（Dieter Weirich）專訪時表示，中華民國自1991年修憲以來，已將兩岸關係定位在「國家與國家，至少是特殊的國與國關係」（Special State-to-State Relationship），而非一合法政府、一叛亂團體，或一個中央、一地方政府的「一個中國」內部關係，且中華民國於1912年建國以來，一直是主權獨立的國家，北京政府將台灣視為「叛亂的一省」，這完全是昧於歷史與法律上的事實。[126]此外，李登輝在美國的《外交事務》發表的「了解台灣：跨越認知差距」更呼籲國際社會與中共認知台海兩岸對等分治的現實，了解中華民國的民主發展和經濟成就及其對區域和世界和平的意義，給予台灣應有的國際地位，俾期未來以和平民主方式統一中國，文中除重申兩岸是特殊的國與國關係，並且點出兩岸談判的障礙，[127]但仍舊不排

---

[124] 行政院大陸委員會編著，《大陸工作參考資料－中華民國八十九年版》，頁12。

[125] 行政院大陸委員會編著，《大陸工作參考資料－中華民國八十九年版》，頁69。

[126] 〈李總統接受「德國之聲」專訪全文〉，裘兆琳主編，《中美關係專題研究1998-2000》（台北：中央研究院歐美研究所，2002年），頁221-225。

[127] 此兩點障礙為：1.未能建立互信，台灣人民對中共仍存疑；2.中共依舊不放棄武力犯台；3.兩岸分治50年，制度上的差異，尤其是中共的獨裁專政造

除與中共重啟會談，且不排除討論政治議題的可能性。[128]

　　另外李登輝也解釋，在憲法修正之前，臨時條款是根據動員戡亂時期制定，把中共定位成「匪」，把中共看成不正當，以英文來說是confrontation unification，並不妥適，所以廢止了臨時條款，廢止臨時條款具有兩項重大意義：一、國內的制度必須改革；二、對大陸的態度須修正。[129]針對上述聲明，北京認為這項宣布是台灣邁向獨立的重大表徵，新華社、中新社和中央電視台相繼報導，中共中央台辦、國務院台辦發言人發表談話，警告「台獨分裂勢力放棄玩火行動」，另批評李登輝與台獨分裂勢力連成一氣，同時也表示會繼續全面發展兩岸關係，並且推動兩岸和平統一的進程。[130]

　　針對李登輝的「特殊國與國關係」，中國產生強烈反彈，1999年7月11日，唐樹備在中國和平統一研討會中提出：中國希望儘早進行終止敵對狀態的談判，但是台灣當局一直拒絕進行兩岸結束敵對狀態的談判，同時，一方面加緊在國際上製造兩個中國為目的的擴大國際生存空間的活動，另一方面又重金購買武器，為與大陸軍事對抗作準備，從而使兩岸關係經常處於一種不穩定的狀態，使和平統一步履維艱。[131]另外唐家璇更指出，李登輝的兩國論把海峽兩岸關係定位為國與國之間的關係，是一種非常危險的理論，「它的要害和實質就是公開地否定一個中國的原則，公開地要把台灣從中

成台灣人民與中國大陸的疏離。
[128] 「李總統『了解台灣：跨越認知差距』專文」，裴兆琳主編，《中美關係專題研究1998-2000》，頁239-242。
[129] 行政院大陸委員會編著，《大陸工作參考資料－中華民國八十九年版》，頁69。
[130] 詳參陸委會網站：http://www.mac.gov.tw/index.htm。
[131] 行政院大陸委員會編著，《大陸工作參考資料－中華民國八十九年版》，頁177。

國分割出去。」[132]；1999年8月4日中共國台辦發言人針對兩國論發表以下談話：「李登輝放肆的繼續公開鼓吹『兩國論』，不但不思悔改，企圖改而宣揚『特殊的國與國關係論』，顛倒黑白，混淆視聽，繼續欺騙台灣人民和國際社會，達到堅持『兩國論』的目的。」[133]兩岸又再度陷入對立情勢。

　　兩岸關係從1995、96年之後即陷入一種僵持狀態，到了1999年後更是陷入了如何終止敵對狀態及兩岸如何定位的問題，中共始終一貫的維持其一個中國原則，並以江澤民的八點主張作為政策指導原則，與台灣進行談判，並且擴大兩岸交流的幅度，以達成「一個中國、和平統一」的目標；而台灣方面則觀諸國際發展與兩岸發展情勢，及在其自身民主化過程中，希望中共能正視兩岸分治的現實狀態，並透過制度上的融合、政府間的談判來結束敵對狀態，使得兩岸關係得以正常化。從功能主義的觀點來看，進一步的整合並不代表會有更多利益的產生，必須端視整合所須付出的代價而定，且整合也不要求政府要放棄從屬於人民的主權而是要求為人民尋求利益，不是降低國防，而是擴展保障人民的能力。[134]倘若整合代價過大，恐犧牲自身利益的話，在國家安全戰略的考量上，還是以維持現狀為優先考慮，而不應破壞既有的合作基礎來危及國家安全及主權。功能主義所持觀點對台灣而言亦然，若整合所必須付出的代價是放棄原有制度下所擁有的民主自由價值及國家主體性，兩相權衡

[132] 行政院大陸委員會編著，《大陸工作參考資料－中華民國八十九年版》，頁183。

[133] 「中臺辦國臺辦負責人發表談話嚴正駁斥台灣當局『對特殊國與國關係論書面說明』」，《國台辦》，〈http://www.gwytb.gov.cn:82/zlzx/zlzx0.asp?zlzx_m_id=702〉。

[134] Claude, Sword into Plowshare: The Problems and Progress of International Organization,p.385.

利失比利得為大，最終還是會選擇不危及國家安全或主權的作法。雖然到了1999年後，李登輝的政策主張—特殊國與國關係，與解嚴後的兩岸政策大不相同，對於中國的認知與意識發生變化，這也改變了解嚴後兩岸整合交流的基礎，加上2000年台灣的總統選舉結果，政黨輪替使得兩岸關係進入了另一個對抗時期。

 ## 第六節　小結：解嚴後的兩岸關係

　　兩岸關係實為我國對外關係中的重中之重，從1987年中華民國政府宣布解嚴、開放大陸探親，無疑是兩岸關係發展的重大轉折點，兩岸從相互對峙的態勢中逐漸緩解，透過較為低層次的經濟、文化交流以促動較高層次的政治整合，並朝著和平交流的方向邁進，不過一直到了1990年代中後期，看似平順的整合過程，在台海飛彈危機的文攻武嚇下，使得兩岸關係再度發生轉折。

　　就整體發展來看，兩岸在整合的過程中，呈現出「官方冷、民間熱」的現象。1990年代正值中國大陸經濟起飛之際，台灣有不少台商前往大陸投資設廠，雖然官方曾經一度提出「戒急用忍」的大陸政策，也未能阻止台商前往大陸的步伐，這顯示出政治菁英的決策可能延緩兩岸的交流，但卻也無法完全阻止。而90年代同時也是台灣政治經濟環境發生巨變的時期，台灣政治民主化的腳步持續向前邁進，總統直選顯示了台灣政治民主化邁入新的時期，而在這段期間，台灣本土意識高漲，有關台灣主體性的論述也在此時期蓬勃發展，中國大陸感受到了這樣社會氛圍，因而企圖藉由軍事手段讓台灣不要邁向獨立之路，但台灣並未因政治民主化而宣告獨立，中共的軍事手段反而造成台灣民意的反彈，甚至引發了區域性的軍事危機。

　　回到功能主義的觀點來看，整合的目的在於利益的創造及利益的擴大。透過交流與經濟整合，確實替兩岸創造、擴大新的利益，但在兩岸整合的過程中，始終存在著一個根本上認知的落差（政治上的認知落差），使得兩岸無法在更進一步的進行整合，其中值得注意的是，在整合的過程中，進一步的整合並不必然意味著會產生更多的利益，同時必須考量整合所必須付出的代價，兩岸自1949年以來，分屬兩個政治實體，國家發展形態亦截然不同，除非雙方均能務實認知並取得共識，否則進一步的政治整合未必能創造更多利益，也不必然有助於兩岸關係的發展。

新‧座標23 PF0200

新銳文創
INDEPENDENT & UNIQUE

台灣國際關係史：
理論與史實的視角（1949-1991）

作　　者	周湘華、董致麟、蔡欣容
責任編輯	杜國維
圖文排版	楊家齊
封面設計	葉力安

出版策劃	新銳文創
發 行 人	宋政坤
法律顧問	毛國樑　律師
製作發行	秀威資訊科技股份有限公司
	114 台北市內湖區瑞光路76巷65號1樓
	電話：+886-2-2796-3638　傳真：+886-2-2796-1377
	服務信箱：service@showwe.com.tw
	http://www.showwe.com.tw
郵政劃撥	19563868　戶名：秀威資訊科技股份有限公司
展售門市	國家書店【松江門市】
	104 台北市中山區松江路209號1樓
	電話：+886-2-2518-0207　傳真：+886-2-2518-0778
網路訂購	秀威網路書店：http://www.bodbooks.com.tw
	國家網路書店：http://www.govbooks.com.tw

出版日期	2017年4月　BOD一版
定　　價	340元

Printed in Taiwan

國家圖書館出版品預行編目

台灣國際關係史：理論與史實的視角(1949-1991) /
周湘華, 董致麟, 蔡欣容著. -- 一版. -- 臺北市：
新銳文創, 2017.04
　　面；　公分. -- (新.座標；23)
BOD版
ISBN 978-986-5716-94-3(平裝)

1. 中華民國外交　2. 外交史　3. 國際關係理論

578.2　　　　　　　　　　　　106004138

讀者回函卡

感謝您購買本書，為提升服務品質，請填妥以下資料，將讀者回函卡直接寄回或傳真本公司，收到您的寶貴意見後，我們會收藏記錄及檢討，謝謝！
如您需要了解本公司最新出版書目、購書優惠或企劃活動，歡迎您上網查詢或下載相關資料：http:// www.showwe.com.tw

您購買的書名：_____

出生日期：_____年_____月_____日

學歷：□高中 (含) 以下　　□大專　　□研究所 (含) 以上

職業：□製造業　□金融業　□資訊業　□軍警　□傳播業　□自由業
　　　□服務業　□公務員　□教職　　□學生　□家管　　□其它_____

購書地點：□網路書店　□實體書店　□書展　□郵購　□贈閱　□其他

您從何得知本書的消息？

　□網路書店　□實體書店　□網路搜尋　□電子報　□書訊　□雜誌

　□傳播媒體　□親友推薦　□網站推薦　□部落格　□其他_____

您對本書的評價：(請填代號　1.非常滿意　2.滿意　3.尚可　4.再改進)

　封面設計____　版面編排____　內容____　文／譯筆____　價格____

讀完書後您覺得：

　□很有收穫　□有收穫　□收穫不多　□沒收穫

對我們的建議：_____

_____

_____

_____

11466
台北市內湖區瑞光路 76 巷 65 號 1 樓

秀威資訊科技股份有限公司 　　收

BOD 數位出版事業部

....

（請沿線對折寄回，謝謝！）

姓　　名：＿＿＿＿＿＿＿＿＿　年齡：＿＿＿＿＿　性別：□女　□男

郵遞區號：□□□□□

地　　址：＿＿＿＿＿＿＿＿＿＿＿＿＿＿＿＿＿＿＿

聯絡電話：(日)＿＿＿＿＿＿＿＿＿　(夜)＿＿＿＿＿＿＿＿＿

E-mail：＿＿＿＿＿＿＿＿＿＿＿＿＿＿＿＿＿＿＿＿＿